PARENTS CHRÉTIENS...
QUE FAIRE?

John MacArthur

230, rue Lupien
Trois-Rivières (Québec)
Canada G8T 6W4

Éditions originales en anglais :
Successful Christian Parenting © 1998
What the Bible Says about Parenting © 2000
par John F. MacArthur Fils, tous droits réservés
Publié par Word Publishing, a Thomas Nelson group
P.O. Box 141000
Nashville, Tennessee
37214, USA

Traduit et publié avec permission

2ᵉ édition revue et corrigée

© 2002, 2014 Publications Chrétiennes Inc.
230, rue Lupien
Trois-Rivières (Québec) G8T 6W4
Canada

Toute reproduction d'un extrait quelconque de cet ouvrage,
par quelque procédé que ce soit, est interdite
sans l'autorisation écrite de l'éditeur,
sauf dans le cas de brèves citations destinées à des résumés critiques.

Dépôt légal - 3ᵉ trimestre 2014
ISBN : 978-2-89082-216-0

Dépôt légal : Bibliothèque et Archives nationales du Québec
Bibliothèque et Archives Canada

À moins d'indications contraires, toutes les citations bibliques
sont tirées de la version revue 1979 Louis Segond
de la Société Biblique de Genève.
Avec autorisation de la Société Biblique de Genève.

TABLE DES MATIÈRES

Introduction 5

Chapitre un 9
Protéger nos enfants

Chapitre deux 31
Comprendre les principaux besoins de nos enfants

Chapitre trois 49
La Bonne Nouvelle pour vos enfants

Chapitre quatre 73
Enseigner la sagesse à vos enfants

Chapitre cinq 107
Le premier commandement avec une promesse

Chapitre six 129
Corriger et instruire selon le Seigneur

Chapitre sept 155
Le rôle du père

Chapitre huit 177
Le rôle de la mère

Appendice 1 197
Jésus me demande d'être un rayon de soleil ?

Appendice 2 207
Réponse à des questions cruciales sur la famille

Note 229

INTRODUCTION

Il y a près de deux décennies, j'ai prêché une série de sermons intitulée « La famille accomplie ». Cette courte étude tirée d'Éphésiens 5 s'est avérée de loin la plus appréciée de toutes celles que j'ai enseignées. Elle a aussi servi de base à un de mes premiers livres, The Family[1] (La famille), ainsi qu'à la série d'enregistrements vidéo qui l'accompagne. Au fil des ans, nous avons diffusé ces sermons à maintes reprises à l'émission de radio « Grace to You », et ils ont toujours suscité une très grande réaction.

Nous avons, entre autres, reçu des lettres de parents en quête d'une aide plus précise sur certains aspects du rôle parental. C'est ici que vivre selon les principes bibliques devient des plus pratiques et des plus pressants. Les parents chrétiens veulent réussir à élever leurs enfants en les corrigeant et en les instruisant selon le Seigneur, mais les pièges potentiels peuvent sembler énormes. Un jeune père m'a récemment écrit ceci :

> J'ai besoin d'aide biblique en tant que parent. Pas seulement de conseils sur la façon d'élever mes enfants d'un point de vue chrétien, pas seulement de psychologie pour enfants réchauffée, formulée en termes « chrétiens », mais de solides lignes directrices bibliques sur l'art d'être parents.
> Il me semble que les commandements qui s'adressent aux pères dans la Bible peuvent tenir sur une demi-feuille de papier. Mais je suis certain qu'il y a aussi des principes dans l'Écriture aux parents comment élever leur enfants.

J'ai de la difficulté à croire quels « principes » sont vraiment bibliques et lesquels ne le sont pas. J'ai cherché des livres sur l'éducation des enfants dans les librairies chrétiennes, et il y avait beaucoup de choix. Mais j'ai remarqué que les livres sont tous parsemés d'expressions comme : « le sentiment de valeur personnelle de votre enfant », « la tendance à l'impulsivité », « le problème de déficit d'attention », etc. Qu'est-ce qui est vraiment biblique et qu'est-ce qui est emprunté à la psychologie pour enfants séculière ? Je vois très peu de choses dans ces livres qui se rapportent vraiment à l'Écriture.

Ma femme et moi, nous sortons à peine de l'adolescence, et nous faisons maintenant face à la responsabilité d'élever notre enfant dans la voie qu'il doit suivre. Je n'ai pas l'impression que nous sommes vraiment prêts pour la tâche. Pouvez-vous me recommander des ressources qui pourraient nous aider ?

———— ❖❖❖ ————

Qu'est-ce qui est vraiment biblique et qu'est-ce qui est emprunté à la psychologie pour enfants séculière ?

———— ❖❖❖ ————

Je me rappelle très bien le fardeau énorme de responsabilité parentale que nous avons subitement ressenti à la naissance de notre fils aîné. Mes enfants sont grands maintenant et engagés eux-mêmes dans l'aventure parentale. C'est un plaisir de les voir commencer à élever leurs enfants en les corrigeant et en les instruisant selon le Seigneur. Quand je regarde mes petits-enfants grandir, je me rappelle souvent à quel point la tâche parentale est imposante, non seulement pour les jeunes parents qui ne font que commencer, mais souvent même pour les parents d'adolescents et déjeunes adultes.

INTRODUCTION

Je comprends aussi la perplexité de ce jeune père qui examinait les diverses options qu'on offre aujourd'hui comme « ressources parentales chrétiennes ». Le marché est inondé de méthodes douteuses ou carrément perverses pour l'éducation des enfants. Nous faisons face à une surabondance d'aides parentales soi-disant « chrétiennes », mais les ressources véritablement bibliques sont effectivement rares.

Entre-temps, les familles chrétiennes sont partout en proie à l'autodestruction. Pendant que la société s'est enfoncée plus profondément dans le bourbier de l'humanisme et de la sécularisation, l'Église, elle, a trop souvent manqué de s'opposer à la vague dangereuse. Malheureusement, l'impact grandissant du matérialisme et des compromis dans l'Église fait beaucoup de victimes dans les familles chrétiennes.

C'est une crise majeure, car la famille est la cellule de base de la civilisation, et nous assistons peut-être à son agonie. Les médias nous en montrent constamment les signes : divorces, révolution sexuelle, avortements, stérilisations, délinquance, infidélité, homosexualité, libération de la femme, droits des enfants, glorification de la rébellion.

Entre-temps, la société séculière, et parfois même notre gouvernement fédéral, semble résolue à redéfinir et à refaçonner le concept même de la famille. Les mariages entre personnes de même sexe, les couples homosexuels qui adoptent des enfants, le concept de village global et d'autres

───── ❖❖❖ ─────

Plus que jamais, les chrétiens ont besoin de savoir ce qu'enseigne la Bible sur le rôle parental et de commencer à le mettre en pratique.

───── ❖❖❖ ─────

perspectives radicales de la vie familiale nuisent, en fait, à la famille, tout en utilisant le langage des valeurs familiales. Les politiciens semblent de plus en plus décidés à usurper le rôle de parent, et les parents semblent de plus en plus prêts à céder ce rôle à d'autres.

Plus que jamais, les chrétiens ont besoin de savoir ce qu'enseigne la Bible sur le rôle parental et de commencer à le mettre en pratique. Ce livre ne traite pas de la psychologie pour enfants. Il diffère des modèles pragmatiques et stéréotypés préconisés pour l'éducation des enfants et la vie familiale. Je ne propose pas de nouvelle méthode. Je vise plutôt à présenter le plus clairement possible les principes bibliques relatifs au rôle parental et à contribuer à bien faire comprendre les tâches que Dieu confient aux parents. Je suis convaincu que si les parents chrétiens comprennent et mettent en pratique les principes élémentaires que présente l'Écriture, ils pourront s'élever au-dessus des tendances séculières et élever leurs enfants d'une manière qui honore Christ, peu importe la culture et les circonstances.

CHAPITRE UN

PROTÉGER NOS ENFANTS

*Élevez-les en les corrigeant et
en les instruisant selon le Seigneur.*
Éphésiens 6.4

Selon un vieux proverbe chinois : « Une génération plante les arbres, une autre en retire l'ombre. » Notre génération vit à l'ombre des nombreux arbres plantés par nos ancêtres.

Spirituellement parlant, nous sommes protégés par les normes éthiques de nos parents et de nos grands-parents, par leur perception du bien et du mal, leur sens du devoir et, par-dessus tout, leur consécration spirituelle. Leurs idéaux ont façonné la civilisation dont nous avons héritée, et les nôtres façonneront la culture de demain pour nos enfants.

Il n'y a pas de doute, la société dans son ensemble est dans un grave état de déclin moral et spirituel. Alors, la question à laquelle nous devons répondre en tant que parents chrétiens aujourd'hui est de savoir si nous pouvons planter des arbres qui protègeront les générations à venir des brûlures provoquées par les valeurs antichrétiennes d'un monde opposé à Christ. Sommes-nous en train de planter la bonne variété d'arbres ou laissons-nous nos enfants complètement exposés ?

L'EFFONDREMENT DE LA SOCIÉTÉ MODERNE

Quiconque s'est consacré à la vérité de l'Écriture devrait être à même de constater que notre culture en général se désintègre rapidement aux niveaux moral, éthique et, par-dessus tout, spirituel. Les valeurs qui sont chères à la société dans son ensemble vont nettement à l'encontre des commandements divins.

Par exemple, le système judiciaire américain approuve le massacre de millions d'enfants à naître, tandis qu'un tribunal de Kansas City a récemment condamné une femme à quatre mois de prison pour avoir tué une portée de chatons non désirés[1]. Un tribunal de Janesville, au Wisconsin, a condamné un homme à douze ans de prison pour avoir tué cinq chats, dans le but de « se libérer d'un peu de tension »[2]. Ce cas était, sans nul doute, un clair exemple de cruauté envers les animaux. Cependant, deux jours à peine après que l'homme eut commencé à purger sa peine, un tribunal du Delaware a condamné une femme à seulement trente mois de prison pour avoir tué son nouveau-né. Elle l'avait jeté par une fenêtre du deuxième étage d'un hôtel, dans un conteneur à déchets, le cordon ombilical intact. Les faits ont démontré que le nouveau-né est décédé par suite de froid, de négligence et de nombreuses fractures du crâne[3].

Il est évident que la société, dans son ensemble, ne croit plus que les êtres humains sont créés à l'image de Dieu et qu'ils sont fondamentalement différents des animaux.

En fait, la popularité croissante des groupes de pression pour les droits des animaux illustre parfaitement à quel point notre société s'éloigne des principes bibliques qui la guidaient. Tout en atteignant une popularité sans précédent, ce mouvement devient de plus en plus radical et s'insurge toujours plus contre la vision biblique de l'humanité. Ingrid Newkirk, fondatrice du mouvement *People for the Ethical Treatment of Animals* (PETA) affirme : « Il n'y a aucun fondement rationnel qui permet de dire que les êtres humains disposent de droits particuliers. Quand il s'agit d'avoir un système nerveux central, de ressentir la douleur, la faim ou la soif, le rat est semblable au porc, qui est semblable au chien, qui est semblable à l'enfant »[4]. Pour Newkirk, il n'y a pas de différence entre les atrocités de la Seconde Guerre mondiale et le fait de tuer des animaux pour en tirer de la nourriture : « Six millions de Juifs sont morts dans les camps de concentration, mais six milliards de poulets mourront cette année dans les abattoirs »[5].

Ce genre d'idées gagne en popularité dans la société en général. Certaines des célébrités parmi les plus connues et les plus respectées de notre culture répètent ce genre de commentaires, souvent sous le couvert de la compassion. Mais une perspective aussi tordue de la « bonté » envers les animaux se transforme bientôt en une méchanceté sans borne vis-à-vis de l'homme créé à l'image de Dieu. On peut avoir un aperçu des répercussions inévitables que de telles idéologies auront sur l'héritage que les parents transmettront à leurs enfants dans une affirmation de Michael Fox, vice-président de la *Human Society of the United States*, ligue américaine de protection des animaux : « La vie d'une fourmi et la vie de mon enfant devraient avoir la même valeur »[6]. Quelles seront donc les valeurs de la culture de nos enfants ?

La société foisonne de tendances effrayantes de ce genre. L'avenir est inconcevable pour une société dépourvue de normes morales qui déterminent ce qui est bien et ce qui est mal. Déjà, nous sommes prêts à condamner à l'emprisonnement des personnes qui ont tué des animaux, tout en aidant les avorteurs à tuer des enfants.

Où s'en va notre culture ? Quel genre de valeurs, de moralité et de monde préparons-nous pour la prochaine génération ?

En tant que chrétiens, plantons-nous des arbres qui procureront de l'ombre à nos enfants ou les laissons-nous à la merci de leur environnement ?

L'EFFONDREMENT DE LA FAMILLE

Nous assistons peut-être à l'anéantissement de la cellule de base de toute civilisation : la famille. Les signes de l'effondrement de la famille sont très perceptibles autour de nous. De nombreux faits viennent confirmer ce pronostic pessimiste. Il est pour ainsi dire inutile d'évoquer des statistiques. Au cours des quarante dernières années, les signes de l'effondrement de la famille ont constamment défilé devant nous : le divorce, la révolution sexuelle, les avortements, la contraception, la délinquance, l'infidélité, l'homosexualité, le féminisme radical, le mouvement des « droits de l'enfant », la normalisation de la famille monoparentale, le déclin de la famille nucléaire et autres signes semblables. Nous avons été témoins du tissage d'un écheveau complexe qui finira par étrangler la famille.

En toute honnêteté, de nos jours, de nombreuses personnes seraient bien disposées à rédiger l'épitaphe de la famille. Dans son livre publié en 1972, *Mort de la famille*[7], le psychiatre britannique, David Cooper suggère qu'il est temps de se débarrasser pour de bon de la famille. Kate Millet a fait une suggestion semblable dans son essai féministe de 1970, *Sexual Politics*[8]. Elle affirmait que la famille et toutes les structures patriarcales devraient disparaître parce qu'elles ne sont rien d'autre que des outils servant à opprimer les femmes et à en faire des esclaves.

——— ♦♦♦ ———
Nous assistons peut-être à l'anéantissement de la cellule de base de toute civilisation : la famille.
——— ♦♦♦ ———

La plupart des personnes qui avancent ces opinions sont persuasives, mécontentes et déterminées à imposer leurs priorités au reste de la société. Le milieu le plus réceptif à la propagation de ce genre d'opinion est l'université. En conséquence, les tenants de la société anti-famille s'attachent à refaire l'éducation de jeunes gens qui seront bientôt les dirigeants de la société et les parents d'une génération qui sera probablement encore plus dysfonctionnelle que celle d'aujourd'hui.

Ce genre d'endoctrinement dure depuis des années, à tel point que certaines des personnes qui ont le plus d'influence et qui façonnent la société moderne aux plus hauts niveaux – depuis les chefs de gouvernements jusqu'à ceux qui prennent des décisions relatives à la programmation télévisuelle – comptent parmi les ennemis les plus virulents et les plus directs de la famille traditionnelle.

Hillary Rodham Clinton, par exemple, voudrait transférer au gouvernement fédéral certains droits et certaines responsabilités qui touchent à l'éducation des enfants. Le livre de Mme Clinton, *It takes a Village*[9], a été écrit pour mettre en avant le projet visant à rapprocher l'Amérique d'une éducation des enfants parrainée par l'État. Bien qu'en paroles elle souligner l'importance des parents et des grands-parents, de toute évidence, elle croit qu'on ne devrait pas laisser les parents élever leurs enfants sans la supervision du gouvernement séculier. Elle suggère aussi qu'une démarche éducative plus socialiste devrait constituer la nouvelle norme, avec des garderies parrainées par l'État et des maternelles qui fonctionnent toute la journée pour accueillir des enfants ayant à peine trois ans. Il semble bien que le village de Mme Clinton n'est qu'un fouillis de programmes fédéraux destinés à endoctriner les enfants avec les valeurs que l'État juge acceptables. S'il y a une chose qui est devenue évidente au cours du dernier demi-siècle, c'est que l'État estime que les valeurs bibliques ne sont pas acceptables dans aucun programme gouvernemental en Amérique. Ainsi, le village de Mme Clinton inculquerait sans nul doute l'humanisme séculier aux enfants.

D'autres personnes réclament des mesures encore plus radicales contre la famille traditionnelle. Ti-Grace Atkinson, ancienne présidente du chapitre new-yorkais de la *National Organization for Women*, a déclaré qu'elle aimerait éliminer le sexe, le mariage, la maternité et l'amour. « Le mariage est une servitude légalisée, a-t-elle déclaré, et les relations familiales sont le fondement de toute oppression humaine »[10].

Gore Vidal, auteur à succès et critique social, abonde dans le même sens. Il propose une réorganisation de la société, afin d'éliminer la famille telle que nous la connaissons. À sa place, il aimerait voir une autorité centrale ayant le pouvoir de contrôler la population humaine, la distribution alimentaire et l'utilisation des ressources naturelles[11].

EST-IL TROP TARD POUR SAUVER LA FAMILLE ?

Heureusement, ceux qui prônent de telles solutions de rechange à la George Orwell pour les familles sont encore minoritaires. Même les sociologues séculiers, pour la plupart, croient que le déclin de la famille est désastreux. La majorité d'entre eux affirment d'une même voix que la famille est une composante cruciale de la société civilisée. Ils admettent volontiers que si la famille ne survit pas – ou ne se porte pas bien – en tant qu'institution, la déchéance de la société suivra de près.

En conséquence, dans la plupart des tribunes publiques, on commence à entendre des personnes bien informées parler du besoin de consolider la famille. Les sociologues, les psychologues, les analystes, les soi-disant spécialistes du mariage ou de la famille, et tous les autres font des pieds et des mains pour remédier aux maux de la famille. Je parle ici des non chrétiens qui, pourtant, expriment leurs préoccupations quant au nombre de foyers brisés et à l'effet négatif inévitable sur la société. Ils constatent avec inquiétude le nombre croissant d'enfants à clé – des enfants qui reviennent chez eux après l'école trouver une maison vide, sans parents ni encadrement. Ils expriment leurs craintes face à la montée dramatique du taux de criminalité chez les jeunes enfants. Ils nous mettent en garde contre la permissivité des parents, contre le relâchement des normes morales et contre d'autres influences laxistes qui ont déjà pour conséquence le démantèlement de nombreuses familles et de collectivités entières. Si nous ne remédions pas à ces problèmes, ils finiront par détruire la société telle que nous la connaissons.

N'importe qui peut se rendre compte que la plupart de ces problèmes sont directement liés à l'éclatement des valeurs qui, autrefois, étaient enseignées dans les familles. Il est triste de constater que ces maux ne sont pas que des problèmes sociaux, nécessitant des solutions émanant du secteur public. Ce sont d'abord des problèmes familiaux, dont la solution est liée à la sauvegarde de la famille en tant qu'institution.

Le problème, c'est que la société dans son ensemble a déjà rejeté les valeurs bibliques essentielles au rétablissement et au maintien de la famille. Le terme « valeurs familiales » est méprisé. En plus de servir à toutes les sauces, certains y voient un outil de propagande, tandis que d'autres se l'approprient pour militer en faveur de valeurs qui nuisent grandement à la famille.

À la vérité, les seules vraies *valeurs* qui peuvent sauver la famille trouvent leurs origines dans l'Écriture – ce ne sont pas seulement des valeurs familiales, mais des valeurs *bibliques*. Ainsi, l'avenir de la famille dans notre société repose sur la réussite de ceux qui ont à cœur la vérité de l'Écriture. Depuis des années, divers spécialistes séculiers proposent, sans grand succès, leurs « solutions » humanistes aux problèmes de la société. Ces spécialistes ne pourront jamais découvrir une solution capable de régler ces problèmes, en dehors de l'Écriture. Il n'y en a pas.

Pendant que les relations humaines continuent de se détériorer au sein des familles, la trame même de la société est déchirée. (N'importe quel épisode d'un «talk show» télévisé pourra vous en convaincre.) À l'inverse, si la société elle-même veut grandir, les familles doivent commencer par faire volte-face.

Malheureusement, la société elle-même risque d'opposer le plus gros obstacle à la réforme familiale. On n'a qu'à penser aux valeurs anti-familiales que notre société a déjà canonisées. Ce sont des développements relativement nouveaux, qui ont vu le jour au cours du dernier demi-siècle :

- Tous les tabous ont été systématiquement abolis et remplacés par un nouveau : les normes morales absolues, instituées par Dieu et révélées dans la Bible, devraient régir tout comportement humain.

- Le divorce est maintenant accordé sur demande, pour n'importe quelle raison, voire sans aucune raison.

- Puisque les différences entre les sexes doivent maintenant être minimisées et éliminées autant que possible, il ne convient plus de considérer le rôle de « chef » de famille comme une responsabilité masculine.

- Les femmes mariées avec enfants sont maintenant encouragées à travailler à l'extérieur du foyer.
- Les divertissements, plus particulièrement la télévision, dominent la vie au foyer.
- Il est criminel de tuer un bébé phoque pour sa fourrure, mais tuer un enfant dans le sein de sa mère, pour quelque raison que ce soit, est traité comme une question de libre choix.
- La pornographie la plus vile est protégée aux États-Unis en vertu du Premier amendement, alors qu'il est interdit d'enseigner aux enfants des écoles publiques que la promiscuité est immorale. Cela est considéré comme une infraction à la Constitution.

Une société qui défend de telles valeurs peut-elle sauver les familles en déroute ? Pas besoin d'être un génie pour comprendre que les prémices de la destruction de la famille font partie intégrante des valeurs morales que notre culture a adoptées en l'espace d'une génération. Il semble évident que si la société elle-même n'est pas transformée par le genre de réveil que l'Amérique a connu à ses débuts, lors du Premier grand réveil, l'avenir de la famille en tant qu'institution au sein de notre culture est gravement compromis.

ET L'ÉGLISE DANS TOUT CELA ?

Je ne soutiens certainement pas l'idée selon laquelle la famille pourrait être sauvée par une réforme morale de la culture séculière. Il ne s'agit pas non plus d'un appel aux chrétiens, afin qu'ils soient plus énergiques dans leur démarche politique. Au cours des dernières années, trop d'efforts déployés par l'Église ont été gaspillés dans des tentatives d'opposition aux valeurs anti-familiales, comme l'avortement et l'homosexualité, par le seul biais de réformes législatives. La *réforme* n'est pas une solution pour une culture comme la nôtre. C'est de *rédemption* dont elle a besoin, et celle-ci ne touche que les individus, et non la société. L'Église doit revenir à la vraie tâche à laquelle elle a été appelée : évangéliser. C'est seulement quand des multitudes se tourneront vers Christ que la société pourra connaître une vraie transformation.

Entre-temps, les familles chrétiennes ont l'obligation de planter des arbres pour procurer de l'ombre aux générations futures. Mais, franchement, même dans l'Église, la situation de la famille semble peu encourageante.

Ce n'est pas qu'il y ait absence de signes positifs. Depuis près de trois décennies, les évangélistes se préoccupent grandement du besoin de consolider la famille. Les librairies chrétiennes offrent des quantités de livres sur le mariage et la famille. La programmation des radios chrétiennes est remplie d'émissions axées sur la famille. Depuis plus de vingt ans, l'émission de radio chrétienne la plus populaire (et de loin) s'appelle *Objectif famille* (*Focus on the Family*). Ce ne sont pas les programmes, les colloques et les ministères consacrés à la famille et à l'éducation des enfants qui manquent.

> C'est seulement quand des multitudes se tourneront vers Christ que la société pourra connaître une vraie transformation.

Malgré tous les efforts consacrés à l'éducation des enfants et à la famille, les statistiques montrent, en général, que les familles chrétiennes ne se portent guère mieux que celles de leurs voisins non chrétiens. Selon certains sondages, le taux de divorce chez les chrétiens évangéliques serait un peu plus *élevé* que celui de la population générale. Le pourcentage de familles monoparentales est déjà plus élevé dans l'Église que dans le monde. Les enfants issus de familles chrétiennes ne sont pas immunisés contre l'attrait de la drogue, des gangs, de la promiscuité et des autres maux qui touchent les jeunes d'aujourd'hui. Dans l'ensemble, les familles chrétiennes souffrent des mêmes malheurs que les familles non chrétiennes.

De toute évidence, quelque chose va mal.

Une partie du problème tient au fait que de nombreuses émissions dites « chrétiennes » sur l'éducation des enfants et sur la famille ne le sont pas vraiment. Certaines d'entre elles ne sont rien d'autre que du comportementalisme séculier, auquel on a ajouté un vernis de chrétienté – une combinaison profane d'expressions d'apparence biblique et de psychologie humaniste. Même certaines des meilleures émissions chrétiennes sur l'éducation des enfants sont beaucoup trop axées sur des questions non bibliques insignifiantes et pas suffisamment sur les principes bibliques essentiels. Un livre que j'ai consulté consacrait des chapitres entiers à des sujets tels que la façon de dresser une liste de corvées à afficher sur la porte du réfrigérateur, l'organisation de l'horaire de son enfant pour limiter ses heures d'écoute de télévision, les jeux à exploiter dans la voiture et d'autres conseils pratiques. De telles préoccupations pragmatiques peuvent avoir leur place, mais elles ne constituent pas l'essentiel des questions que doivent régler les parents chrétiens dans une société comme la nôtre. (En fait, le contenu de ce livre n'avait pas grand-chose de particulièrement chrétien, mis à part la préface de l'auteur.)

Certaines émissions chrétiennes sur l'éducation des enfants semblent avoir des débuts prometteurs, mais elles s'éloignent rapidement des principes bibliques pour passer à d'autres choses. Or, souvent, on insiste davantage sur ces autres choses que sur les questions plus importantes qui sont réellement bibliques. Les parents qui souscrivent à ce genre d'émissions exigent qu'elles soient détaillées et très rigoureuses, et veulent des solutions toutes faites pour éduquer leurs enfants. Alors, c'est ce que les spécialistes tentent de produire. Les listes de règles et les méthodes qui en découlent prennent vite le pas sur les principes bibliques de première importance. L'attrait pour ce genre de chose est subtil, mais fort, et les « gourous » de l'éducation qui parviennent à l'éviter sont rares.

Ce dont nous avons besoin à tout prix, c'est de revenir aux principes *bibliques* qui touchent l'éducation des enfants. Les parents chrétiens n'ont pas besoin d'émissions nouvelles à saveur psychologique ; ils doivent mettre en application les quelques principes destinés aux parents dans la Parole de Dieu (et y obéir eux-mêmes), dont : inculquer les principes bibliques aux enfants en tout temps (Deutéronome 6.7), les corriger lorsqu'ils agissent mal (Proverbes 23.13,14) et ne pas provoquer leur colère (Colossiens 3.21). S'ils étaient constamment mis en application, ces quelques principes, à eux seuls, auraient des répercussions beaucoup plus positives pour les parents que des heures de discussions pour savoir si bébé a besoin d'une sucette, ou à quel âge on devrait permettre aux enfants de choisir leurs propres vêtements, et pour répondre à des dizaines d'autres questions qui prennent tellement de place dans les émissions typiques sur l'éducation des enfants.

Dans le présent ouvrage, nous tenterons d'examiner avec soin les principes bibliques et autres touchant à l'éducation des enfants. Nous débuterons par quatre principes, souvent négligés, qui devraient établir le fondement de la perspective du parent chrétien.

LES ENFANTS DEVRAIENT ÊTRE PERÇUS COMME UNE BÉNÉDICTION ET NON COMME UNE ÉPREUVE

Tout d'abord, l'Écriture nous enseigne que les enfants sont une bénédiction du Seigneur. Dieu les a créés pour être une bénédiction. Ils sont censés conférer joie, plénitude, sens, bonheur et satisfaction à notre vie. Être parent, c'est une grâce que Dieu nous accorde.

Même dans un monde comme le nôtre, déchu et infesté par le péché, cela demeure vrai. Au milieu du mal, les enfants sont un exemple de l'amour de Dieu. Ils sont la preuve vivante que la miséricorde de Dieu touche même les créatures pécheresses et déchues.

Souvenez-vous qu'Adam et Ève ont mangé du fruit défendu avant d'avoir conçu leur premier rejeton. Pourtant, Dieu ne les a pas tout simplement anéantis pour créer une nouvelle race. Il a plutôt permis à Adam et Ève d'accomplir le commandement qui leur avait été donné avant la chute : « Soyez féconds, multipliez, remplissez la terre » (Genèse 1.28). Ensuite, il a mis en œuvre un plan de rédemption qui, finalement, allait toucher d'innombrables descendants d'Adam

(Apocalypse 7.9,10). Les enfants engendrés par Ève portaient donc l'espoir que les pécheurs pourraient être sauvés.

Lorsque Dieu a maudit la terre en raison du péché d'Adam, il a multiplié les douleurs de l'enfantement (Genèse 3.16), mais il n'a pas annulé la *bénédiction* qui en découlait. Ève elle-même l'a reconnu. Dans Genèse 4.1, il est dit : « Adam connut Ève, sa femme ; elle conçut, et enfanta Caïn, et elle dit : J'ai acquis un homme de par l'Éternel ». De toute évidence, elle reconnaissait que son enfant lui venait du Seigneur. Elle voyait en lui un don venant de celui contre qui elle avait péché et elle débordait de joie. Malgré la douleur de l'enfantement, et malgré le fait que l'enfant venait au monde pécheur, elle savait que ce dernier était un symbole de la grâce que Dieu lui avait faite.

Au verset 25, on lit : « Adam connut encore sa femme; elle enfanta un fils, et l'appela du nom de Seth, car, dit-elle, Dieu m'a donné un autre fils ». Ève savait que les enfants sont des dons bénis de Dieu.

Qu'en est-il des enfants des non-croyants ? Ils symbolisent également la bénédiction divine. Dans Genèse 17. 20, Dieu promet de bénir Ismaël. Comment le fera-t-il ? En multipliant ses enfants et ses descendants. Il dit à Abraham : « À l'égard d'Ismaël, je t'ai exaucé. Voici, je le bénirai, je le rendrai fécond, et je le multiplierai à l'infini ».

À travers l'Écriture, nous découvrons un thème récurrent qui indique que les enfants sont une bénédiction venant de la main miséricordieuse de Dieu. Cela devient évident, par exemple, dans le conflit opposant Léa à Rachel pour l'affection de Jacob. Dans Genèse 29.31-33, on peut lire : « L'Éternel vit que Léa n'était pas aimée ; et il la rendit féconde, tandis que Rachel était stérile. Léa devint enceinte, et enfanta un fils, à qui elle donna le nom de Ruben ; car elle dit : l'Éternel a vu mon humiliation, et maintenant mon mari m'aimera. Elle devint encore enceinte, et enfanta un fils, et elle dit : l'Éternel a entendu que je n'étais pas aimée, et il m'a aussi accordé celui-ci. »

Remarquez que la compassion de Dieu à l'égard de Léa se manifeste lorsqu'il lui permet d'avoir des enfants. C'est le Seigneur qui l'a rendue féconde, et Léa a reconnu ce fait.

Pendant ce temps, bien que Jacob aimait davantage Rachel, cette dernière avait l'impression que sa stérilité signifiait, en quelque sorte, qu'elle était moins bien considérée. L'Écriture dit : « elle porta envie à sa sœur, et elle dit à Jacob : Donne-moi des enfants ou je meurs ! » (Genèse 30.1.)

La Bible dit ensuite : « La colère de Jacob s'enflamma contre Rachel, et il dit : Suis-je à la place de Dieu, qui t'empêche d'être féconde ? » (verset 2.) Lui aussi reconnaissait que Dieu seul a le pouvoir de donner des enfants.

Rachel était tellement déterminée à avoir des enfants qu'elle a mis au point un plan mal avisé, selon lequel elle recourrait aux services d'une mère porteuse en la personne de sa servante Bilha. De ce fait, elle compliquait davantage la relation polygame qui était la source de son conflit avec Léa. En fin de compte, Dieu a béni Rachel en lui donnant des enfants à elle aussi, et elle l'a loué pour sa bonté à son égard : « Elle devint enceinte, et enfanta un fils, et elle dit : Dieu a enlevé mon opprobre. » Rachel est morte en donnant naissance à Benjamin, et tandis qu'elle rendait l'âme, la sage-femme lui a donné ces mots d'encouragement : « Ne crains point, car tu as encore un fils ! » (Genèse 35.17.)

À travers ce récit relatant l'histoire de ceux qui ont engendré les diverses tribus du peuple de Dieu, il ressort un fait évident : toutes les parties concernées comprenaient que les enfants étaient des bénédictions du Seigneur.

D'après le plan merveilleux de Dieu, les enfants sont donnés aux parents pour leur apporter joie, bonheur, satisfaction et amour. Psaume 127.3-5 dit expressément :

Voici, des fils sont un héritage de l'Éternel,
Le fruit des entrailles est une récompense,
Comme les flèches dans la main d'un guerrier,
Ainsi sont les fils de la jeunesse.
Heureux l'homme qui en a rempli son carquois !
Il ne sera pas confus,
Quand ses fils parleront avec des ennemis à la porte.

De toute évidence, dans le plan de Dieu, les enfants sont supposés être une bénédiction et non une épreuve. Et ils sont habituellement une bénédiction quand ils apparaissent. Mais s'ils sont abandonnés à ce monde et s'ils ne reçoivent pas le genre de protection dont ils ont besoin, ils vous briseront le cœur.

Cela nous amène au deuxième principe de base.

ÉDUQUER LES ENFANTS DEVRAIT VOUS RÉJOUIR ET NON VOUS ACCABLER

La tâche de parent n'est pas un joug ; c'est un privilège à apprécier. Si le plan de Dieu est de nous donner des enfants pour nous bénir, alors la tâche à laquelle il nous appelle en tant que parents n'est rien d'autre qu'un prolongement et un accroissement de cette bénédiction.

D'après le plan merveilleux de Dieu, les enfants sont donnés aux parents pour leur apporter joie, bonheur, satisfaction et amour.

L'éducation des enfants n'est difficile que dans la mesure où les parents la rendent ainsi, en négligeant de suivre les principes simples établis par Dieu. Ne pas accomplir ses devoirs vis-à-vis de Dieu en qualité de parents, c'est perdre les bénédictions inhérentes à cette tâche. Ceux qui s'engagent dans cette voie se chargent d'un fardeau que Dieu n'a pas voulu que les parents portent.

Un des moyens les plus sûrs de rendre votre vie misérable est de renoncer aux responsabilités que Dieu vous a données en tant que parent et intendant des enfants qu'il a remis entre vos mains, dans sa grande bonté. À l'inverse, rien ne vous apportera autant de joie dans la vie que d'élever vos enfants en les corrigeant et en les instruisant selon le Seigneur.

Y a-t-il des aspects négatifs inhérents au fait d'éduquer les enfants ? Bien sûr, personne ne prend plaisir à corriger ses enfants. Quand je suis devenu père, j'ai mis peu de temps à comprendre que tout ce que mes parents m'avaient dit au sujet de la correction était vrai : cela fait habituellement plus mal aux parents qu'à l'enfant. Mais même la correction engendre finalement la joie lorsque nous sommes fidèles aux enseignements de Dieu. Dans Proverbes 29.17, il est dit : « Châtie ton fils, et il te donnera du repos, et il procurera des délices à ton âme. »

Le fait d'éduquer ses enfants dans la voie divine procure une joie exaltante et rafraîchissante qui ne peut se trouver ailleurs. Dans sa bonté, Dieu a intégré dans le processus d'éducation des enfants une fontaine de délices, si nous suivons ses préceptes.

L'Écriture garantit-elle que l'éducation de nos enfants sera un succès si nous suivons le plan de Dieu ? Examinons le troisième principe de base.

LE SUCCÈS DE L'ÉDUCATION DES ENFANTS SE MESURE À CE QUE FONT LES PARENTS ET NON LEURS ENFANTS

Si nous nous contentons de mesurer le succès des parents à ce que deviennent leurs enfants, il n'y a aucune garantie infaillible dans l'Écriture établissant que nous connaîtrons une réussite absolue dans ces conditions. Parfois, des enfants élevés dans de bonnes familles chrétiennes abandonnent la foi. D'un autre côté, le Seigneur sauve bon nombre d'enfants issus de mauvais parents. Comme unique moyen d'évaluation, ce que devient l'enfant n'est pas une bonne mesure de la réussite d'un parent.

En fait, la vraie mesure de réussite d'un parent est le caractère de celui-ci. Nous sommes de bons parents aux yeux de Dieu, dans la mesure où nous avons suivi son plan.

Invariablement, les parents posent des questions au sujet de Proverbes 22.6 : « Instruis l'enfant selon la voie qu'il doit suivre; et quand il sera vieux, il ne s'en détournera pas. » La Bible ne promet-elle pas que si nous élevons nos enfants de la bonne façon, nous pouvons être sûrs qu'ils suivront le Seigneur fidèlement ?

Cette notion est fondée sur une mauvaise compréhension de la nature des Proverbes. Il s'agit de paroles de sagesse et de truismes, pas nécessairement de règles inviolables. Ainsi, lorsque nous lisons : « Le fruit de l'humilité, de la crainte de l'Éternel, c'est la richesse, la gloire et la vie » (Proverbes 22.4), cela ne constitue certainement pas une promesse générale indiquant que tous ceux qui sont humbles et qui craignent le Seigneur seront toujours riches et qu'ils seront honorés. Beaucoup trop d'autres versets nous enseignent que les justes sont inévitablement persécutés (2 Timothée 3.12) et souvent pauvres (Jacques 2.5).

De plus, dans Proverbes 10.27, il est écrit : « La crainte de l'Éternel augmente les jours, mais les années des méchants sont abrégées. » Or, nous savons que ce principe ne se vérifie pas dans tous les cas. On ne peut pas proclamer cela comme s'il s'agissait d'une promesse tenant lieu de loi à l'endroit de ceux qui craignent le Seigneur.

Également, Proverbes 22.6 est un principe qui se confirme généralement. Le même principe serait encore vrai si on l'appliquait à des soldats, des menuisiers, des enseignants ou à tout autre métier. La formation d'une personne détermine ce qu'elle deviendra. Comme le dit Jésus : « Le disciple n'est pas plus que le maître ; mais tout disciple accompli sera comme son maître » (Luc 6.40). Ce même principe s'applique aux enfants, qui, normalement, sont un reflet de leur éducation. C'est, en quelque sorte, une évidence.

Mais, Proverbes 22.6 n'est pas une promesse sur laquelle les parents chrétiens peuvent compter et qui garantit que leurs enfants ne se détourneront jamais de la vérité. Le grand commentateur chrétien, le puritain, Matthew Henry, a fait la remarque suivante au sujet du truisme que renferme Proverbes 22.6 : « Quand il sera *vieux,* on peut espérer qu'il *ne s'en détournera pas.* Les bonnes impressions faites sur un enfant resteront avec lui jusqu'à la fin de ses jours. D'habitude, le contenant conserve l'odeur du premier aliment qu'on y a placé. Beaucoup se sont effectivement détournés des bonnes voies dans lesquelles ils ont été élevés ; c'est le cas de Salomon. Mais si l'enfant est bien élevé dès son jeune âge, cela peut lui donner les moyens de se reprendre, comme on croit que ce fut le cas pour Salomon. Au moins les parents pourront se réconforter en se disant qu'ils ont fait leur devoir et qu'ils ont utilisé tous les moyens qui étaient à leur disposition »[12].

En règle générale, les parents qui élèvent leurs enfants en suivant les principes bibliques en verront les effets positifs dans leur personnalité. Sur le plan purement statistique, les enfants qui grandissent dans un foyer où Christ est honoré ont plus de chances d'être des chrétiens fidèles lorsqu'ils seront adultes que ceux qui sont élevés dans un foyer où les parents déshonorent le Seigneur. Ainsi, Proverbes 22.6 s'applique. Nous ne devons certainement pas croire que, puisque la souveraineté de Dieu se manifeste par le salut, la façon dont nous élèverons nos enfants est sans importance. Dieu utilise souvent des parents fidèles pour mener les enfants au salut.

Cependant, le salut de votre enfant sera une affaire entre lui et Dieu. Rien de ce que vous ferez ne peut garantir son salut. C'est pourquoi vous devez prier Dieu et présenter l'Évangile à votre enfant, par tous les moyens à votre disposition et d'une façon qui touchera son cœur. Mais, en fin de compte, une fois l'enfant devenu adulte, l'état de sa spiritualité n'est pas nécessairement le reflet de la réussite de ses parents.

Cela étant dit, je désire souligner un point : parfois, ou plutôt *souvent* devrais-je dire, les parents sont partiellement à blâmer pour la rébellion de leurs enfants. Au fil des ans, j'ai pu constater que les parents sont plus souvent responsables de la rébellion de leurs enfants que la société, les camarades ou toute autre influence que les parents ont tendance à pointer du doigt. J'ai parfois rencontré des parents qui avaient transgressé pratiquement tous les principes bibliques et qui, néanmoins, allaient consulter leur pasteur pour obtenir l'absolution quant à leur responsabilité à l'égard des errances de leur progéniture. Ils veulent s'entendre dire qu'ils n'y sont pour rien, que c'est de la faute de quelqu'un d'autre.

Pourtant, c'est Dieu lui-même qui a confié la responsabilité d'élever les enfants aux parents, et non aux enseignants, aux camarades, aux employés de garderies ou à d'autres personnes en dehors de la famille ; les parents ont donc tort de tenter de se décharger de cette responsabilité ou d'accuser autrui lorsque les choses tournent mal. Voici donc le quatrième principe de base.

LES PARENTS EXERCENT PLUS D'INFLUENCE QUE LES CAMARADES DANS LA VIE D'UN ENFANT

Dieu a officiellement chargé les parents d'élever leurs enfants en les corrigeant et en les instruisant selon le Seigneur. Ils n'ont donc pas la prérogative de déléguer cette tâche à d'autres. Les parents doivent prendre une part active dans la vie de leurs enfants s'ils ne veulent pas que d'autres influences prévalent. Aux parents qui disent que les échecs de leurs enfants sont imputables aux camarades de ces derniers, je réponds invariablement que ce sont eux, en fin de compte, qui sont à blâmer, puisqu'ils ont laissé les camarades de leurs enfants exercer plus d'influence dans leur vie qu'eux-mêmes.

―――――― ❖❖❖ ――――――

Les parents doivent prendre une part active dans la vie de leurs enfants s'ils ne veulent pas que d'autres influences prévalent.

―――――― ❖❖❖ ――――――

Sans nul doute, certains parents cyniques lèvent les yeux au ciel et soutiennent qu'il est impossible, à notre époque, que les parents aient plus d'influence sur leurs enfants que les camarades, la culture, la télévision, les enseignants et tous les autres facteurs qui rivalisent pour capter leur intérêt.

Ce même cynisme se trouve dans un livre récemment publié, *The Nurture Assumption : Why Children Turn Out the Way They Do*[13], dont l'auteur Judith Rich Harris est une grand-mère du New Jersey comptant plusieurs manuels de psychologie à son actif. Elle insiste sur le fait que tout ce que les parents peuvent faire, à peu de chose près, n'aura pas une réelle incidence sur le tempérament, la personnalité et le caractère de leur progéniture. « On accorde trop de crédit à l'éducation parentale, souligne-t-elle. On vous a laissé croire que vous avez plus d'influence sur la personnalité de votre enfant que vous en avez réellement »[14].

Selon Harris, ce sont les camarades des enfants, et non leurs parents, qui déterminent le genre d'individus qu'ils deviendront. Elle cite une étonnante diversité de preuves, allant des données techniques tirées de recherches aux témoignages anecdotiques, pour soutenir ses prétentions.

À première vue, la notion selon laquelle les parents ont peu d'influence sur leurs enfants semble contraire à tout ce à quoi nous croyons sur l'art d'être parent. Mais ceux qui lisent le livre de Harris peuvent trouver que l'hypothèse de cette dernière est plus que plausible, voire convaincante.

Pourtant, après réflexion, nous réalisons pourquoi, dans notre culture, les parents ont moins d'influence sur leurs enfants que leurs camarades : la plupart des parents ont tout simplement abandonné leur rôle parental. Ils ont livré leurs enfants à leurs camarades. Ils consacrent moins de temps à instruire leurs enfants qu'ils ne leur permettent d'en passer à regarder la télévision. En fait, ils ont permis à la télévision, au cinéma, à la musique et à d'autres enfants de leur apporter l'enseignement spirituel, moral et éthique. Même dans le meilleur des cas, ils laissent trop de latitude aux enseignants, aux moniteurs d'école du dimanche et aux leaders de jeunesse – tous des gens qui ne font pas partie de la famille. Les parents doivent prendre conscience que la personnalité n'est pas transmise génétiquement, ni acquise par osmose. Les enfants *apprennent* à être ce qu'ils deviennent. S'ils deviennent autre chose que ce que leurs parents souhaitaient, c'est généralement parce qu'ils ont été élevés par d'autres personnes que leurs parents.

En d'autres termes, ce sont les parents, et non les enfants (et pas même les camarades), qui sont finalement à blâmer pour leur perte d'influence au sein de notre culture. Lorsque les influences extérieures façonnent la personnalité de l'enfant plus que ses parents, c'est que ces derniers ont failli à leur tâche. C'est aussi simple que cela.

De nos jours, les parents chrétiens ont vraiment besoin de faire leur ce principe. Devant le trône de Dieu, c'est nous qui devrons en répondre si nous avons livré nos enfants à d'autres influences qui ont façonné leur caractère dans l'impiété. L'Éternel nous a confié la responsabilité d'élever nos enfants en les corrigeant et en les instruisant selon le Seigneur, et nous devrons rendre compte de ce que nous avons fait. Si les autres ont plus d'influence sur nos enfants que nous-mêmes, nous en sommes *coupables* et non excusables.

Pour Dieu, l'éducation des enfants est une responsabilité à plein temps. Il n'y a pas de pause-café dans nos tâches parentales. Ce principe est même inclus dans la Loi du Sinaï. Dieu a précédé les directives qu'il a données aux Israélites de la recommandation solennelle suivante : « Et ces commandements, que je te donne aujourd'hui, seront dans ton cœur. Tu les inculqueras à tes enfants, et tu en parleras quand tu seras dans ta maison, quand tu iras en voyage, quand tu te coucheras et quand tu te lèveras » (Deutéronome 6.6,7).

C'est la définition que Dieu donne de la tâche de parent. C'est une occupation à plein temps dans tous les sens du terme. Il n'y a pas de moments où on fait relâche, quelle que soit l'heure du jour ou de la nuit. Il n'y a pas de pause pour les parents qui veulent répondre fidèlement à cet appel.

Certains parents croient qu'ils peuvent compartimenter la vie de leurs enfants, affecter un certain nombre d'heures par semaine à leur éducation, et qu'ils accompliront leur tâche de parent s'ils font en sorte que les heures consacrées à leur enfant sont des « heures de qualité ». Toute cette philosophie va à l'encontre de l'esprit de Deutéronome 6.7 ; c'est aussi un bon moyen de s'assurer que les influences extérieures façonnent plus que nous la personnalité de nos enfants.

L'histoire d'Israël à l'époque de l'Ancien Testament illustre les dangers qui nous guettent si nous négligeons ce principe crucial. Israël a échoué lamentablement dans la tâche d'enseigner aux enfants la droiture selon Dieu. Prenons, par exemple, ce verset qui s'applique à la génération d'Israélites qui a été la première à entrer dans la Terre promise, et notons que c'était à peine une génération après que Dieu eut donné ses commandements sur le mont Sinaï : « Le peuple servit l'Éternel pendant toute la vie de Josué, et pendant toute la vie des anciens qui survécurent à Josué et qui avaient vu toutes les grandes choses que l'Éternel avait faites en faveur d'Israël. Josué, fils de Nun, serviteur de l'Éternel, mourut, âgé de cent dix ans. On l'ensevelit dans le territoire qu'il avait eu en partage, à Thimnath-Hérès, dans la montagne d'Éphraïm, au nord de la montagne de Gaasch » (Juges 2.7-10).

En d'autres termes, cette génération d'Israélites a failli à sa responsabilité. Elle a omis d'enseigner à ses enfants ce que Dieu avait fait pour Israël. En conséquence, la génération suivante s'est massivement détournée du Seigneur : « Les enfants d'Israël firent alors ce qui déplaît à l'Éternel, et ils servirent les Baals. Ils abandonnèrent l'Éternel, le Dieu de leurs pères, qui les avait fait sortir du pays d'Égypte, et ils allèrent après d'autres dieux des peuples qui les entouraient ; ils se prosternèrent devant eux, et ils irritèrent l'Éternel. Ils abandonnèrent l'Éternel, et ils servirent Baal et les Astartés » (Juges 2.11-13).

Les enfants se sont tournés vers les dieux païens des Cananéens. Leur milieu les a influencés plus que leurs propres parents, parce que ceux-ci avaient abandonné leur rôle parental. Le résultat fut l'idolâtrie, le chaos et la destruction : « Chacun faisait ce qui lui semblait bon » (Juges 21.25).

Le même scénario s'est répété à maintes reprises à travers toute l'histoire d'Israël. Dès qu'une génération de parents négligeait de planter les graines qui feraient pousser les arbres procurant de l'ombre aux générations suivantes, les enfants ont souffert des famines spirituelles qui suivaient immanquablement.

C'est ce qui se produit encore aujourd'hui. En ce moment, l'avenir de la prochaine génération est plus sombre que jamais. Et il n'y aura pas de revirement de situation si la génération actuelle de parents chrétiens ne reprend pas à plein temps le rôle de protecteur qui lui est confié.

Pour bon nombre de parents, le premier pas à faire pour revenir sur la bonne voie est de s'engager de nouveau à respecter les préceptes de Dieu. Si nos priorités sont faussées, nous n'avons aucun espoir d'enseigner à nos enfants ce qu'ils doivent apprendre.

Parents, faites le point à l'intérieur de vous-mêmes. Avez-vous soif de Dieu comme la biche qui soupire après les courants d'eau ? L'exemple que vous donnez laisse-t-il un arrière-goût d'hypocrisie ou d'indifférence spirituelle ? Souhaitez-vous que votre engagement envers Christ se reflète dans la vie de vos enfants ? Votre obéissance à sa Parole est-elle la même que celle que vous souhaitez voir chez vos enfants ? Ce sont là des questions importantes que chaque parent doit se poser s'il veut réussir et être un bon exemple pour ses enfants. Les parents qui font preuve de laxisme à cet égard garantissent pratiquement que leurs fils et leurs filles échoueront sur le plan spirituel. Si les parents négligent leur propre vie spirituelle, cela équivaut à peu près à abattre tous les arbres qui auraient donné de l'ombre à la génération suivante dans leur famille.

Dans les prochains chapitres, nous étudierons plus en détail les commandements bibliques destinés aux parents, aux maris, aux femmes et aux enfants. Les principes divins garants de la réussite des parents chrétiens dans l'éducation de leurs enfants émergeront avec une grande clarté. Toutefois, avant de poursuivre votre lecture, je vous suggère de sonder votre propre cœur devant l'Éternel, et de faire un inventaire spirituel de votre réussite, non seulement comme parent, mais aussi comme enfant de Dieu.

CHAPITRE DEUX

COMPRENDRE LES PRINCIPAUX BESOINS DE NOS ENFANTS

*Voici, je suis né dans l'iniquité,
et ma mère m'a conçu dans le péché.*
Psaume 51.7

Les parents ont tendance à rendre l'éducation des enfants à la fois complexe et plus superficielle qu'elle ne l'est réellement. De nos jours, les parents chrétiens réclament des programmes précis, des méthodologies par étapes et des instructions méticuleusement décortiquées. Et les gourous de l'éducation se font un plaisir de répondre à leurs demandes. Ils offrent des programmes détaillés pour instruire les enfants selon la volonté de Dieu, des méthodes chrétiennes pour apprendre aux enfants à être propres, des listes longues d'un kilomètre de choses à faire et à ne pas faire pour régir la vie sociale des tout-petits, et autres catalogues de règles pour toutes les étapes de la vie jusqu'au mariage.

Ces conseils ne sont pas tous mauvais, bien sûr. Certains d'entre eux peuvent être pratiques, voire bénéfiques. Mais si on les compare aux principes d'éducation inscrits dans l'Écriture, on constate que la plupart des programmes soi-disant chrétiens sont inutilement compliqués et parfois pas tout à fait réalistes. Loin d'être purement chrétiens, certains conseils que renferment ces programmes ne viennent pas de la Bible et, de ce fait, peuvent être ignorés sans danger. Certains sont carrément mauvais. Ainsi, je connais un jeune couple qui refuse à quiconque (incluant la grand-mère) de bercer leur enfant, peu importe le moment. On leur a enseigné, dans un programme chrétien destiné aux parents que, si on berce les bébés, ils refuseront d'aller au lit quand ils seront plus grands. Voilà pourquoi ces parents vivent dans la crainte de laisser quelqu'un bercer leur petit pour l'endormir : cela pourrait éveiller en lui une tendance rebelle ou égocentrique qui produira de mauvais fruits lorsque l'enfant aura grandi.

On a parfois l'impression qu'une partie de l'industrie de l'éducation parentale chrétienne prospère en inculquant aux parents la crainte que s'ils font le moindre pas de travers avec leur enfant, ils pourraient lui causer un tort irréparable, en rendant son caractère ou son comportement mauvais. En alimentant de telles préoccupations, ils convainquent les parents de coller au programme, de s'inscrire à des séminaires année après année et d'être totalement dépendants d'un gourou, perdant la capacité et la volonté de penser par eux-mêmes. Bientôt, ils voient l'éducation de leur enfant comme un champ truffé de mines ; un pas de travers et vous risquez de causer des torts affectifs et psychologiques qui marqueront votre rejeton à vie. Voilà pourquoi ils deviennent extrêmement dépendants de systèmes qui décrivent chaque étape à franchir et ils refusent de s'éloigner du plan établi, y compris des aspects qui ne sont pas fondés sur l'Écriture. Souvent, ils sont même prêts à défier le bon sens et leur intuition parentale pour suivre le programme de quelqu'un d'autre. Tout cela n'est pas très sain.

Comme nous l'avons souligné dans le chapitre précédent, le rôle de parent est supposé être une source de joie et non un fardeau. L'Écriture insiste souvent sur les bénédictions qu'apportent les enfants et la satisfaction qu'on en retire : « Voici, des fils sont un héritage de

———————— ❖❖❖ ————————

Le rôle de parent est supposé être une source de joie et non un fardeau.

———————— ❖❖❖ ————————

l'Éternel, le fruit des entrailles est une récompense » (Psaume 127.3). L'Écriture ne décrit jamais le rôle de parent comme un chemin parsemé d'obstacles dont certains seraient des pièges mortels.

Il y a cependant un piège gigantesque que négligent trop souvent les parents chrétiens. C'est un point tellement fondamental à notre croyance, en tant que chrétiens, enseigné de façon tellement claire dans l'Écriture, qu'aucun parent ne devrait être pris au dépourvu. Pourtant, je suis consterné de voir à quel point on en fait peu de cas dans les cours destinés aux parents chrétiens.

Je parle ici de l'inclination naturelle des enfants au mal.

IDENTIFIER LE POTENTIEL DE SON ENFANT

Tous les enfants viennent au monde avec une aptitude incommensurable à faire le mal. Avant même la naissance, le cœur de l'homme est déjà programmé pour le mal et l'égoïsme. Le penchant irrésistible de l'homme pour toutes sortes de dépravations est tel que, si on lui laissait libre cours, chaque bébé aurait le potentiel de devenir un monstre.

Si vous cherchez une catégorie théologique pour y classer cette doctrine, on l'appelle habituellement « dépravation totale ». Cela signifie que les enfants ne viennent pas au monde cherchant Dieu et sa justice. Ils ne naissent même pas avec une innocence neutre. Ils viennent au monde avec le désir de combler leurs désirs coupables et égoïstes. Bien que cette nature pécheresse ne s'exprime pas toujours pleinement dans le comportement de chacun, elle n'en demeure pas moins une dépravation totale puisqu'il n'y a aucun aspect de la personnalité, du caractère, de l'esprit ou de l'affectif de l'homme qui ne soit exempt de la corruption du péché ou de son influence.

D'où vient cette dépravation ? Il ne s'agit pas d'un comportement acquis ; il est inné. Les enfants en héritent de leurs parents, qui eux-mêmes le tiennent de leurs parents, et ainsi de suite jusqu'à Adam. Ce dernier « engendra un fils à sa ressemblance, selon son image » (Genèse 5.3).

Les enfants d'Adam portaient la marque du péché. Ils étaient rongés de désirs pécheurs et avaient une aversion pour les choses divines – la même aversion qui a poussé Adam et Ève à se cacher de la présence de l'Éternel (Genèse 3.8). Puis, les enfants d'Adam ont transmis cette même nature pécheresse à leur propre progéniture. Ainsi, cet héritage de corruption et de culpabilité s'est transmis d'une génération à l'autre jusqu'à nos jours.

Autrement dit, la chute d'Adam a entaché toute l'humanité. La corruption et la culpabilité qu'engendre le péché sont universelles. L'apôtre Paul a écrit : « C'est pourquoi, comme par un seul homme le péché est entré dans le monde, et par le péché la mort, et qu'ainsi la mort s'est étendue sur *tous* les hommes, parce que tous ont péché » (Romains 5.12, italiques pour souligner). Puis, quand il dit : « par une seule offense la condamnation a atteint tous les hommes » (v. 18), cela signifie que nous avons hérité de la *culpabilité* du péché. « Car, comme par la désobéissance d'un seul homme beaucoup ont été rendus pécheurs » (v. 19) signifie que nous avons hérité de la *corruption* du péché. Personne n'en est exempt. Personne ne naît parfaitement innocent. Mis à part Christ, qui a été conçu de façon surnaturelle par le Saint-Esprit, personne n'est né libre de la tache morale du péché d'Adam.

David lui-même, décrit dans l'Écriture comme étant un homme selon le cœur de Dieu (Actes 13.22), a écrit : « Voici, je suis né dans l'iniquité, et ma mère m'a conçu dans le péché » (Psaume 51.7). David ne voulait pas dire que sa mère l'avait conçu par fornication. Il ne suggérait pas davantage qu'il y a quelque chose de coupable dans l'activité par laquelle les enfants sont conçus, car l'Écriture dit : « Que le mariage soit honoré de tous, et le lit conjugal exempt de souillure » (Hébreux 13.4). L'union dans le mariage est sainte. Mais lorsque David dit qu'il a été conçu dans le péché, il veut indiquer que sa propre nature était entachée de tendances pécheresses et de désirs coupables dès la minute où il a été conçu.

Et c'est vrai pour chacun d'entre nous. Nous héritons à la fois de la culpabilité et de la corruption qu'a entraînées le péché d'Adam, et nous les transmettons à nos rejetons. C'est la doctrine du péché originel. Nous naissons au sein d'une race déchue. Nous héritons d'une nature déchue et nous sommes inexorablement attirés par le péché. Nous avons envie de faire le mal et nous n'avons pas d'attirance naturelle pour Dieu. Finalement, il n'y a en nous aucune puissance pour obéir à Dieu ou pour résister au mal : « car l'affection de la chair est inimitié contre Dieu, parce qu'elle ne se soumet pas à la loi de Dieu, et qu'elle ne le peut même pas. Or, ceux qui vivent selon la chair ne sauraient plaire à Dieu » (Romains 8.7,8). Le péché entache notre nature même. Nous sommes nés avec un penchant pour le mal. Notre être est déchu avant même que nous ayons commis délibérément notre première mauvaise action. En fait, nous péchons parce que nous sommes pécheurs. Nous ne sommes pas d'innocentes créatures qui, soudainement, deviennent pécheresses au moment de leur premier manquement. Nous ne tendons pas vers le bien tant que nous n'avons pas été exposés au mal. Il est faux de croire que nous sommes purs jusqu'à ce que nous soyons pervertis par nos parents, comme certains le laissent entendre. Nous ne sommes même pas moralement neutres à la naissance. Nous naissons pécheurs.

    Tout cela est également vrai pour nos enfants. Laissés seuls, ils tendent vers le péché. Et s'ils sont carrément livrés à eux-mêmes, il n'y a pas de limite au mal qu'ils peuvent faire. Psaume 58.4 dit : « Les méchants sont pervertis dès le sein maternel, les menteurs s'égarent au sortir du ventre de leur mère ». L'apôtre Paul, quant à lui, cite une série de passages tirés de l'Ancien Testament dans son épître aux Romains, afin de démontrer, à partir de l'Écriture, qu'il n'y a pas d'exception à la doctrine de la dépravation humaine : « Il n'y a point de juste, pas même un seul ; nul n'est intelligent, nul ne cherche Dieu ; tous sont égarés, tous sont pervertis ; il n'en n'est aucun qui fasse le bien, pas même un seul ; leur gosier est un sépulcre ouvert ; ils se servent de leur langue pour tromper ; ils ont sous leurs lèvres un venin d'aspic ; leur bouche est pleine de malédiction et d'amertume ; ils ont les pieds légers pour répandre le sang ; la destruction et le malheur sont sur leur route ; ils ne connaissent pas le chemin de la paix ; la crainte de Dieu n'est pas devant leurs yeux » (Romains 3.10-18).

    Instinctivement, les parents reculent devant une telle idée. Ce que nous voyons dans nos bébés, c'est l'incarnation même de l'innocence chaste, précieuse et enfantine.

Cependant, nos enfants ne sont pas innocents lorsqu'ils viennent au monde, sinon dans la mesure où ils sont naïfs et inexpérimentés. Le germe de tout le potentiel pour faire le mal, quel qu'il soit, est déjà présent dans leur cœur. C'est une inclination à pécher qui guide leur cœur, leur esprit et leur volonté. En outre, ils n'ont pas le moindre potentiel pour la vraie sainteté ni pour cette droiture qui plaît à Dieu. Ils sont totalement dépravés dès le départ et ils n'attendent qu'une chose, c'est que cette dépravation puisse s'exprimer. Bien qu'ils aient une certaine connaissance du bien dans leur cœur (Romains 2.14,15), ils ne feront pas le bien et ils ne le peuvent pas, car ils aiment le mal (Jérémie 17.9 ; Jean 3.19).

Si vous avez du mal à accepter cela, admettez au moins que vos enfants sont une version de vous en miniature.

Bon nombre de parents vivent dans la terreur de faire quelque chose de mal qui entacherait irrémédiablement la nature vertueuse de leur enfant. Ils croient que si quelque chose va de travers pendant l'enfance, leur rejeton peut rétrograder spirituellement ou errer moralement. Mais la vérité, c'est que les enfants sont déjà marqués par le péché dès le moment de leur conception. L'envie de pécher fait partie intégrante de leur nature. Tout ce qu'il faut à cette funeste quête, c'est qu'on laisse à l'enfant le loisir d'exprimer librement ses mauvais désirs.

Autrement dit, les enfants ne tournent pas mal en raison de choses que leurs parents ont faites. Ils naissent pécheurs, et cette nature se manifeste en raison de ce que leurs parents ne font pas.

La société moderne a produit plus de meurtriers en série, de pervers, de pédophiles, de violeurs et de criminels par habitant qu'à peu près n'importe quelle autre société dans l'Histoire. Et les spécialistes se posent invariablement les questions suivantes : « Que s'est-il passé dans leur jeunesse ? Qu'est-ce que leurs parents ont bien pu leur faire ? Proviennent-ils d'un milieu où les sévices sont monnaie courante ? Se sont-ils trouvés dans quelque situation où ils ont été gravement maltraités ? Leurs parents, ou la société, ont-ils fait quelque chose qui aurait provoqué leur déchéance ? »

En vérité, ce genre d'individus ne sont pas le produit de ce que leurs parents ont fait, mais de ce qu'ils n'ont pas fait. En fait, un nombre étonnant d'entre eux n'ont connu aucune influence parentale permanente puisqu'il s'agit d'enfants placés en foyer nourricier. La plupart des autres avaient des parents dont l'influence morale était tout simplement inexistante. Le tristement célèbre Jeffrey Dahmer en est un bon exemple. Il est devenu homosexuel, cannibale et tueur en série. Des spécialistes d'un peu partout ont étudié son enfance pour tenter de cerner un quelconque traumatisme expliquant un tel esprit pervers. Pourtant, Dahmer a été élevé par une mère qui l'adorait et qui gardait dans un album bien garni des souvenirs de son enfance (premiers pas, première coupe de cheveux, première dent, etc.). Au dire de tous, l'enfance de Dahmer est plutôt ordinaire. Les expériences les plus traumatisantes de son enfance sont une opération pour une hernie et la séparation de ses parents. Dahmer lui-même a déclaré : « Quand j'étais petit, j'étais comme tout le monde ». Mais, au début de son adolescence, il a commencé à développer des goûts sadiques en torturant des animaux et en faisant des expériences horribles avec leurs carcasses. Tout cela s'est produit pendant une adolescence peu supervisée durant laquelle sa mère, à ses dires, a fait de son mieux pour lui donner tout ce que son cœur désirait. Puisqu'on le laissait faire à peu près tout ce qu'il voulait, Dahmer a tout simplement donné libre cours à ses désirs malsains. Il nourrissait ses appétits coupables. Ces derniers sont devenus de plus en plus difficiles à satisfaire et exigeaient une perversion grandissante, jusqu'au point où Dahmer n'arrivait pratiquement plus à calmer sa soif de cruauté.

    Pourquoi notre société produit-elle autant de psychopathes et de dégénérés ? Pourquoi tant de crimes violents sont-ils maintenant commis par des enfants qui ne sont même pas encore entrés dans l'adolescence ? Pourquoi tant de familles qui semblent « normales » produisent-elles des délinquants ? Je crois que tous ces phénomènes trouvent leur origine dans le style laxiste si populaire chez les parents modernes. La tolérance et la passivité caractérisent la perspective actuelle du rôle parental. On considère que les restrictions et les corrections sont trop limitatives pour la psyché de l'enfant. L'estime de soi a supplanté la maîtrise de soi. Les parents ont peur de corriger la mauvaise conduite de leurs enfants. Les experts leur conseillent vivement de laisser leurs enfants s'exprimer librement. Trop de parents sont complètement absents de la sphère d'influence morale de leurs propres enfants. On laisse simplement la nature de l'enfant suivre son cours, et quand les parents se rendent compte de la dépravation totale du cœur de leur enfant, les choses évoluent déjà vers le désastre. La Bible dit : « La folie est attachée au cœur de l'enfant ; la verge de la correction l'éloignera de lui » (Pr 22.15). Quand on laisse les enfants simplement suivre le cours de leur nature, le désastre est inévitable.

Le petit nouveau-né, aussi adorable soit-il, est déjà un dépravé en puissance. Et si les parents ne sont pas décidés à élever cet enfant en le corrigeant et en l'instruisant selon le Seigneur, il donnera éventuellement libre cours à sa dépravation. Et, dans une société de plus en plus hostile à la piété et tolérant de plus en plus la méchanceté, il n'est pas étonnant que tant d'enfants laissés à leurs propres penchants deviennent incroyablement méchants. La vague de fusillades dans les écoles n'est que la pointe de l'iceberg. Si vous voulez avoir une idée du degré de méchanceté qu'on retrouve chez les jeunes d'aujourd'hui, rendez-vous simplement au magasin de disques le plus près de chez vous et regardez les disques compacts qu'on y vend aux jeunes. Vous y verrez de la musique glorifiant tout ce qui est mauvais, des perversions sexuelles grossières à la colère, la haine et la rébellion, et de la violence gratuite à l'adoration flagrante de Satan. Et la plupart des parents n'ont absolument aucune idée de ce que leurs enfants écoutent, ni de ce qu'ils font.

Il est tout simplement dangereux, surtout dans une culture comme la nôtre, pour un parent de se retirer et de laisser la nature de son enfant déterminer, au sens moral et éthique, ce qu'il ou elle va devenir. Dans ce scénario, humainement parlant, il ne peut y avoir qu'un résultat : une vie de péché.

LE BÉHAVIORISME N'EST PAS LA RÉPONSE

À ce stade-ci, certains lecteurs pourraient croire que la solution que j'envisage pour faire face à la dépravation des enfants est un contrôle strict de leur comportement, allié à une discipline de fer. Ce n'est pas le cas.

Certes, les bonnes manières et la discipline sont des aspects indispensables pour élever correctement les enfants, mais le fait d'enseigner les bonnes manières à votre progéniture ne règle pas le problème de la dépravation humaine. Le fait de punir les méfaits ne résout par non plus le problème. En fait, les parents qui mettent toute leur énergie à corriger les comportements extérieurs, ou à éviter l'inconduite sous la menace de mesures disciplinaires ne font peut-être rien d'autre que de former des hypocrites.

J'ai vu cela se produire à maintes reprises. Je connais des parents chrétiens qui sont convaincus d'avoir réussi l'éducation de leurs enfants parce qu'ils leur ont appris à réagir poliment en répondant : « Oui, monsieur » et : « Non, madame », et à s'adresser aux adultes seulement si ces derniers leur ont posé une question. Mais lorsque ces parents ont le dos tourné, ces mêmes enfants peuvent être les plus indisciplinés de l'Église, surtout en présence de leurs pairs, quand il n'y a aucune autorité en vue. Et les parents semblent parfaitement inconscients du véritable tempérament de leurs enfants. Presque tous les enseignants et responsables de jeunesse savent à quel point il peut être frustrant d'avoir affaire à un enfant à problème, alors que les parents sont tout simplement incapables de concevoir que leur enfant puisse commettre des fautes graves. Cela se produit souvent parce que les parents se sont uniquement préoccupés de questions comme le comportement extérieur, les convenances et la courtoisie à l'égard des autres adultes, mais ils n'ont pas la moindre idée de l'état véritable du cœur de leur enfant. Souvent, ce dernier ne fait que se conformer pour éviter d'être puni.

Le fait de ne corriger que les comportements extérieurs sous la menace de sanctions n'est rien d'autre que du béhaviorisme. Les bonnes manières qu'engendre ce type de démarche ne sont qu'un réflexe conditionné. Si ce genre de contrôle du comportement semble faire des merveilles pendant un certain temps (habituellement quand les parents sont tout près), il ne fait rien pour régler le problème de la dépravation, qui constitue le cœur du problème.

L'ISOLATIONNISME N'EST PAS LA RÉPONSE

Bon nombre de parents chrétiens croient avoir accompli leur devoir lorsqu'ils bâtissent un cocon autour de leurs enfants pour les isoler des mauvaises influences. Ils restreignent leurs heures d'écoute de télévision, interdisent la musique populaire à la maison et empêchent même parfois toute fraternisation avec des enfants dont les parents ne partagent pas leurs convictions relatives à ce genre d'isolement.

Certes, bien des choses passent à la télévision et dans d'autres médias de divertissement dont nous devrions protéger nos enfants. Et puisque le sens moral baisse si rapidement, il est important que les parents chrétiens créent une certaine forme d'isolement pour leurs enfants. Il est carrément irresponsable de permettre à ses enfants de naviguer à volonté et sans surveillance sur le Web, d'écouter la musique de leur choix et de voir des films sans supervision parentale. Les parents qui renoncent allègrement à contrôler ce que leurs enfants voient et écoutent dans une culture comme la nôtre sont coupables de méfaits graves.

Pourtant, l'isolement total n'est pas non plus la réponse. La naïveté n'est pas un trait de caractère à cultiver chez nos enfants. La pruderie, c'est de l'immaturité toute bête, qui laisse nos enfants crédules et vulnérables. Les naïfs constituent des cibles de choix pour les pièges de la tentation. Dans tout le livre des Proverbes, les naïfs (les « stupides » ou les « simples » dans bon nombre de traductions) sont cités en exemples *négatifs* :

Jusqu'à quand, stupides, aimerez-vous la stupidité ?
(Proverbes 1.22.)

Car la résistance des stupides les tue, et la sécurité des insensés les perd (Proverbes 1.32).

J'aperçus parmi les stupides, je remarquai parmi les jeunes gens un garçon dépourvu de sens (Proverbes 7.7).

Stupides, apprenez le discernement ; insensés, apprenez l'intelligence (Proverbes 8.5).

L'homme simple croit tout ce qu'on dit... Les simples ont en partage la folie (Proverbes 14.15,18).

L'homme prudent voit le mal et se cache, mais les simples avancent et sont punis (Proverbes 22.3 ; 27.12).

Ne vous y méprenez pas, il y a une sorte d'innocence sainte que nous devons cultiver non seulement chez nos enfants, mais aussi en nous. L'apôtre Paul a écrit : « je désire que vous soyez sages en ce qui concerne le bien, et purs en ce qui concerne le mal » (Romains 16.19). Mais, dans ce contexte, il parlait de la connaissance qui vient de l'expérience personnelle. Ce verset vient après plusieurs chapitres consacrés aux instructions d'ordre pratique, car Paul voulait que les Romains soient très versés dans la bonne conduite, mais inexpérimentés quant au mal.

L'inexpérience et la naïveté sont deux choses différentes. Paul ne voulait pas dire qu'il désirait qu'ils soient dans l'ignorance de l'existence du mal. Son intention n'était certes pas de militer en faveur d'une ignorance délibérée ou d'un aveuglement volontaire face à la réalité du mal. Ce qu'il voulait, c'est que les Romains fassent preuve de prudence, non de pruderie. La différence est considérable.

Les parents ne peuvent, ni ne doivent, tenter d'isoler entièrement leurs enfants de la vérité sur le péché et sur les subtilités de la tentation. Nous ne devrions pas cultiver ce genre d'« innocence » chez nos enfants, les laissant exposés et vulnérables aux tentations dont ils ignorent l'existence même. Notre tâche est de leur enseigner le discernement, et non d'en faire des prudes.

J'ai eu connaissance d'un cours chrétien sur l'éducation des enfants où on encourageait les papas et les mamans à éviter de donner à leurs enfants le moindre enseignement précis sur la sexualité, non seulement durant l'enfance et l'adolescence, mais jusqu'à leur nuit de noces. Les questions inévitables que posent les enfants sur l'anatomie et le développement du corps pendant la puberté sont supposées être détournées par des réponses vagues, établissant ainsi clairement que le sexe est un sujet tabou. S'il faut répondre à des questions sur la reproduction, elles doivent être traitées en prenant comme exemple des fleurs, de peur qu'un autre modèle trop explicite fasse en sorte que l'enfant puisse perdre son innocence. Selon ce cours, la simple exposition aux faits entourant la reproduction humaine met en danger l'innocence morale de l'enfant. Ce cours va jusqu'à prévenir les parents de ne pas mettre leurs enfants en contact avec des expositions d'art classique, puisqu'on peut y voir des statues et des peintures de nus.

Ce genre d'isolationnisme mène tout droit au désastre. C'est une perspective qui n'a rien de biblique. L'Écriture ne présente pas les relations sexuelles comme étant fondamentalement mauvaises ou taboues. Si les relations sexuelles en dehors du mariage sont bien coupables, il en va tout autrement de l'union du mari et de la femme à l'intérieur du mariage, qui est sanctifiée et honorable (Hébreux 13.4). En soi, ce sujet ne fait peser aucune menace sur une juste et sainte innocence. Comment nos enfants peuvent-ils espérer avoir une compréhension adéquate et biblique de ces choses si nous traitons le sujet lui-même comme une menace à leur innocence ? Ce n'est certainement pas ce que fait l'Écriture. Un livre entier de l'Ancien Testament – le Cantique des cantiques – a été écrit pour célébrer la joie et la pureté de l'intimité conjugale. La Bible ne contient pas le moindre commandement ou principe qui proscrirait ce sujet de l'instruction que doit dispenser un parent.

Bien au contraire, le fait de bien enseigner ces choses aux enfants fait partie intégrante de la responsabilité parentale. Y renoncer garantit presque assurément que les enfants seront davantage influencés par les valeurs et les mœurs qui leur viennent de leurs professeurs et de leurs camarades. Il est presque impossible d'isoler complètement les enfants de toute influence extérieure à la famille, et c'est certainement une bien mauvaise façon d'élever des enfants. Il est donc fort probable qu'ils apprendront ces choses d'autres sources, peu importe à quel point ils sont protégés. Si les parents ont renoncé à promouvoir une saine connaissance de la sexualité et de la reproduction humaine, les chances que l'enfant acquiert de mauvaises attitudes par rapport à ce sujet sont multipliées.

D'ailleurs, la notion selon laquelle les parents protègent l'innocence d'un enfant en se contentant de déclarer certains sujets tabous et d'empêcher les enfants d'entrer en contact avec la réalité de ceux-ci ne tient pas compte du fait qu'un grand nombre de nos désirs impies sont innés. Les appétits coupables font partie intégrante de notre nature déchue. Ce ne sont pas simplement des comportements acquis. Si vous refusez d'enseigner quoi que ce soit à vos enfants sur la sexualité, non seulement vous rejetez la possibilité de leur présenter une juste perspective, mais vous donnez peut-être aussi libre cours à la mauvaise imagination de votre enfant.

Un principe semblable s'applique à ceux qui tentent d'isoler leurs enfants de toutes les influences négatives de la culture séculière. L'isolationnisme extrême ôte de belles occasions aux parents d'enseigner le discernement à leurs enfants. Par exemple, il pourrait être bien plus profitable de regarder « La guerre des étoiles » avec vos enfants, pour leur enseigner comment identifier et rejeter les philosophies erronées du Nouvel Âge que cette émission véhicule, que d'essayer de maintenir vos enfants en quarantaine spirituelle, complètement coupés de telles influences.

Tout d'abord, les parents ne pourront pas toujours isoler leurs enfants. Le jour viendra où ceux-ci seront exposés au vrai monde, et il vaudra mieux pour eux qu'ils soient alors préparés à exercer le discernement et la sagesse, afin de percevoir les pièges du diable et les séductions du monde, et d'y résister.

Mais, en second lieu, nous commettons tout simplement une erreur en pensant qu'en coupant nos enfants des influences extérieures nous réussirons à les protéger de toute tentation, car la source la plus persistante de tentation n'est ni le monde ni le diable, mais la chair. On peut souvent éviter l'influence du monde et du diable, mais on ne peut pas échapper à l'influence de sa propre chair. La chair est une source constante de tentation, dont vous ne pouvez isoler vos enfants.

Penser que nos enfants sont de petits anges que nous devons manier délicatement pour éviter qu'ils soient corrompus est une grave erreur, car ce sont plutôt de petits pécheurs corrompus qui ont besoin d'être conduits à la justice.

L'ESTIME DE SOI N'EST PAS LA RÉPONSE

Une philosophie qui a façonné pendant des décennies les méthodes populaires d'éducation des enfants, à la fois dans l'arène séculière et dans l'Église, repose sur la notion que les parents devraient faire tout ce qui est possible pour redonner de l'estime de soi à leurs enfants. Les experts en matière d'estime de soi nous disent que si les enfants et les adolescents (sans mentionner les adultes) avaient une meilleure opinion d'eux-mêmes, la plupart de leurs problèmes psychologiques et émotionnels seraient résolus.

La racine de tous ces problèmes, disent-ils, tient au fait que les gens ne se respectent pas assez. S'ils étaient plus fiers – s'ils se voyaient comme bons, nobles et merveilleux –, non seulement ils se comporteraient mieux, mais ils traiteraient également mieux les autres.

Les tenants de l'estime de soi ont pour cible de prédilection les parents. Ils affirment que ce sont nos parents qui sont le plus à blâmer pour notre manque de fierté, et ils conseillent aux parents de faire tout leur possible pour faire croître l'amour-propre de leurs enfants. Ils les préviennent de ne pas s'attarder à corriger la mauvaise conduite, mais de s'efforcer davantage d'améliorer l'image de soi de leurs enfants. Ils suggèrent d'enseigner aux enfants à s'aimer tels qu'ils sont, et à être satisfaits d'eux-mêmes.

Le même message est répété partout, des livres pour enfants aux chansons populaires. La chanson de Withney Houston, certifiée double platine en 1986, « The Greatest Love of All » (Le plus grand amour qui soit) en est un bon exemple : c'est un hymne éhonté à l'estime de soi. Les artistes, les éducateurs et les spécialistes de toutes origines chantent le même refrain, vantant les mérites de l'amour de soi comme étant la panacée à tous les problèmes de nos enfants. Les ligues sportives pour enfants ont commencé à parrainer des tournois où il n'y a pas de perdants (et en conséquence pas de gagnants, donc pas de véritable compétition). Les écoles ont adopté divers systèmes d'annotation afin de garantir que personne n'échoue, éliminant à toutes fins utiles l'incitation que les élèves avaient à travailler d'arrache-pied. L'une des nouvelles techniques visant à favoriser l'estime de soi est l'« orthographe créative », où l'enfant choisit d'épeler un mot comme bon lui semble. On ne corrige jamais l'orthographe des mots de peur de réprimer la capacité de l'enfant à s'exprimer pas l'écriture. (J'ai moi-même pratiqué l'orthographe créative à l'école, mais aucun de mes enseignants n'y a vu là la marque d'un génie créateur.)

Le travail ardu, la recherche de l'excellence, la bonne conduite et la maîtrise de soi ont été sacrifiés sur l'autel de l'estime de soi. On nous dit que, plus que toute autre chose, nous devons enseigner à nos enfants à s'aimer eux-mêmes tels qu'ils sont. Le simple fait de suggérer que certains points auraient besoin d'être changés est considéré comme l'ultime faux pas parental. Ainsi, des millions de parents ont carrément laissé tomber tout effort visant à pousser leurs enfants vers de grandes réussites et une noblesse de caractère.

Cependant, les champions de l'estime de soi ne veulent pas pour autant que les parents se sentent coupables de leurs échecs parentaux. Un article publié dans un magazine à la mode destiné aux parents assure à ces derniers qu'ils doivent apprendre à s'aimer eux-mêmes s'ils veulent aider leur enfant à avoir une bonne estime de soi. Un critique de cette philosophie a sagement fait remarquer qu'il s'agit là d'un des tropes les plus brillants du mouvement en faveur de l'estime de soi : l'égocentrisme devient de l'altruisme. L'égoïsme se transforme en vertu : « le plus grand amour qui soit ».

La vérité, c'est que bon nombre des tentatives modernes visant à susciter l'estime de soi chez l'enfant équivalent à verser de l'essence sur un incendie hors de contrôle. On ne fait qu'encourager des enfants déjà égoïstes à croire qu'ils sont justifiés de n'en faire qu'à leur tête. Les parents finissent par croire qu'ils doivent céder, quelle que soit la demande, puisque l'enfant a le droit de s'exprimer librement pour favoriser son estime de soi. Cela finit par engendrer des comportements hors de contrôle, en plus de nourrir les pires tendances de la dépravation humaine. Voulez-vous garantir que votre enfant deviendra délinquant ? Commencez par nourrir son amour-propre, puis faites croître son égoïsme en refusant de le corriger lorsqu'il a tort.

L'estime de soi est fondée sur une perspective qui n'a rien de biblique. Elle est diamétralement opposée à la vérité de la dépravation humaine. En outre, l'Écriture fait l'éloge de la maîtrise de soi comme une partie intégrante du fruit de l'Esprit, mais elle n'a rien de positif à dire au sujet de l'estime de soi, de l'amour-propre ou de toute autre forme d'égocentrisme. Peu importe le nombre de fois où nous entendrons ce mantra répété par des soi-disant experts, l'estime de soi n'est pas ce dont votre enfant a besoin.

LE PLUS GRAND BESOIN DE L'ENFANT : LA RÉGÉNÉRATION

Il n'y a qu'un seul remède contre la dépravation innée de l'enfant : la nouvelle naissance – la régénération. Comme Jésus l'a dit à Nicodème : « Ce qui est né de la chair est chair, et ce qui est né de l'Esprit est esprit. *[Alors,]* il faut que vous naissiez de nouveau » (Jean 3.6,7).

« Né de la chair », avec un penchant pour le mal, votre enfant n'a aucun pouvoir de se libérer des chaînes du péché. Il n'a pas le Saint-Esprit. Il n'a pas la capacité de plaire à Dieu ni de lui obéir de tout son cœur. Étant né de la chair, il est charnel. Et, « l'affection de la chair est inimitié contre Dieu, parce qu'elle ne se soumet pas à la loi de Dieu, et qu'elle ne le peut même pas. Or, ceux qui vivent selon la chair ne sauraient plaire à Dieu » (Romains 8.7,8).

Ailleurs dans l'Écriture, ceux qui ne sont pas nés de nouveau sont décrits comme : « morts par *[leurs]* offenses et *[leurs]* péchés, *[vivant]* selon les convoitises de *[leur]* chair, accomplissant les volontés de la chair et *[de leurs]* pensées, *[étant]* par nature des enfants de colère, comme les autres » (Éphésiens 2.1-3). Que cela vous plaise ou non, il s'agit d'une description adéquate de nos enfants – jusqu'à ce qu'ils naissent de nouveau.

Votre tâche la plus importante, en tant que parent, est d'être l'évangéliste de votre foyer. Vous devez enseigner à vos enfants la loi de Dieu, leur enseigner l'Évangile de la grâce divine, leur montrer leur besoin d'un Sauveur et leur indiquer que Jésus est le seul qui puisse les sauver. S'ils grandissent sans avoir pleinement conscience de leur besoin de rédemption, c'est que vous aurez échoué, en tant que parents, dans votre tâche principale de guides spirituels.

Notez cependant que vous ne pouvez pas naître de nouveau à leur place. Les parents qui forcent ou manipulent leurs enfants afin de les amener au salut peuvent les amener à faire une fausse profession de foi, alors que la foi authentique ne peut être produite que par la grâce divine. La nouvelle naissance est une œuvre de l'Esprit Saint : « Le vent souffle où il veut, et tu en entends le bruit, mais tu ne sais d'où il vient, ni où il va. Il en est ainsi de tout homme qui est né de l'Esprit » (Jean 3.8). L'œuvre de Dieu dans le cœur des enfants est souveraine et c'est ainsi qu'il les attire à lui. Le salut est une question qu'ils devront, en fin de compte, régler entre eux et Dieu.

Mais, en tant que parents, vous n'êtes pas moins responsables d'exalter Christ dans votre foyer et de montrer à vos enfants que c'est lui le Sauveur. « Comment donc invoqueront-ils celui en qui ils n'ont pas cru ? Et comment croiront-ils en celui dont ils n'ont pas entendu parler ? Et comment en entendront-ils parler, s'il n'y a personne qui prêche ? » (Romains 10.14.) En votre qualité de parents croyants, vous

> Votre tâche la plus importante, en tant que parent, est d'être l'évangéliste de votre foyer.

représentez les prédicateurs les plus importants que Dieu ait donnés à vos enfants. Ils observeront de près votre façon de vivre, afin de voir si vous croyez sérieusement ce que vous leur enseignez. Ils évalueront tout ce que vous leur enseignez, depuis qu'ils sont en mesure de comprendre quoi que ce soit. Vous disposez des meilleures occasions qui soient pour les aider à se former une idée de Christ. Chaque moment de leur vie est une possibilité d'enseignement (Deutéronome 6.6,7), et vous devriez utiliser toutes ces possibilités pour le bien de vos rejetons.

Voici pourquoi tant de parents croient que l'éducation de leurs enfants est pas trop complexe : ils négligent le besoin principal de ceux-ci et ils concentrent leur énergie sur l'image de soi, la gestion du comportement extérieur, la protection contre les influences externes ou toute autre démarche portant sur les symptômes et non sur la cause des problèmes. Ce genre d'approche ne fait que compliquer l'éducation des enfants.

Remarquablement, lorsque l'apôtre Paul a souligné les divers rôles et responsabilités des membres de la famille, il a résumé toute la tâche de parent en un seul verset de remontrances adressées aux pères. Après avoir rappelé aux enfants leur devoir en vertu du cinquième commandement, il a porté son attention sur le rôle des parents : « n'irritez pas vos enfants, mais élevez-les en les corrigeant et en les instruisant selon le Seigneur » (Éphésiens 6.4).

Il n'aurait pas été surprenant pour nous que l'apôtre Paul consacre un chapitre entier, voire une épître, pour décrire les responsabilités des parents. Au lieu de cela, il a résumé le rôle des parents en un seul verset, et, s'il a pu le faire, c'est que la tâche est bien définie : « élevez-les en les corrigeant et en les instruisant selon le Seigneur ».

Dans un prochain chapitre, nous traiterons de l'aspect négatif de la remontrance de Paul (« n'irritez pas vos enfants »). Cependant, dans le chapitre qui suit immédiatement, nous allons commencer à examiner ce que cela signifie d'élever nos enfants en les corrigeant et en les instruisant selon le Seigneur. Et nous allons débuter par des directives très pratiques sur la façon de répondre au plus grand besoin de vos enfants : les mener à Christ.

CHAPITRE TROIS

LA BONNE NOUVELLE POUR VOS ENFANTS

Je vous le dis en vérité, quiconque ne recevra pas le royaume de Dieu comme un petit enfant n'y entrera point.
Marc 10.15

La question d'ordre pratique que les parents me posent le plus souvent est la suivante : « Comment devrais-je présenter l'Évangile à mes enfants ? » Les embûches, tant réelles qu'imaginaires, intimident presque tous les parents qui envisagent cette responsabilité. D'un côté, il y a le danger de trop simplifier. D'un autre côté, nous ne voulons pas embrouiller nos enfants avec des détails théologiques trop complexes pour eux. Quelle serait donc la meilleure démarche ? Quand faut-il commencer ? Quand les enfants sont-ils « assez vieux » pour avoir la vraie foi salvatrice ? Et s'ils posaient des questions auxquelles nous ne pourrions pas répondre ? Comment savoir si nous nous y prenons de la bonne manière ? Cela semble tellement facile de transmettre aux enfants un message erroné ou incomplet.

Mais il est inutile de se laisser paralyser par la peur. L'Évangile est simple et devrait être présenté simplement. Les parents disposent des meilleures années de la vie de leurs enfants pour présenter, expliquer, éclaircir et souligner les vérités de l'Évangile. Le principal, c'est de demeurer fidèle et constant, tant lorsque vous enseignez l'Évangile que lorsque que vous prêchez par l'exemple. L'une des pires choses qu'un parent puisse faire, c'est d'être intimidé au point de penser qu'il vaut mieux laisser quelqu'un d'autre évangéliser son enfant. De ce fait, il abandonne sa responsabilité première et rate de bonnes occasions de communiquer avec son enfant, perdant ainsi les meilleures bénédictions réservées aux parents.

PRENEZ VOTRE TEMPS ET SOYEZ CONSCIENCIEUX

Voici un bon conseil : envisagez le fait de mener votre enfant à Christ comme un projet à long terme et à temps plein, le plus important que Dieu vous ait donné comme parents.

Soyez consciencieux. Il n'y a pas de raisons valables pour qu'un parent adoucisse ou abrège le message de l'Évangile qu'il communique à son enfant. Plus que quiconque, les parents doivent prendre le temps d'être clairs et précis ; ils doivent expliquer et illustrer, écouter les commentaires, corriger les erreurs de compréhension et passer en revue les aspects les plus compliqués. C'est le meilleur moyen d'évangéliser. Tout parent doté de sagesse sera fidèle, patient, persévérant et rigoureux. En fait, c'est précisément ce que l'Écriture exige de tous les parents : « Et ces commandements, que je te donne aujourd'hui, seront dans ton cœur. Tu les inculqueras à tes enfants, et tu en parleras quand tu seras dans ta maison, quand tu iras en voyage, quand tu te coucheras, et quand tu te lèveras » (Deutéronome 6.6,7).

N'allez pas croire que l'Évangile soit un discours qui ne convient qu'aux grandes occasions évangéliques. Ne tenez pas pour acquis que l'école du dimanche ou les clubs bibliques pour enfants fournissent à vos enfants toutes les connaissances évangéliques dont ils ont besoin. Cherchez des occasions, chaque jour, de souligner et de répéter les vérités de l'Évangile à vos enfants.

Ne vous fiez pas trop aux présentations « toutes faites » de l'Évangile. Bon nombre de ces démarches programmées laissent de côté des aspects importants du message. Elles omettent d'expliquer le concept du péché et celui de la sainteté de Dieu. Elles ne parlent pas de repentance. Cependant, elles cherchent habituellement à susciter une réaction de l'enfant : des mains levées en groupe, une prière apprise par cœur et récitée sur les genoux de maman, ou à peu près n'importe quoi qui peut être considéré comme une réaction positive. Après cela, on estime que l'enfant est né de nouveau et on encourage les parents à se limiter à confirmer, verbalement, aux enfants qu'ils sont sauvés. En conséquence, les églises sont remplies d'adolescents qui n'ont pas d'amour réel pour Dieu, mais qui croient être de vrais chrétiens en raison de quelque chose qu'ils ont fait lorsqu'ils étaient enfants.

Évitez ces écueils. Ne tenez pas pour acquis que la première réaction positive de votre enfant est une foi salvatrice réelle. Si vous croyez qu'un enfant de trois ans qui prie et invite Jésus à venir dans son cœur est une garantie automatique de rédemption, c'est que votre notion de la signification de ce qu'on entend par croire en Christ n'est pas très biblique.

Il est vrai que la foi qui mène au salut ressemble à la confiance qu'accordent les enfants et, en ce sens, tous les pécheurs doivent devenir comme de petits enfants pour être sauvés (Matthieu 18.3,4). Mais dans ce passage, l'accent n'est pas mis sur l'ignorance des enfants, mais sur l'absence de réalisations dans leur vie et sur leur totale impuissance. Ils n'ont rien accompli qui pourrait leur faire mériter le salut (Philippiens 3.7-9). Tout comme un petit enfant, ils sont démunis, dépendant totalement de Dieu, qui pourvoit en toutes choses.

D'un autre côté, la foi réelle nécessite la compréhension et l'affirmation de certains concepts importants qui pourraient dépasser l'entendement de jeunes enfants (Romains 10.14, voir aussi 1 Corinthiens 14.20). L'unique objet de la foi réelle est une confiance sincère en Jésus-Christ *tel qu'il est présenté dans l'Évangile*. Comment les enfants pourraient-ils manifester une foi salvatrice avant d'être assez vieux pour comprendre et pour affirmer les aspects essentiels et objectifs de l'Évangile ? La foi qui mène au salut n'a rien d'une foi aveugle. La vraie foi rédemptrice ne peut négliger les concepts évangéliques essentiels comme le bien et le mal, le péché et la condamnation, la repentance et la foi, la sainteté de Dieu et sa colère face au péché, Christ le Dieu incarné, l'idée de l'expiation du péché et la signification de la résurrection et de la seigneurie de Christ. L'âge exact auquel un enfant est suffisamment mûr pour saisir de tels concepts varie d'un enfant à l'autre. Il n'y a donc pas de moyen infaillible de prédire l'âge de la « maturité ». Mais jusqu'à ce que l'enfant fasse preuve d'un certain niveau de compréhension et qu'il manifeste certains fruits spirituels, les parents ne devraient pas tenir pour acquis qu'il est sauvé.

Néanmoins, ne voyez pas les expressions de foi enfantine comment étant sans importance. Les parents devraient encourager toute manifestation de foi chez leurs enfants. Ne les ridiculisez pas parce qu'ils ont du mal à comprendre. Sautez sur l'occasion pour leur en enseigner davantage. Comblez leur désir d'apprendre qui est Christ et soulignez toute profession de foi. Même si vous arrivez à la conclusion qu'il est trop tôt pour considérer leur intérêt pour Christ comme une foi mûre, ce n'est pas une raison pour que vous la jugiez fausse. C'est peut-être la graine qui fera pousser la foi salvatrice plus tard. Et ne soyez pas découragés par leur manque de compréhension et par leur ignorance. Même les croyants les plus mûrs ne comprennent pas toujours exactement la vérité. Continuez à leur enseigner dans l'esprit de Deutéronome 6.6,7.

> **Prenez garde d'empiéter sur un domaine qui n'appartient qu'à Dieu.**

Il n'y a rien qu'un parent puisse faire pour garantir le salut de son enfant. Nous ne pouvons croire à leur place, par procuration. Nous pouvons peut-être les forcer ou les manipuler, jusqu'à ce qu'ils feignent une profession de foi, mais la foi *authentique* est suscitée par l'œuvre de Dieu dans le cœur de l'enfant (Jean 6.44,45). Nous pouvons les convaincre faussement, mais la vraie assurance vient de l'œuvre du Saint-Esprit (Romains 8.15,16). Prenez garde d'empiéter sur un domaine qui n'appartient qu'à Dieu. N'ayez pas recours à des moyens extérieurs, à la pression exercée par des camarades, au pouvoir de la suggestion, à l'attrait de l'approbation, à la peur du rejet ou à tout autre méthode artificielle pour susciter une réaction superficielle chez votre enfant. Mais soyez plutôt fidèle, patient et consciencieux. Et n'oubliez pas d'accompagner vos efforts de prières pour le salut de vos enfants, en gardant à l'esprit que Dieu agit où vous ne le pouvez pas, c'est-à-dire dans leur cœur.

ENSEIGNEZ-LEUR TOUT LE CONSEIL DE DIEU

De quelle façon, exactement, devrions-nous présenter l'Évangile à nos enfants ? Beaucoup de ceux qui posent cette question cherchent une solution facile. Ils veulent un plan du salut résumé et édulcoré en quatre ou cinq points essentiels, ou moins si c'est possible. À franchement parler, l'évangélisme moderne est trop enclin à ce genre de réductionnisme de l'Évangile. Les dépliants du présentoir d'une église pouvaient se lire comme suit : *Six étapes pour faire la paix avec Dieu, Cinq choses que Dieu veut que vous sachiez, Quatre lois spirituelles, Trois vérités essentielles de la vie, Deux problèmes à régler* et *Une seule voie vers le ciel.*

Comme je l'ai mentionné précédemment, bon nombre des démarches préfabriquées pour enseigner l'Évangile omettent volontairement des vérités importantes, comme la repentance et la colère de Dieu devant le péché. Certaines voix influentes de l'évangélisme moderne vont même affirmer que ces vérités (et d'autres, comme la seigneurie de Christ, son appel à l'abandon de soi, le coût élevé de la vie de disciple) sont extérieures à l'Évangile. Ils disent que de telles questions ne devraient pas être soulevées lorsqu'on s'adresse à des non-croyants. D'autres responsables chrétiens, désireux de voir une unité œcuménique s'installer chez les catholiques, les orthodoxes et les évangéliques suggèrent que d'importants points de doctrine comme la justification par la foi et l'expiation par substitution – ne sont pas essentiels à l'Évangile. En fait, ils veulent une approche « éclaircie » de l'Évangile. Leur ouverture œcuménique signifie qu'à peu près n'importe quelle foi générique en Christ peut être considérée comme une foi rédemptrice, laissant ainsi de côté le fait que le Nouveau Testament condamne ceux qui croient en Christ tout en rejetant ou en changeant la doctrine de la justification (Galates 1.6-9). Il semble que beaucoup d'évangéliques soient obsédés par l'idée de découvrir le minimum de vérité biblique qu'on doit croire pour quand même aller au ciel. Bon nombre des démarches populaires d'évangélisation semblent avoir été élaborées en ce sens.

Or, plus que quiconque, les parents doivent résister à la tentation de penser de cette façon. Le type d'enseignement constant, fidèle et diligent qui est mentionné dans Deutéronome 6.6,7 est incompatible avec cette démarche minimaliste.

L'Évangile, c'est la bonne nouvelle du salut en Christ. En un certain sens, l'Évangile renferme toutes les vérités à propos de Jésus. Inutile d'essayer de trouver un aspect de la Bible qui soit incompatible avec l'Évangile. En fait, puisque Christ est la somme et l'apogée de toute révélation biblique (Hébreux 1.1-3), toute vérité de l'Écriture finit par se rapporter à lui. Aussi, aucune partie de cette vérité n'est hors de propos dans le contexte évangélique. On pourrait même dire, fort justement, que les parents qui veulent être rigoureux quand ils évangélisent leurs enfants doivent leur enseigner *tout le conseil de Dieu*, en prenant bien soin de montrer les ramifications de toute cette vérité. À mon avis, c'est là le véritable esprit de Deutéronome 6.6,7.

De toute façon, il n'existe aucune formule qui puisse répondre à tous les besoins de celui qui n'est pas encore né de nouveau. Les *ignorants* doivent apprendre qui est Christ et pourquoi il offre le seul espoir de salut (Romains 10.3). Les *insouciants* doivent être mis en face de la réalité du jugement à venir (Jean 16.11). Ceux qui sont *dans la crainte* doivent savoir que Dieu est clément, qu'il se réjouit non de la mort des méchants, mais lorsque des pécheurs viennent à lui repentants pour implorer sa miséricorde (Ézéchiel 33.11). Ceux qui sont *hostiles* doivent comprendre la futilité de s'opposer à la volonté de Dieu (Psaume 2.1-4). Ceux qui sont *imbus d'eux-mêmes* doivent voir leur péché révélé par les lois de Dieu (Romains 3.20). Ceux qui sont *orgueilleux* doivent savoir que Dieu hait l'orgueil (1 Pierre 5.5). Tous les pécheurs doivent comprendre que Dieu est saint et que Christ a satisfait aux exigences de la justice parfaite de Dieu à la place des pécheurs (1 Corinthiens 1.30). Toute présentation de l'Évangile devrait inclure une explication de la mort sacrificielle de Jésus pour les péchés (15.3). En outre, le message ne sera pas celui de l'Évangile s'il ne mentionne pas son ensevelissement et le triomphe de sa résurrection (v. 4,17).

INSISTEZ SUR LES DOCTRINES LES PLUS ESSENTIELLES DE L'ÉVANGILE

Tout en étant rigoureux, les parents doivent également prendre bien soin de souligner certaines vérités particulièrement cruciales pour une compréhension adéquate de l'Évangile. Voici quelques suggestions pour vous aider à garder le cap[1] :

ENSEIGNEZ-LEUR LA SAINTETÉ DE DIEU

« La crainte de Dieu est le commencement de la sagesse » (Psaume 11.10 ; Job 28.28 ; Proverbes 1.7 ; 9.10 ; 15.33 ; Ecclésiaste 12.13 ; Michée 6.9). On ne parle pas ici d'une crainte de lâche, ou de celle qui voit en Dieu un être capricieux, plein de colère. Il s'agit plutôt d'une forme de révérence, d'une peur de lui déplaire, d'offenser sa sainteté, fondée sur la compréhension que Dieu est celui de qui il est écrit : « Tes yeux sont trop purs pour voir le mal, et tu ne peux pas regarder l'iniquité » (Habacuc 1.13).

Dieu est saint et, par conséquent, sa loi exige une sainteté parfaite.

Car je suis l'Éternel, votre Dieu ; vous vous sanctifierez et vous serez saints, car je suis saint ; et vous ne vous rendrez point impurs [...] peur que vous soyez saints ; car je suis saint (Lévitique 11.44,45).

[...] c'est un Dieu saint, c'est un Dieu jaloux ; il ne pardonnera point vos transgressions et vos péchés (Josué 24.19).

Nul n'est saint comme l'Éternel ; il n'y a point d'autre Dieu que toi ; il n'y a point de rocher comme notre Dieu (1 Samuel 2.2).

Qui peut subsister en présence de ce Dieu saint ? (1 Samuel 6.20.)

L'Éternel est dans son saint temple, l'Éternel a son trône dans les cieux ; ses yeux regardent, ses paupières sondent les fils de l'homme. L'Éternel sonde le juste ; il hait le méchant et celui qui se plaît à la violence. Il fait pleuvoir sur les méchants des charbons, du feu et du soufre ; un vent brûlant, c'est le calice qu'ils ont en partage. Car l'Éternel est juste, il aime la justice ; les hommes droits contemplent sa face (Psaume 11.4-7).

Vous serez saints, car je suis saint (1 Pierre 1.16).

Recherchez la paix avec tous, et la sanctification, sans laquelle personne ne verra le Seigneur (Hébreux 12.14).

Parce qu'il est saint, Dieu hait le péché

Tu ne te prosterneras point devant elles *[les idoles]*, et tu ne les serviras point ; car moi, l'Éternel, ton Dieu, je suis un Dieu jaloux, qui punis l'iniquité des pères sur les enfants jusqu'à la troisième et à la quatrième génération de ceux qui me haïssent (Exode 20.5).

Car tu n'es point un Dieu qui prenne plaisir au mal ; le méchant n'a pas sa demeure auprès de toi (Psaume 5.5).

Dieu est un juste juge, Dieu s'irrite en tout temps. Si le méchant ne se convertit pas, il aiguise ; on glaive, il bande son arc, et il vise (Psaume 7.12,13).

Les pécheurs ne peuvent se présenter devant lui

C'est pourquoi les méchants ne résistent pas au jour du jugement, ni les pécheurs dans l'assemblée des justes (Psaume 1.5).

Les insensés ne subsistent pas devant tes yeux ; tu hais tous ceux qui commettent l'iniquité (Psaume 5.6).

Qui pourra monter à la montagne de l'Éternel ? Qui s'élèvera jusqu'à son lieu saint ? Celui qui a les mains innocentes et le cœur pur ; celui qui ne livre pas son âme au mensonge, et qui ne jure pas pour tromper (Psaume 24.3,4).

MONTREZ-LEUR QU'ILS SONT PÉCHEURS

Assurez-vous d'enseigner à vos enfants, dès leur plus jeune âge, que l'inconduite est non seulement une offense devant papa et maman, mais aussi que c'est un péché devant un Dieu saint, qui exige des enfants qu'ils obéissent à leurs parents (Exode 20.12).

Éduquez leur conscience, afin qu'ils perçoivent leur propre inconduite comme coupable et comprennent qu'ils devront un jour en répondre devant Dieu, qu'il ne s'agit pas seulement d'un comportement que leurs parents réprouvent. Enseignez-leur cela avec amour et une véritable compassion, et non par l'intimidation.

Aider vos enfants à reconnaître leur propre péché ne signifie pas qu'il faille constamment les critiquer et les dénigrer. Cela ne signifie certainement pas que vous deviez refuser de les féliciter lorsqu'ils agissent bien. J'ai entendu parler de parents qui se sont mis en colère contre la grand-mère parce qu'en prenant leur enfant sur ses genoux, elle lui avait dit qu'il était un bon garçon. Les parents ont repris le petit et ont grondé la mamie en l'accusant d'enseigner une « fausse doctrine » à son petit-fils. Cela dépasse les bornes.

Le fait de leur enseigner qu'ils sont pécheurs ne signifie pas qu'il faille les diminuer ou les tourmenter verbalement au sujet de leurs échecs. Vous devriez plutôt les instruire avec tendresse et les aider à voir leurs propres manquements dans l'optique de Dieu. Ils doivent saisir pourquoi ils sont attirés par le péché et, finalement, doivent ressentir leur besoin de rédemption.

Jésus a dit : « Ce ne sont pas ceux qui se portent bien qui ont besoin de médecin, mais les malades. Je ne suis pas venu appeler des justes, mais des pécheurs » (Marc 2.17).

N'ayez pas peur d'enseigner à vos enfants ce qu'exige la loi de Dieu. La loi et l'Évangile ont des buts différents, bien sûr. Nous savons que les pécheurs ne peuvent être justifiés par les œuvres de la loi (Galates 2.16). Mais n'allez pas vous imaginer que la loi n'a aucun rôle à jouer dans la proclamation de l'Évangile. C'est la loi qui révèle notre péché (Romains 3.20 ; 7.7) et en montre sa vraie nature (Romains 7.13). La loi est un guide qui nous mène à Christ (Galates 3.24). C'est le moyen principal par lequel Dieu fait voir leur impuissance aux pécheurs. Loin d'être déplacées dans l'enseignement de l'Évangile, la loi et ses exigences ont constitué le point de départ de la présentation systématique de l'Évangile par Paul (Romains 1.16 – 3.20). Les normes morales définies par la loi nous donnent le fondement nécessaire pour comprendre ce qu'est le péché.

Le péché est une infraction à la loi

> Quiconque pèche transgresse la loi, et le péché est la transgression de la loi (1 Jean 3.4).

> Toute iniquité est un péché (1 Jean 5.17).

> [...] je n'ai connu le péché que par la loi (Romains 7.7).

Le péché empêche les pécheurs de connaître la vraie paix

Mais les méchants sont comme la mer agitée, qui ne peut se calmer, et dont les eaux soulèvent la vase et le limon. Il n'y a point de paix pour les méchants, dit mon Dieu (Ésaïe 57.20,21).

Malheur à ceux qui méditent l'iniquité (Michée 2.1).

Tous ont péché

Car tous ont péché et sont privés de la gloire de Dieu (Romains 3.23).

[...] selon qu'il est écrit : il n'y a point de juste, pas même un seul ; nul n'est intelligent, nul ne cherche Dieu ; tous sont égarés, tous sont pervertis ; il n'en est aucun qui fasse le bien, pas même un seul (Romains 3.10-12).

Le péché rend le pécheur passible de mort

[...] l'âme qui pèche, c'est celle qui mourra (Ézéchiel 8.4).

[...] et le péché étant consommé, produit la mort (Jacques 1.15).

Car le salaire du péché, c'est la mort (Romains 6.23).

Les pécheurs ne peuvent rien faire pour obtenir le salut

Nous sommes tous comme des impurs, et toute notre justice est comme un vêtement souillé ; nous sommes tous flétris comme une feuille, et nos crimes nous emportent comme le vent (Ésaïe 64.5).

Car personne ne sera justifié devant lui par les œuvres de la loi (Romains 3.20).

[...] ce n'est pas par les œuvres de la loi que l'homme est justifié... personne ne sera justifié par les œuvres de la loi (Galates 2.16).

Les pécheurs ne peuvent pas changer leur nature pécheresse

Quand tu te laverais avec du nitre, quand tu emploierais beaucoup de potasse, ton iniquité resterait marquée devant moi, dit le Seigneur, l'Éternel (Jérémie 2.22).

Un Éthiopien peut-il changer sa peau, et un léopard ses taches ? De même, pourriez-vous faire le bien, vous qui êtes accoutumés à faire le mal ? (Jérémie 13.23.)

[...] car l'affection de la chair est inimitié contre Dieu, parce qu'elle ne se soumet pas à la loi de Dieu, et qu'elle ne le peut même pas. Or ceux qui vivent selon la chair ne sauraient plaire à Dieu (Romains 8.7,8)

Les pécheurs sont donc démunis

[...] il est réservé aux hommes de mourir une seule fois, après quoi vient le jugement (Hébreux 9.27).

Il n'y a rien de caché qui ne doive être découvert, ni de secret qui ne doive être connu. C'est pourquoi tout ce que vous aurez dit dans les ténèbres sera entendu dans la lumière, et ce que vous aurez dit à l'oreille dans les chambres sera proclamé sur les toits (Luc 12.2,3).

[...] Dieu jugera par Jésus-Christ les actions secrètes des hommes (Romains 2.16).

Mais pour les lâches, les incrédules, les abominables, les meurtriers, les débauchés, les magiciens, les idolâtres, et tous les menteurs, leur part sera dans l'étang ardent de feu et de souffre, ce qui est la seconde mort (Apocalypse 21.8).

ENSEIGNEZ-LEUR QUI EST CHRIST ET CE QU'IL A FAIT

Le fait d'enseigner aux enfants ce qu'est le péché n'est absolument pas une fin en soi. Vous devez aussi leur indiquer le seul remède au péché : Jésus-Christ. Il est au cœur du message de l'Évangile ; par conséquent, parler de Jésus devrait être le point central et l'objectif de toute votre instruction spirituelle.

> **Parler de Jésus devrait être le point central et l'objectif de toute votre instruction spirituelle.**

Il est éternellement Dieu

Au commencement était la Parole, et la Parole était avec Dieu, et la Parole était Dieu. Elle était au commencement avec Dieu. Toutes choses ont été faites par elle, et rien de ce qui a été fait n'a été fait sans elle. [...] Et la Parole a été faite chair, et elle a habité parmi nous, pleine de grâce et de vérité ; et nous avons contemplé sa gloire, une gloire comme la gloire du Fils unique venu du Père (Jean 1.1-3,14).

Car en lui habite corporellement toute la plénitude de la divinité (Colossiens 2.9).

Il est Seigneur de tout

[...] il est le Seigneur des seigneurs et le Roi des rois (Apocalypse 17.14).

[...] Dieu l'a souverainement élevé, et lui a donné le nom qui est au-dessus de tout nom, afin qu'au nom de Jésus tout genou fléchisse dans les cieux, sur la terre et sous la terre, et que toute langue confesse que Jésus-Christ est Seigneur, à la gloire de Dieu le Père (Philippiens 2.9-11).

Jésus-Christ, qui est le Seigneur de tous (Actes 10.36).

Il s'est fait homme

[...] existant en forme de Dieu, il n'a point regardé son égalité avec Dieu comme une proie à arracher, mais il s'est dépouillé lui-même, en prenant une forme de serviteur, en devenant semblable aux hommes (Philippiens 2.6,7).

Il est entièrement pur et sans péché

[...] il a été tenté comme nous en toutes choses, sans commettre de péché (Hébreux 4.15).

[...] lui qui n'a point commis de péché, et dans la bouche duquel il ne s'est point trouvé de fraude ; lui qui, injurié, ne rendait point d'injures, maltraité, ne faisait point de menaces, mais s'en remettait à celui qui juge justement (1 Pierre 2.22,23).

Jésus a paru pour ôter les péchés, et il n'y a point en lui de péché (1 Jean 3.5).

Celui qui est sans péché est devenu un sacrifice pour nos péchés

Celui qui n'a point connu le péché, il l'a fait devenir péché pour nous, afin que nous devenions en lui justice de Dieu (2 Corinthiens 5.21).

Il s'est donné lui-même pour nous, afin de nous racheter de toute iniquité, et de se faire un peuple qui lui appartienne, purifié par lui et zélé pour les bonnes œuvres (Tite 2.14).

Il a versé son sang pour le pardon de nos péchés

En lui nous avons la rédemption par son sang, le pardon des péchés, selon la richesse de sa grâce (Éphésiens 1.7).

À celui qui nous aime, qui nous a délivrés de nos péchés par son sang (Apocalypse 1.5).

Il est mort sur la croix pour apporter le salut aux pécheurs

[...] lui qui a porté lui-même nos péchés en son corps sur le bois, afin que morts aux péchés nous vivions pour la justice ; lui par les meurtrissures duquel vous avez été guéris (1 Pierre 2.24).

Car Dieu a voulu faire habiter toute plénitude en lui ; il a voulu par lui tout réconcilier avec lui-même, tant ce qui est sur la terre que ce qui est dans les cieux, en faisant la paix par lui, par le sang de sa croix (Colossiens 1.19,20).

Il est ressuscité triomphalement des morts

[Jésus-Christ a été] déclaré Fils de Dieu avec puissance, selon l'Esprit de sainteté, par sa résurrection d'entre les morts (Romains 1.4).

[Il] a été livré pour nos offenses, et est ressuscité pour notre justification (Romains 4.25).

Je vous ai enseigné avant tout, comme je l'avais aussi reçu, que Christ est mort pour nos péchés, selon l'Écriture ; il a été enseveli, et il est ressuscité le troisième jour, selon l'Écriture (1 Corinthiens 15.3,4).

Sa justice est imputée à tous ceux qui mettent leur confiance en lui

Or, c'est par lui que vous êtes en Jésus-Christ qui, par la volonté de Dieu, a été fait pour nous [...] justice (1 Corinthiens 1.30).

[...] afin que nous devenions en lui justice de Dieu (2 Corinthiens 5.21).

[...] à celui qui ne fait point d'œuvre, mais qui croit en celui qui justifie l'impie, sa foi lui est imputée à justice [...] Dieu impute la justice sans les œuvres (Romains 4.5,6).

Et même je regarde toutes choses comme une perte, à cause de l'excellence de la connaissance de Jésus-Christ mon Seigneur, pour lequel j'ai renoncé à tout ; je les regarde comme de la boue, afin de gagner Christ, et d'être trouvé en lui, non avec ma justice, celle qui vient de la loi, mais avec celle qui s'obtient par la foi en Christ, la justice qui vient de Dieu par la foi (Philippiens 3.8,9).

Ainsi, il justifie gratuitement tous ceux qui mettent leur confiance en lui

[...] ils sont gratuitement justifiés par sa grâce, par le moyen de la rédemption qui est en Jésus-Christ (Romains 3.24).

Étant donc justifiés par la foi, nous avons la paix avec Dieu par notre Seigneur Jésus-Christ, à qui nous devons d'avoir eu par la foi accès à cette grâce, dans laquelle nous demeurons fermes, et nous nous glorifions dans l'espérance de la gloire de Dieu (Romains 5.1,2).

À plus forte raison donc, maintenant que nous sommes justifiés par son sang, serons-nous sauvés par lui de la colère (Romains 5.9).

En vérité, en vérité, je vous le dis, celui qui écoute ma parole, et qui croit à celui qui m'a envoyé, a la vie éternelle et ne vient point en jugement, mais il est passé de la mort à la vie (Jean 5.24).

Dites-leur ce que Dieu exige des pécheurs

Dieu appelle tous les pécheurs à se repentir (Actes 17.30). La vraie repentance n'est pas une réforme de soi ni un changement de comportement. C'est un cœur qui se détourne du mal pour se tourner vers Dieu.

Il est utile de souligner que la repentance est un changement qui se produit dans le cœur et que cela ne correspond pas à des gestes extérieurs que pourrait accomplir l'enfant. Dans bien des esprits évangéliques modernes, le fait de prier pour demander à Jésus de venir dans son cœur est pratiquement devenu le sacrement qui mène au salut. C'est la même chose pour le fait de lever la main dans l'assemblée ou de s'avancer jusqu'à l'autel. Or, de tels gestes extérieurs n'ont pas de valeurs salvatrices intrinsèques. Ce sont là des œuvres, et elles n'apportent pas le salut. La *foi* – une repentance confiante en Christ, seul chemin vers le salut – est le seul vrai instrument de notre justification, selon l'Écriture : « Car c'est par la grâce que vous êtes sauvés, par le moyen de la foi, et cela ne vient pas de vous, c'est le don de Dieu. Ce n'est point par les œuvres, afin que personne ne se glorifie » (Éphésiens 2.8,9).

Si vous utilisez des métaphores pour éclaircir certains aspects de l'Évangile à l'intention des enfants, assurez-vous de bien différencier les métaphores d'avec la réalité. Lorsque nous avons recours à des images frappantes, par exemple lorsque nous décrivons le cœur des pécheurs comme étant noir ou souillé par le péché, ou lorsque nous encourageons nos enfants à penser à Jésus frappant à la porte de leur cœur, ils ont tendance à se former une représentation mentale littérale. Ce genre de description imagée, quand elle n'est pas clairement expliquée, peut devenir un obstacle plutôt qu'un outil utile à la compréhension de l'Évangile[2]. Si l'enfant reçoit l'explication de façon littérale, croyant que Jésus se tient réellement à la porte de son cœur et qu'il attend une invitation pour y entrer, alors nous n'aurons pas réussi à clarifier l'Évangile.

Il vaut mieux éviter d'insister sur les gestes extérieurs et mettre l'accent sur la réaction que l'Écriture exige des pécheurs.

La repentance

> Car je ne désire pas la mort de celui qui meurt, dit le Seigneur, l'Éternel. Convertissez-vous donc, et vivez (Ézéchiel 18.32).

> Repentez-vous donc et convertissez-vous, pour que vos péchés soient effacés (Actes 3.19).

> Dieu [...] annonce maintenant à tous les hommes, en tous lieux, qu'ils ont à se repentir (Actes 17.30).

> [...] j'ai prêché la repentance et la conversion à Dieu, avec la pratique d'œuvres dignes de la repentance (Actes 26.20).

> Ce dernier verset ne parle pas d'œuvres méritoires, mais il indique le fruit incontournable de la vraie repentance : une vie transformée (voir Matthieu 3.7,8).

Détournez votre cœur de tout ce qui déshonore Dieu

> [...] en abandonnant les idoles pour servir le Dieu vivant et vrai (1 Thessaloniciens 1.9).

Revenez, et détournez-vous de vos idoles, détournez les regards de toutes vos abominations ! (Ézéchiel 14.6.)

Revenez et détournez-vous de toutes vos transgressions, afin que l'iniquité ne cause pas votre ruine (Ézéchiel 18.30).

Que le méchant abandonne sa voie, et l'homme d'iniquité ses pensées ; qu'il retourne à l'Éternel, qui aura pitié de lui (Ésaïe 55.7).

Suivez Jésus

Si quelqu'un veut venir après moi, qu'il renonce à lui-même, qu'il se charge chaque jour de sa croix, et qu'il me suive (Luc 9.23).

Quiconque met la main à la charrue, et regarde en arrière, n'est pas propre au royaume de Dieu (Luc 9.62).

Si quelqu'un me sert, qu'il me suive ; et là où je suis, là aussi sera mon serviteur. Si quelqu'un me sert, le Père l'honorera (Jean 12.26).

Vous êtes mes amis, si vous faites ce que je vous commande (Jean 15.14).

Ayez confiance en lui en tant que Seigneur et Sauveur

Crois au Seigneur Jésus, et tu seras sauvé (Actes 16.31).

Si tu confesses de ta bouche le Seigneur Jésus, et si tu crois dans ton cœur que Dieu l'a ressuscité des morts, tu seras sauvé (Romains 10.9).

Conseillez-leur d'en peser soigneusement le prix

N'atténuez pas les fortes exigences de Christ. Ne dépeignez pas la vie chrétienne comme étant facile et libre de tout ennui et de tout dilemme. Rappelez souvent à vos enfants que le vrai prix à payer pour suivre Christ entraîne des sacrifices, et que le prélude à la gloire, c'est la souffrance. Il est vrai que Christ offre gratuitement l'eau de la vie à tous ceux qui veulent en boire (Apocalypse 22.17). Mais ceux qui s'engagent réellement à le suivre pourraient littéralement le payer de leur vie.

Voici pourquoi toutes les vérités principales de l'Évangile sont axées sur la croix : elle révèle toute l'horreur de notre péché. Elle démontre aussi l'ampleur de la colère de Dieu vis-à-vis du péché. Elle révèle également le grand amour de Dieu, qui a payé le prix fort pour notre salut. Mais elle constitue également une judicieuse métaphore du prix à payer pour suivre Christ. Jésus lui-même a souvent parlé de la croix en ces termes.

L'écrivain A. W. Tozer a écrit ceci :

> La croix [...] arrive toujours à ses fins. Elle l'emporte en battant ses opposants et en leur imposant sa volonté. Elle domine constamment. Elle ne laisse pas de place aux compromis, aux tergiversations et aux palabres ; elle ne concède jamais un point au nom de la paix. Elle n'a que faire de la paix ; elle n'a de souci que de mettre fin à l'opposition le plus rapidement possible.

Sachant parfaitement tout cela, Christ a déclaré : « Si quelqu'un veut venir après moi, qu'il renonce à lui-même, qu'il se charge chaque jour de sa croix, et qu'il me suive. » Ainsi, la croix ne signifie pas seulement la fin de la vie de Christ, mais également la fin de l'ancienne vie de tous ceux qui sont réellement ses disciples. Elle annule l'ancienne nature, celle d'Adam, dans la vie du croyant en y mettant un terme. Ensuite, le Dieu qui a ramené Christ d'entre les morts, ramène aussi le croyant ; alors, une nouvelle vie peut commencer.

Le vrai christianisme, c'est cela, et rien de moins [...].

Nous devons réagir devant la croix, et il n'y a que deux choses que nous puissions faire : la fuir, ou y mourir[3].

Jésus a constamment réitéré que le prix à payer pour le suivre implique la volonté de tout sacrifier.

Prenez votre croix

[...] va, vends tout ce que tu as, donne-le aux pauvres, et tu auras un trésor dans le ciel. Puis viens, et suis-moi (Marc 10.21).

Si quelqu'un veut venir après moi, qu'il renonce à lui-même, qu'il se charge de sa croix, et qu'il me suive. Car celui qui voudra sauver sa vie la perdra, mais celui qui perdra sa vie à cause de moi et de la bonne nouvelle la sauvera. Et que sert-il à un homme de gagner tout le monde, s'il perd son âme ? Que donnerait un homme en échange de son âme ? (Marc 8.34-37.)

Préparez-vous à suivre Christ jusqu'à la mort

En vérité, en vérité, je vous le dis, si le grain de blé qui est tombé en terre ne meurt, il reste seul ; mais s'il meurt, il porte beaucoup de fruit. Celui qui aime sa vie la perdra, et celui qui hait sa vie dans ce monde la conservera pour la vie éternelle (Jean 12.24,25).

Si quelqu'un vient à moi, sans me préférer à son père, à sa mère, à sa femme, à ses enfants, à ses frères et à ses sœurs, et même à sa propre vie, il ne peut être mon disciple. Et quiconque ne porte pas sa croix, et ne me suit pas, ne peut être mon disciple. Car, lequel de vous, s'il veut bâtir une tour, ne s'assied d'abord pour calculer la dépense et voir s'il a de quoi la terminer, de peur qu'après avoir posé les fondements, il ne puisse l'achever, et que tous ceux qui le verront ne se mettent à le railler, en disant : cet homme a commencé à bâtir, et il n'a pu achever ? Ou quel roi, s'il va faire la guerre à un autre roi, ne s'assied d'abord pour examiner s'il peut, avec dix mille hommes, marcher à la rencontre de celui qui vient l'attaquer avec vingt mille ?

S'il ne le peut, tandis que cet autre roi est encore loin, il lui envoie une ambassade pour demander la paix. Ainsi donc, quiconque d'entre vous ne renonce pas à tout ce qu'il possède ne peut être mon disciple (Luc 14.26-33).

Ne croyez pas que je sois venu apporter la paix sur la terre ; je ne suis pas venu apporter la paix, mais l'épée. Car je suis venu mettre la division entre l'homme et son père, entre la fille et sa mère, entre la belle-fille et sa belle-mère ; et l'homme aura pour ennemis les gens de sa maison. Celui qui aime son père ou sa mère plus que moi n'est pas digne de moi, et celui qui aime son fils ou sa fille plus que moi n'est pas digne de moi ; celui qui ne prend pas sa croix, et ne me suit pas, n'est pas digne de moi (Matthieu 10.34-38).

Enjoignez-les à mettre leur confiance en Christ

Nous avons commencé par souligner le fait que la nouvelle naissance, c'est l'œuvre du Saint-Esprit dans le cœur, et nous avons déconseillé aux parents d'employer des moyens artificiels ou la pression pour susciter une profession de foi superficielle de la part de leurs enfants. Néanmoins, le message de l'Évangile lui-même reflète une certaine urgence, et il est bon que les parents la transmettent.

Connaissant donc la crainte du Seigneur, nous cherchons à convaincre les hommes (2 Corinthiens 5.11).

Et tout cela vient de Dieu, qui nous a réconciliés avec lui par Christ, et qui nous a donné le ministère de la réconciliation. Car Dieu était en Christ, réconciliant le monde avec lui-même, en n'imputant point aux hommes leurs offenses, et il a mis en nous la parole de la réconciliation. Nous faisons donc les fonctions d'ambassadeurs pour Christ, comme si Dieu exhortait par nous ; nous vous en supplions au nom de Christ : Soyez réconciliés avec Dieu ! (2 Corinthiens 5.18-20.)

Cherchez l'Éternel pendant qu'il se trouve ; invoquez-le, tandis qu'il est près. Que le méchant abandonne sa voie, et l'homme d'iniquité ses pensées ; qu'il retourne à l'Éternel, qui aura pitié de lui (Ésaïe 55.6,7).

INSTRUISEZ VOS ENFANTS AVEC RIGUEUR

Certains parents vont jeter un œil à un plan comme celui-ci et ils auront l'impression de n'être pas suffisamment qualifiés pour apporter un tel enseignement, ou pour répondre aux questions que leurs enfants leur poseront inévitablement. Si on ajoute à cela la condition essentielle (que nous traiterons dans d'autres chapitres), voulant que le caractère et le comportement des parents concordent avec ce qu'ils enseignent, il ne fait aucun doute qu'accomplir ce qui est énoncé dans Deutéronome 6.6,7 constitue une tâche énorme. Malheur au parent qui s'attaque à cette tâche sans conviction profonde ou avec nonchalance.

Relisez Deutéronome 6.7 : « Et ces commandements, que je te donne aujourd'hui, seront dans ton cœur. Tu les inculqueras à tes enfants, et tu en parleras quand tu seras dans ta maison, quand tu iras en voyage, quand tu te coucheras, et quand tu te lèveras. » Il est clair que la rigueur est absolument essentielle dans ce que Dieu exige des parents.

Cela signifie que si vous croyez que votre propre compréhension de la vérité spirituelle est insuffisante pour enseigner ces choses à vos enfants, vous feriez mieux de vous mettre à l'étude immédiatement. Dieu vous tient pour responsable en tant que *chrétiens,* et non seulement en tant que *parents,* de connaître suffisamment les vérités fondamentales de l'Évangile pour pouvoir les enseigner aux autres (Hébreux 5.12). L'une des fonctions de base du chrétien est l'instruction et l'exhortation des autres croyants (Colossiens 3.16). Une autre fonction essentielle est : enseigner la vérité de l'Évangile aux non-croyants (Matthieu 28.19,20). Si votre compréhension de la vérité spirituelle est telle que vous vous sentez incapables même d'instruire vos propres enfants, cela signifie que vous n'avez pas pris soin d'assumer certaines de vos responsabilités de base en tant que chrétiens – à moins que vous ne soyez nouvellement convertis vous-même. Mais que vous soyez un petit enfant en Christ ou quelqu'un qui est devenu indifférent, il est maintenant de votre devoir de commencer à étudier les préceptes de Dieu, afin d'être obéissant comme parent et comme chrétien. Il vous faudra beaucoup de rigueur.

Encore une fois, nous insistons sur le fait que l'éducation des enfants n'est pas aussi complexe que bien des gens pourraient le croire. Mais ce n'est pas pour autant facile. Les parents doivent constamment répondre à certaines exigences. Ils n'ont pas le temps de se tourner les pouces ou de se la couler douce. L'éducation des enfants est une tâche incessante, à plein temps. Il y a beaucoup de choses à enseigner, et les occasions ne manquent pas. Assurez-vous donc de tirer le meilleur parti possible de ces occasions.

CHAPITRE QUATRE

ENSEIGNER LA SAGESSE À VOS ENFANTS

*Un fils sage fait la joie d'un père,
et un fils insensé le chagrin de sa mère.*
Proverbes 10.1

Enseigner l'Évangile à leurs enfants ne diminue en rien la responsabilité des parents en matière de pédagogie. Le principe énoncé dans Deutéronome 6.6,7 nous oblige aussi à leur enseigner la sagesse dont ils auront besoin durant la vie. L'Évangile doit être le point de départ, car « la crainte de l'Éternel est le *commencement* de la sagesse » (Psaume 111.3, italiques pour souligner). On ne peut être réellement sage si on rejette ou si on néglige le message de l'Évangile.

Mais, au-delà des vérités de base de l'Évangile, la Bible a aussi beaucoup à nous apprendre sur le caractère, l'intégrité, la justice, la prudence, le discernement et sur toutes les questions pratiques de l'existence. Les parents ont la responsabilité d'élever soigneusement leurs enfants, avec une sagesse divine, dans tous ces domaines.

Le livre des Proverbes, dans l'Ancien Testament, constitue une source inspirée de sagesse pratique. Les proverbes qu'on y trouve ont été rassemblés par Salomon pour le bien de son fils. Lui-même a rédigé la plupart de ces proverbes et en a recueilli d'autres, composés par différents auteurs. Le livre des Proverbes nous offre une compilation des écrits de plusieurs sages de l'Antiquité, scellée par l'inspiration divine. Cela nous garantit que ces proverbes sont « utiles pour enseigner, pour convaincre, pour corriger, pour instruire dans la justice » (2 Timothée 3.16). Les Proverbes forment donc un manuel qui convient aux parents, aux pères en particulier, pour enseigner à leurs enfants la sagesse pratique nécessaire à l'acquisition de la prospérité dans cette vie. C'est un livre de sagesse inspirée, émanant du père le plus sage qui n'ait jamais vécu ; c'est un condensé de sagesse pratique que tous les parents ont besoin de transmettre à leurs enfants.

Salomon commence par adresser une exhortation à son propre fils : « Écoute, mon fils, l'instruction de ton père, et ne rejette pas l'enseignement de ta mère ; car c'est une couronne de grâce pour ta tête, et une parure pour ton cou » (Proverbes 1.8,9). Ce genre d'exhortation se répète à plusieurs endroits du livre : « Mon fils, si tu reçois mes paroles et gardes avec toi mes préceptes » (2.1) ; « Mon fils, n'oublie pas mes enseignements, et que ton cœur garde mes préceptes » (3.1) ; « Écoutez, mes fils, l'instruction d'un père, et soyez attentifs pour connaître la sagesse » (4.1) ; « Écoute, mon fils, et reçois mes paroles ; et les années de ta vie se multiplieront » (4.10) ; « Mon fils, sois attentif à mes paroles, prête l'oreille à mes discours » (4.20) ; « Mon fils, sois attentif à ma sagesse, prête l'oreille à mon intelligence » (5.1) ; « Mon fils, garde les préceptes de ton père et ne rejette pas l'enseignement de ta mère » (6.20) ; « Mon fils, retiens mes paroles, et garde avec toi mes préceptes » (7.1) ; et encore beaucoup d'autres versets tout au long du livre. On y voit Salomon exhorter tendrement son propre fils et lui demander de prêter une grande attention à ces leçons sur la vie.

De tels conseils s'adressent aussi à nos enfants, et si nous voulons être de bons enseignants, nous devons nous aussi maîtriser la sagesse de l'Écriture et vivre en accord avec elle, pour que ces principes de sagesse se reflètent dans notre caractère.

Salomon est lui-même une véritable illustration des dangers que nous fait courir une vie incohérente. D'un point de vue intellectuel, Salomon était l'homme le plus sage qui n'ait jamais vécu. Il est dit de lui, dans 1 Rois 4.29,30 : « Dieu donna à Salomon de la sagesse, une très grande intelligence, et des connaissances multipliées comme le sable qui est au bord de la mer. La sagesse de Salomon surpassait la sagesse de tous les fils de l'Orient et toute la sagesse des Égyptiens. Il était plus sage qu'aucun homme ». Dieu lui-même avait dit à Salomon : « Je te donnerai un cœur sage et intelligent, de telle sorte qu'il n'y aura eu personne avant toi et qu'on ne verra personne de semblable à toi » (1 Rois 3.12).

Il n'y avait donc aucune lacune dans le *contenu* de l'instruction que Salomon a donné à son fils. Mais, c'est par l'*exemple* que Salomon a échoué, et ce, misérablement. Ainsi, Salomon a fait plusieurs mises en garde contre le danger de se laisser séduire par des femmes étrangères (Proverbes 2.16-19 ; 5.3-13,20 ; 6.23-29 ; 7.5-27 ; 22.14 ; 31.30). Mais l'Écriture nous dit, au sujet de la vie de Salomon : « Le roi Salomon aima beaucoup de femmes étrangères, outre la fille de Pharaon : des Moabites, des Ammonites, des Édomites, des Sidoniennes, des Hétiennes, appartenant aux nations dont l'Éternel avait dit aux enfants d'Israël : Vous n'irez point chez elles, et elles ne viendront point chez vous ; elles tourneraient certainement vos cœurs du côté de leurs dieux. Ce fut à ces nations que s'attacha Salomon, entraîné par l'amour » (1 Rois 11.1,2).

Et c'est en partie à cause de l'incapacité de Salomon à vivre selon la sagesse que Dieu lui avait donnée que son fils Roboam a rejeté les enseignements de son père (12.6-11).

Il n'est pas bon d'enseigner la sagesse à nos enfants tout en vivant en contradiction avec nos principes. En vérité, il n'y a pas de moyen plus sûr de pousser nos enfants à mépriser et à rejeter la sagesse du Seigneur. Quand les parents sont hypocrites, le prix à payer est terriblement élevé.

Dans le cas de Salomon, cette hypocrisie n'a pas que provoqué la chute de son fils : elle a entraîné le déchirement de la nation israélite et une apostasie dont Israël ne devait jamais se remettre. L'Écriture nous dit ceci :

> L'Éternel fut irrité contre Salomon, parce qu'il avait détourné son cœur de l'Éternel, le Dieu d'Israël, qui lui

était apparu deux fois. Il lui avait à cet égard défendu d'aller après d'autres dieux ; mais Salomon n'observa point les ordres de l'Éternel. Et l'Éternel dit à Salomon : Puisque tu as agi de la sorte, et que tu n'as point observé mon alliance et mes lois que je t'avais prescrites, je déchirerai le royaume de dessus toi et je le donnerai à ton serviteur. Seulement, je ne le ferai point pendant ta vie, à cause de David, ton père. C'est de la main de ton fils que je l'arracherai. Je n'arracherai cependant pas tout le royaume ; je laisserai une tribu à ton fils, à cause de David, mon serviteur, et à cause de Jérusalem, que j'ai choisie (1 Rois 11.9-13).

Les *instructions* que Salomon donnait à son fils étaient bonnes, mais, par son *exemple,* il a annulé son sage conseil. Sa vie était en contradiction avec son enseignement. C'est la plus grande erreur qu'un parent puisse commettre.

UNE INTRODUCTION À LA SAGESSE DE SALOMON

Un proverbe est un principe sage, énoncé en des termes concis et parfois poétiques. La concision est un procédé mnémonique qui permet de mieux retenir la sagesse du proverbe.

Comme nous l'avons fait remarquer au chapitre un, il faut considérer les paroles énoncées dans les Proverbes comme des vérités évidentes et non comme des promesses infaillibles. Par exemple, de nombreux versets des Proverbes suggèrent que les méchants s'attirent inévitablement des calamités, tandis que les justes obtiennent la prospérité. On lit, dans Proverbes 11.8 : « Le juste est délivré de la détresse, et le méchant prend sa place ». Si cela est vrai, en tant que principe, ce n'est certainement pas une règle sans exception. Nous savons que les méchants prospèrent quelquefois (Psaume 73.3 ; Jérémie 12.1) et que les justes ont parfois des épreuves (2 Thessaloniciens 4.7). « Il y a tel juste qui périt dans sa justice, et il y a tel méchant qui prolonge son existence dans la méchanceté » (Ecclésiaste 7.15). Ainsi, la vérité générale énoncée dans Proverbes 11.8 n'est pas une promesse qu'on peut revendiquer en toute occasion.

Cependant, il est généralement vrai, que les justes ont pour partage la prospérité, tandis que la calamité est le lot des méchants. De toute façon, quelle que soit la prospérité des méchants ou la souffrance des justes, l'une comme l'autre sont toujours temporaires. Cela nous montre que la sagesse transmise par les Proverbes est bien judicieuse. La méchanceté est une folie complète ; la justice lui est supérieure, même d'un point de vue pratique. Voilà la leçon que Salomon cherchait à enseigner à son fils.

Remarquez combien la sagesse profonde de Salomon contraste nettement avec la plupart des conseils destinés aux parents dans les livres qui sont publiés aujourd'hui. Une grande partie de la littérature disponible sur ce sujet, y compris « chrétienne », est terriblement insignifiante en comparaison de la sagesse que Salomon a voulu enseigner à son fils. Que dit-on aux pères aujourd'hui ? « Soyez copain avec votre fils. Sortez avec lui. Apprenez-lui des sports. Emmenez-le voir un match de foot. Prenez plaisir à faire des choses de "mec" avec lui. » Ou bien encore : « Faites des compliments à votre fille. Remarquez la façon dont elle s'habille et dites-lui des choses valorisantes. Montrez-lui de l'affection. Mettez à part certaines soirées pour sortir avec elle. Soyez sensible à ses changements d'humeurs. Écoutez-la ». Et ainsi de suite. Quelques-unes de ces choses peuvent être utiles à un certain niveau, mais il n'est pas impossible que, même si vous vous appliquez à faire tout cela, vous ne réussissiez pas pour autant à enseigner la sagesse à vos enfants. Et alors, vous aurez échoué dans votre tâche de parent.

De plus, si vous concentrez votre énergie sur des choses secondaires, vous allez élever des enfants superficiels qui s'attacheront à des choses secondaires. Consacrez votre énergie à enseigner des choses profondes et vous aurez des enfants au caractère profond qui aimeront la sagesse. Une vraie sagesse pour la vie de tous les jours est le don le plus précieux que des parents puissent transmettre à leurs enfants – beaucoup plus précieux, sans aucun doute, qu'un quelconque héritage de biens matériels. Et quel meilleur endroit pour aller chercher une sagesse à enseigner à nos enfants que dans un livre inspiré, rédigé justement dans ce but ?

La sagesse est le thème qui parcourt tout le livre des Proverbes et c'est le mot qui domine. Des synonymes (ou des quasi-synonymes) sont utilisés comme : *instruction, intelligence* ou *réflexion*. Tous ces mots ne sont que des éléments de la vraie sagesse. Savoir, comprendre, être instruit et réfléchi, c'est se comporter avec sagesse. Remarquez bien que la vraie sagesse n'est pas seulement intellectuelle, mais elle est aussi pratique. La sagesse comprend non seulement ce que nous *savons*, mais aussi ce que nous *faisons* et parfois ce que nous *ne faisons pas*. « Le sage a de la retenue et se détourne du mal » (14.16). « Celui qui retient ses lèvres est un homme prudent » (10.19). « Celui qui gagne des âmes est sage » (12.15). Salomon fait sans arrêt le lien entre la sagesse et la droiture. Il est dommage qu'il ne soit pas demeuré fidèle à ce principe vers la fin de sa vie.

———— ❖❖❖ ————

Une vraie sagesse pour la vie de tous les jours est le don le plus précieux que des parents puissent transmettre à leurs enfants.

———— ❖❖❖ ————

En fin de compte, ce qu'on *fait* est aussi essentiel à la vraie sagesse que ce qu'on *dit*. Bref, la sagesse biblique authentique implique une vie droite. Et, en tant que parents, il est de notre devoir non seulement d'enseigner à nos fils et à nos filles comment vivre sagement, mais aussi d'être, à leurs yeux, des modèles de sagesse pour qu'ils comprennent que cette sagesse est l'objet le plus noble et le plus pur qu'ils puissent rechercher.

LA PERSONNIFICATION DE LA SAGESSE

Dans Proverbes 1.20,21, la sagesse est personnifiée : « La sagesse crie dans les rues, elle élève sa voix dans les places ; elle crie à l'entrée des lieux bruyants ; aux portes, dans la ville, elle fait entendre ses paroles : jusqu'à quand, stupides, aimerez-vous la stupidité ?» À propos de quoi fait-elle entendre son cri ? Elle appelle les stupides à se détourner de leur stupidité. Elle exhorte les moqueurs et les stupides à se tourner vers la sagesse (v. 22).

Tout le livre des Proverbes fait écho à cet appel à la sagesse. Au chapitre 2, versets 1 à 6, la voix du père encourage son fils à rechercher la sagesse :

Mon fils, si tu reçois mes paroles,
Et si tu gardes avec toi mes préceptes,
Si tu rends ton oreille attentive à la sagesse,
Et si tu inclines ton cœur à l'intelligence ;
Oui, si tu appelles la sagesse,
Et si tu élèves ta voix vers l'intelligence,
Si tu la cherches comme l'argent,
Si tu la poursuis comme un trésor,
Alors tu comprendras la crainte de l'Éternel,
Et tu trouveras la connaissance de Dieu.
Car l'Éternel donne la sagesse ;
De sa bouche sortent la connaissance et l'intelligence.

Le père appelle principalement son fils à « poursuivre la sagesse ». Le chapitre 8 tout entier concerne précisément ce thème. Le verset 11 dit : « Car la sagesse vaut mieux que les perles, elle a plus de valeur que tous les objets de prix ». Puis, la sagesse personnifiée parle à nouveau :

Moi, la sagesse, j'ai pour demeure le discernement,
Et je possède la science de la réflexion.
La crainte de l'Éternel, c'est la haine du mal ;
L'arrogance et l'orgueil, la voie du mal,
Et la bouche perverse, voilà ce que je hais.
Le conseil et le succès m'appartiennent ;
Je suis l'intelligence, la force est à moi.

Par moi les rois règnent,
Et les princes ordonnent ce qui est juste ;
Par moi gouvernent les chefs,
Les grands, tous les juges de la terre.
J'aime ceux qui m'aiment,
Et ceux qui me cherchent me trouvent.
Avec moi sont la richesse et la gloire,
Les biens durables et la justice.
Mon fruit est meilleur que l'or, que l'or pur,
Et mon produit est préférable à l'argent.
Je marche dans le chemin de la justice,
Au milieu des sentiers de la droiture,
Pour donner des biens à ceux qui m'aiment,
Et pour remplir leurs trésors (Proverbes 8.12-21).

Les versets qui suivent sous-entendent clairement que c'est *Christ* qui personnifie toute sagesse :

L'Éternel m'a acquise au commencement de ses voies,
Avant ses œuvres les plus anciennes.
J'ai été établie depuis l'éternité,
Dès le commencement, avant l'origine de la terre.
Je fus enfantée quand il n'y avait point d'abîmes,
Point de sources chargées d'eaux ;
Avant que les montagnes soient affermies,
Avant que les collines existent, je fus enfantée ;
Il n'avait encore fait ni la terre, ni les campagnes,
Ni le premier atome de la poussière du monde.
Lorsqu'il disposa les cieux, j'étais là ;
Lorsqu'il traça un cercle à la surface de l'abîme,
Lorsqu'il fixa les nuages en haut,
Et que les sources de l'abîme jaillirent avec force,
Lorsqu'il donna une limite à la mer,
Pour que les eaux n'en franchissent pas les bords,
Lorsqu'il posa les fondements de la terre,

J'étais à l'œuvre auprès de lui,
Et je faisais tous les jours ses délices,
Jouant sans cesse en sa présence (Proverbes 8.22-30).

Ainsi, Christ incarne et personnifie la sagesse authentique. « En lui sont cachés tous les trésors de la sagesse et de la connaissance » (Colossiens 2.3). Et l'on voit ici encore clairement que la tâche éducative des parents se résume à instruire les enfants sur la personne de Christ. Que nous leur enseignions l'Évangile ou bien la sagesse pour la vie en général, le cœur de toute notre instruction doit être Christ.

LEÇONS ESSENTIELLES POUR LA VIE

Il n'est, bien sûr, pas possible, dans les limites de ce livre, d'effectuer une étude complète de toute la sagesse contenue dans les Proverbes. Mais j'ai choisi dix principes, qui représentent le genre de leçons que les parents doivent enseigner à leurs enfants. Ces principes constituent une bonne base, et les parents peuvent en tirer une méthodologie pour étudier et appliquer les Proverbes, dont découleront beaucoup d'autres leçons de sagesse.

Si vos enfants apprennent ces leçons, ils seront encore plus une bénédiction pour vous, et eux-mêmes seront bénis par Dieu. Remarquez bien, lorsque nous étudierons ces principes, combien la sagesse spirituelle et la sagesse pratique sont étroitement liées.

ENSEIGNEZ À VOS ENFANTS À CRAINDRE LEUR DIEU

On lit, dans Proverbes 1.7 : « La crainte de l'Éternel est le commencement de la sagesse ». Proverbes 9.10 reprend le même thème : « Le commencement de la sagesse, c'est la crainte de l'Éternel ; et la science des saints, c'est l'intelligence ». À nouveau, nous voyons que la sagesse authentique commence par la crainte de Dieu. C'est le fondement sur lequel doit reposer l'enseignement que nous donnons à nos enfants. Ce thème nous est maintenant familier. Nous l'avons abordé à maintes reprises dans les premiers chapitres de ce livre. C'était même, dans un sens, le sujet essentiel des chapitres deux et trois. Il peut sembler que nous nous répétions, mais l'Écriture elle-même insiste continuellement sur ce point. Les parents qui ne le saisissent pas n'ont vraiment pas d'excuse. Pour réussir comme parents, il faut véritablement commencer par inculquer à nos enfants une saine crainte de Dieu.

J'ai expliqué brièvement au chapitre trois qu'il ne s'agissait pas d'avoir peur de Dieu, comme si on le croyait malveillant. Il n'y a aucune trace d'aversion ni d'hostilité dans la véritable crainte de Dieu.

Cette crainte comporte deux aspects. Le premier est la *vénération*. C'est une crainte révérencielle de la parfaite sainteté de Dieu. Elle implique un respect profond qui se traduit par de la crainte en présence d'une majesté aussi parfaite.

Le second aspect est la *crainte de déplaire à Dieu*. La foi authentique reconnaît à Dieu le droit de corriger, de punir et de juger. C'est pourquoi, dans la présence de Dieu, la véritable sagesse tremble d'une sainte et saine terreur. Le mot *crainte* est approprié pour décrire cela. Plus profond est notre sentiment de culpabilité et plus nous devrions normalement craindre de déplaire à Dieu.

Quand vous instruisez vos enfants au sujet de Dieu, assurez-vous que vous leur présentez pleinement tous ses attributs. Les enfants doivent savoir, dès leur plus jeune âge, que Dieu est en colère contre les méchants et qu'il ne manquera pas de punir ceux qui font le mal (Psaume 7.11-13). Trop souvent, les livres et les enregistrements destinés aux jeunes enfants ne présentent que les attributs de Dieu associés à sa douceur et à sa bonté. On donne de lui l'image d'un grand-père toujours bienveillant – un dieu insipide, fait à l'image de l'homme, qui ressemble plus au Père Noël qu'au Dieu de l'Écriture. C'est là une très grave erreur, et je crois qu'elle explique l'attitude désinvolte qu'ont beaucoup de gens vis-à-vis de Dieu dans notre société. On suppose à tort que Dieu, quelle que soit sa nature, sera au bout du compte inoffensif et plein de bonté, même envers ceux qui lui ont désobéi. Voilà l'impression que beaucoup d'enfants gardent le plus souvent de l'école du dimanche. Mais ce n'est pas là le Dieu de l'Écriture. Prenez garde de donner à vos enfants une image aussi déformée de Dieu.

Il y a une façon dont vous devez apprendre à vos enfants à craindre Dieu et en particulier à craindre de lui déplaire. Vous n'avez pas satisfait à vos responsabilités en tant que parents si vous avez obtenu simplement que votre enfant vous soit soumis. En effet, si vous êtes fermes et cohérents dans votre manière de corriger vos enfants, ils vont peut-être vous obéir parce qu'ils auront peur d'enfreindre les règles que vous leur avez fixées. Il est assez facile d'arriver à ce résultat. Mais ce n'est pas le but des parents qui veulent élever leurs enfants selon la Bible. Il faut que vos enfants aient la crainte d'enfreindre les normes de Dieu et non seulement les vôtres. Vous n'êtes que des intermédiaires ayant la responsabilité d'apprendre à leurs enfants à craindre Dieu. Si ceux-ci grandissent dans la seule crainte de vous déplaire, et non à Dieu, comment vont-ils se comporter quand vous ne serez pas là ?

Nos enfants doivent grandir en ayant conscience que lorsqu'ils agissent mal, ils ne font pas qu'irriter maman ou contrarier papa ; cela ne provoque pas simplement du désordre dans la famille. Mais quand ils désobéissent, ils s'opposent à un Dieu saint qui rétribue ceux qui transgressent ses principes de justice.

Mon objectif, en tant que père, n'était pas seulement d'inculquer à mes enfants la crainte de mes châtiments, mais je voulais aussi qu'ils craignent la correction de leur Dieu. Bien sûr, je voulais aussi qu'ils aient égard à mes corrections, mais c'était secondaire. Je savais que je ne pouvais pas toujours être là pour leur demander des comptes, à la différence de Dieu. Et les conséquences qu'il y a à aller contre sa volonté sont infiniment plus graves que de désobéir à des commandements humains. Malheureusement, peu d'enfants aujourd'hui grandissent avec cette connaissance. On n'enseigne plus aux enfants la crainte de Dieu et cela se remarque à tous les échelons de la société.

Dès leur plus jeune âge, enseignez à vos enfants que le péché est une offense capitale à l'égard d'un Dieu saint. Apprenez-leur qu'on ne se moque pas de Dieu et qu'ils récolteront les conséquences amères de tout péché qu'ils auront semé. Inculquez-leur une saine crainte de Dieu. Sans elle, il ne peut même pas y avoir de repentance authentique.

Et puis, si vos enfants craignent Dieu, ils auront aussi la crainte de pécher. C'est là une crainte qu'il est sain de cultiver et qui leur évitera beaucoup de chagrins dans la vie en les préservant du mal (16.6).

Cela peut aussi prolonger littéralement leur vie : « La crainte de l'Éternel augmente les jours, mais les années des méchants sont abrégées » (Proverbes 10.27). Voulez-vous donner à votre fils ou à votre fille une vie riche et bien remplie ? Enseignez-leur la crainte du Seigneur : « La crainte de l'Éternel est une source de vie, pour détourner des pièges de la mort » (14.27). « La crainte de l'Éternel mène à la vie, et l'on passe la nuit rassasié, sans être visité par le malheur » (19.23).

La crainte de l'Éternel vaut mieux que la richesse. « Mieux vaut peu, avec la crainte de l'Éternel, qu'un grand trésor avec le trouble » (15.16). « Celui qui craint l'Éternel possède un appui ferme, et ses enfants ont un refuge auprès de lui » (14.26).

APPRENEZ À VOS ENFANTS À VEILLER SUR LEURS PENSÉES

Voilà un principe sur lequel les parents doivent insister plus que jamais, surtout à une époque où l'Internet connaît l'importance que l'on sait. Apprenez à vos enfants à veiller sur leurs pensées : « Garde ton cœur plus que toute autre chose, car de lui viennent les sources de la vie » (Proverbes 4.23). L'Écriture parle du « cœur » comme étant à la fois le siège des émotions et de l'intellect. Elle l'emploie souvent comme synonyme d'esprit ou d'intelligence. « Il est comme les *pensées* de son âme » (23.7, italiques pour souligner).

Nos enfants doivent apprendre à veiller sur leurs pensées avec beaucoup de soin. Jamais dans l'histoire, les forces du mal n'ont comme aujourd'hui mené une telle campagne pour s'emparer des esprits humains. En tant que parents, nous sommes en partie responsables de veiller sur les pensées de nos enfants. L'assaut contre les pensées justes et saines provient de différentes sources : la télévision, la radio, Internet et même l'école aujourd'hui. La tâche des parents est devenue colossale.

Les parents ont la possibilité et le devoir de protéger leurs enfants des loisirs et des médias les moins recommandables. Surveillez ce qu'ils voient et entendent. Ne les laissez pas seuls à naviguer sur Internet. Ne quittez pas la pièce après leur avoir remis la télécommande. Il est normal de leur laisser une certaine liberté dans le choix de leurs émissions, mais non sans aucune supervision. Vous avez le droit et la responsabilité de les guider vers ce qui édifie et de les détourner du reste. J'encourage toujours les parents à avoir des exigences élevées dans ce domaine et à ne pas laisser leurs enfants s'exposer sans aucun sens critique à n'importe quel film, concert de musique, émission de télévision ou autres choses susceptibles de leur transmettre des pensées mauvaises ou de flatter des appétits charnels. Tous ces choix doivent se faire sous la supervision des parents et avec la plus grande prudence. Le psalmiste ne dit-il pas : « Je ne mettrai rien de mauvais devant mes yeux » (Psaume 101.3) ?

Mais, comme nous l'avons vu au chapitre deux, l'isolement complet n'est pas une solution. Aucune séparation du monde, si poussée soit-elle, ne pourrait de toute façon, empêcher que le cœur de vos enfants ne soit souillé ; ils sont, comme vous, des créatures déchues, habitées par une imagination et des désirs pécheurs. Et honnêtement, il n'existe aucune façon appropriée de mettre complètement vos enfants à l'abri des influences néfastes d'une société comme la nôtre. Aujourd'hui, même les panneaux d'affichage sur la voie publique transmettent des messages conçus pour stimuler les appétits charnels de la plus basse espèce.

Vous devez aussi prendre conscience que vous ne pouvez apprendre à vos enfants à garder leur cœur et leurs pensées simplement en les protégeant des mauvaises influences extérieures ; il vous faut aussi les entraîner à être sages et pleins de discernement. Enseignez-leur à cultiver des pensées saines. Comme l'a écrit l'apôtre Paul aux Philippiens : « que tout ce qui est vrai, tout ce qui est honorable, tout ce qui est juste, tout ce qui est pur, tout ce qui est aimable, tout ce qui mérite l'approbation, ce qui est vertueux et digne de louange, soit l'objet de vos pensées » (Philippiens 4.8).

Notre comportement découle de nos pensées. C'est ce que pensait Jésus quand il a dit : « Ce qui sort de l'homme, c'est ce qui souille l'homme. Car c'est du dedans, c'est du cœur des hommes, que sortent les mauvaises pensées, les adultères, les débauches, les meurtres, les vols, les cupidités, les méchancetés, la fraude, le dérèglement, le regard envieux, la calomnie, l'orgueil, la folie. Toutes ces choses mauvaises sortent du dedans, et souillent l'homme » (Marc 7.20-23).

Ainsi, notre véritable caractère se définit par ce que nous *pensons*, non par l'impression que nous donnons aux autres, ni par ce que nous disons, ni même par notre comportement. Le meilleur test du caractère d'un homme est ses pensées : « Il est comme les pensées de son âme » (Proverbes 23.7).

C'est pourquoi la tâche des parents est d'aider à former l'esprit de leurs enfants par la vérité, la bonté, la fidélité, l'honnêteté, l'intégrité, la loyauté, l'amour et toutes les autres vertus qui doivent modeler leur pensée. Tout cela fait partie de l'enseignement que nous devons donner à nos enfants.

APPRENEZ À VOS ENFANTS À OBÉIR À LEURS PARENTS

Le premier appel lancé par Salomon à son fils, dans le livre des Proverbes, est celui-ci : « Écoute, mon fils, l'instruction de ton père, et ne rejette pas l'enseignement de ta mère » (1.8). On retrouve ce thème tout au long du livre. Au chapitre 4, Salomon écrit ceci :

> Écoutez, mes fils, l'instruction d'un père,
> Et soyez attentifs, pour connaître la sagesse ;
> Car je vous donne de bons conseils :
> Ne rejetez pas mon enseignement.
> J'étais un fils pour mon père,
> Un fils tendre et unique auprès de ma mère.
> Il m'instruisait alors, et il me disait :
> Que ton cœur retienne mes paroles ;
> Observe mes préceptes, et tu vivras (Proverbes 4.1-4).

Puis, il reprend le même thème, deux chapitres plus loin :

Mon fils, garde les préceptes de ton père, Et ne rejette pas l'enseignement de ta mère.
Lie-les constamment sur ton cœur, Attache-les à ton cou.
Ils te dirigeront dans ta marche, Ils te garderont sur ta couche, Ils te parleront à ton réveil.
Car le précepte est une lampe, Et l'enseignement une lumière, Et les avertissements de la correction sont le chemin de la vie (Proverbes 6.20-23).

On trouve, plus loin, cet avertissement pittoresque destiné à l'enfant rebelle : « L'œil qui se moque d'un père et qui dédaigne l'obéissance envers une mère, les corbeaux du torrent le perceront, et les petits de l'aigle le mangeront » (30.17).

Les parents doivent absolument enseigner l'obéissance à leurs enfants. C'est une de leurs responsabilités essentielles et des plus évidentes. Si nous voulons élever une génération d'enfants fidèles dont la vie sera droite, il faut d'abord qu'ils apprennent à obéir à leurs parents. C'est la responsabilité solennelle des parents que de leur enseigner cela. Je suis effaré de constater le nombre de parents qui semblent n'avoir aucune notion de cette responsabilité. Ce n'est pourtant pas un aspect facultatif de la tâche de parent. Comme le souligne l'apôtre dans Éphésiens 6.2,3, le cinquième commandement était le premier des dix à être assorti d'une promesse pour ceux qui y obéiraient : « Honore ton père et ta mère, afin que tes jours se prolongent dans le pays que l'Éternel, ton Dieu, te donne » (Exode 20.12). Il est de la responsabilité des parents d'apprendre à l'enfant à obéir, dès le moment où celui-ci commence à reconnaître leur voix.

Cela implique de la discipline et, quand c'est nécessaire, la correction. Les parents qui manquent de corriger leurs enfants quand ils désobéissent font preuve d'un manque d'amour scandaleux : « Celui qui ménage sa verge hait son fils, mais celui qui l'aime cherche à le corriger » (13.24). Et Proverbes 3.11,12 nous dit : « Mon fils, ne méprise pas la correction de l'Éternel, et ne t'effraie point de ses châtiments ; car l'Éternel châtie celui qu'il aime, comme un père l'enfant qu'il chérit ». Les parents qui aiment vraiment leurs enfants les réprimandent quand ils désobéissent.

En d'autres termes, on ne corrige pas seulement un enfant dans le but de le punir, mais dans son intérêt. Il ne s'agit pas de lui « donner ce qu'il mérite », mais de l'aider à grandir, de l'édifier et de le fortifier. La correction aide l'enfant à acquérir la sagesse. Elle chasse la rébellion de son cœur. Elle peut contribuer à le délivrer des conséquences du péché, y compris de l'enfer.

Ce thème revient fréquemment dans les Proverbes. « La folie est attachée au cœur de l'enfant ; la verge de la correction l'éloignera de lui » (22.15). « N'épargne pas la correction à l'enfant ; si tu le frappes de la verge, il ne mourra point. En le frappant de la verge, tu délivres son âme du séjour des morts » (23.13,14).

Remarquez bien que, dans ces versets, le châtiment corporel – la verge – constitue une partie essentielle de la correction parentale. Quand Salomon parle de la verge, il emploie un mot hébreu qui désigne un rameau ou un bâton. Ce genre de bâton était utilisé par les bergers pour la marche, pour se défendre, comme instrument de mesure, pour guider les brebis et ramener les agneaux qui s'égaraient. Quelqu'un, en remarquant les différents usages du bâton, suggérera peut-être que, Salomon en envisageait seulement les utilisations positives. Mais c'est ignorer le sens des paroles de Salomon. Dans Proverbes 23.13,14, par exemple, il parle de *frapper* l'enfant avec la verge. Il pense sans aucun doute au châtiment corporel qu'il considérait comme un aspect indispensable d'une sage éducation. Autrement dit, l'utilisation du bâton pour châtier n'entre pas en contradiction avec notre rôle d'éducateur et de berger, mais il en est un aspect essentiel.

———————— ❖❖❖ ————————

Il ne s'agit pas de lui « donner ce qu'il mérite », mais de l'aider à grandir, de l'édifier et de le fortifier.

———————— ❖❖❖ ————————

Les parents qui évitent le châtiment corporel en pensant être de bons bergers pour leurs enfants se trompent.

Parler de « frapper » un enfant évoque immédiatement, dans l'esprit de certains, des images de mauvais traitements. Mais Salomon ne cautionne pas la violence physique ni la brutalité. Il n'encourage pas les parents à maltraiter leurs enfants. Le mot traduit par « frapper », les deux fois où il apparaît dans Proverbes 23.13,14, signifie simplement « châtier », sans présumer du degré de sévérité de la correction infligée. Cependant, le contexte fait apparaître clairement que le but de la correction est de faire mal, mais non de blesser. Et cette douleur a pour but que l'enfant n'oublie pas la conséquence de sa désobéissance. Si la fessée laisse des contusions, des marques de coups encore visibles le lendemain, c'est que vous avez frappé l'enfant trop fort. Des coups secs et cuisants sur le derrière (là où le rembourrage naturel est le plus abondant) ne blesseront pas l'enfant, mais lui feront assez mal pour que les conséquences de sa désobéissance soient suffisamment désagréables et inoubliables.

Il est très clair, dans Proverbes 13.24, que la correction doit toujours être administrée avec amour et modération. L'Écriture ne cautionne en rien les parents qui administrent la correction avec fureur ou exaspération plutôt que par amour. Mais elle n'approuve pas non plus un amour superficiel, toujours indulgent et permissif.

L'amour qui administre de bonnes corrections est un amour fort, qui exige l'obéissance et punit la désobéissance, parce que c'est ce qui est le mieux pour l'enfant. Les parents devraient être attristés d'avoir à administrer une correction et, par conséquent, déplorer avec son enfant les conséquences du péché. Le châtiment physique, s'il est empreint de ce genre d'amour, est un puissant correctif.

La correction doit aussi manifester de la fermeté et de la constance. « Châtie ton fils, car il y a encore de l'espérance ; mais ne désire point le faire mourir » (19.18). Ne soyez pas incohérent dans votre façon d'appliquer la correction et ne soyez pas indulgent à l'excès. La correction doit être dispensée avec fermeté, sinon elle ne sera pas efficace. Si les parents ne sont pas cohérents, les enfants considéreront que la correction est arbitraire et appliquée de façon capricieuse.

« La verge et la correction donnent la sagesse, mais l'enfant livré à lui-même fait honte à sa mère » (29.15). Un enfant désobéissant devient non seulement un désastre sur le plan spirituel, mais aussi un être antisocial et, fréquemment, un délinquant quand il atteint l'âge adulte.

À ce propos, je n'adhère pas à toutes les excuses cliniques que l'on donne aujourd'hui, pour expliquer la rébellion des enfants. De plus en plus de parents d'enfants indisciplinés reçoivent les diagnostics suivants : problème de déficit d'attention, problème de déficit d'attention et d'hyperactivité, personnalité antisociale, caractère oppositionnel, tendance au cabotinage, tendance maniacodépressive. Je ne connais aucune cause d'ordre organique ou biologique à ce genre de « problèmes ». La plupart de ces diagnostics ne me semblent être rien d'autre que des termes médicaux pompeux qu'on a appliqués à des comportements associés à la paresse, à l'égoïsme, à la rébellion ou au péché en général.

Pourtant, de nombreux médecins prescrivent des médicaments pour traiter ce genre d'affections. Le Ritalin, par exemple, est un psycho-stimulant de la famille des amphétamines, qu'on administre aujourd'hui à plus de deux millions d'enfants, rien qu'aux États-Unis, dans le but de remédier à leur mauvaise conduite. Pour des millions de parents, les médicaments ont remplacé la correction. Ils prennent moins de temps à administrer, sont indolores, et on n'a besoin de les donner qu'une fois ou deux par jour.

Il s'est créé un énorme marché pour ce genre de médicaments à partir du mythe selon lequel les comportements rebelles des enfants sont toujours pathologiques et non pas – comme le dirait Salomon – le fruit de la folie et du péché enracinés dans le cœur de l'enfant. Dès que l'effet des drogues est passé, le comportement rebelle réapparaît. Et que feront ces enfants, devenus adultes, si les médicaments étaient la seule solution à leur comportement pécheur dans leur enfance ? Il semble que la réponse à cette question soit fournie par les prisons de notre pays, pleines à craquer.

Il est sans doute vrai que certains enfants ont une capacité de concentration plus faible, ou d'autres faiblesses qui constituent un handicap pour apprendre. Évidemment, de nombreuses aptitudes naturelles, telles que l'intelligence et la créativité, sont grandement déterminées par des facteurs génétiques. Il est également très probable qu'il existe des raisons génétiques ou des causes biologiques inconnues à certaines difficultés d'apprentissage.

Mais les difficultés d'apprentissage ne sont pas, en soi, un problème moral. Par contre, la désobéissance, la cruauté envers les autres enfants, le manque de respect pour les adultes en sont un. Donner un nom médical à la rébellion chronique, en faire une excuse pour couvrir les comportements pécheurs est une grave erreur. La désobéissance est un péché, indépendamment des aptitudes naturelles des enfants.

En d'autres termes, il n'y a guère d'excuses à la rébellion d'un enfant. L'Écriture nous enseigne que les parents ont la possibilité et le devoir d'apprendre à leurs enfants à obéir. Même si cela est, sans aucun doute, plus difficile avec certains enfants qu'avec d'autres, les parents ne doivent jamais droguer un enfant désobéissant au lieu de le corriger, même si, aujourd'hui, de nombreux médecins ont décidé de faire passer la rébellion chronique dans la catégorie d'une pathologie médicale. Quelles que soient les raisons de la mauvaise conduite d'un enfant, la rébellion et la désobéissance sont, en fin de compte, une maladie morale – le péché –, et l'Écriture elle-même confie aux parents la responsabilité de la correction.

Enseignez à vos enfants à choisir leurs amis

Il n'y a peut-être aucun principe d'éducation qui soit plus vital et en même temps plus négligé que celui-ci : apprenez à vos enfants à choisir leurs amis avec sagesse. Salomon a écrit : « Celui qui fréquente les sages devient sage, mais celui qui se plaît avec les insensés s'en trouve mal » (Proverbes 13.20).

Les parents doivent prendre l'offensive à cet égard. Si vous n'aidez pas votre enfant à choisir, et aussi à apprendre à choisir par eux-mêmes, les bons camarades, ce sont les mauvais qui vont inévitablement les choisir. La responsabilité d'apprendre aux enfants à choisir leurs amis avec sagesse est donc un élément fondamental pour réussir comme parent chrétien.

L'apôtre Paul a écrit : « Ne vous y trompez pas : les mauvaises compagnies corrompent les bonnes mœurs » (1 Corinthiens 15.33). Les valeurs morales de vos enfants, leur langage et leurs activités ne s'élèveront probablement pas au-dessus du plus petit dénominateur commun des valeurs de leurs camarades. Il est rare qu'un enfant ait la capacité de s'élever au-dessus du groupe dont il fait partie.

Or, les mauvaises influences des amis présentent un grave danger : « Un peu de levain fait lever toute la pâte » (1 Corinthiens 5.6). C'est un fait que les jeunes sont plus enclins à suivre un mauvais exemple qu'à donner un bon exemple, surtout s'il s'agit de contredire leurs pairs.

Dans Proverbes 1.10, Salomon dit à son fils : « Mon fils, si des pécheurs veulent te séduire, ne te laisse pas gagner ». Il voulait s'assurer que son fils n'allait pas se laisser attirer par de mauvaises compagnies. Il l'avertit que les méchants cherchent toujours à séduire le simple en faisant apparaître le mal comme quelque chose d'excitant et d'aventureux. Mais Salomon dit à son fils :

> S'ils disent : Viens avec nous ! dressons des embûches, versons du sang,
> Tendons des pièges à celui qui se repose en vain sur son innocence,
> Engloutissons-les tout vifs, comme le séjour des morts,
> Et tout entier, comme ceux qui descendent dans la fosse ;
> Nous trouverons toute sorte de biens précieux,
> Nous remplirons de butin nos maisons ;
> Tu auras ta part avec nous,
> Il n'y aura qu'une bourse pour nous tous !
> Mon fils, ne te mets pas en chemin avec eux,
> Détourne ton pied de leur sentier ;
> Car leurs pieds courent au mal,
> Et ils ont hâte de répandre le sang.
> Mais en vain jette-t-on le filet
> Devant les yeux de tout ce qui a des ailes ;

Et eux, c'est contre leur propre sang qu'ils dressent des embûches,
C'est à leur âme qu'ils tendent des pièges
(Proverbes 1.11-18).

Les jeunes, aujourd'hui, se font attirer précisément dans ce genre de crimes, et à un âge de plus en plus précoce. La violence des bandes, la délinquance pré-adolescente et la consommation abusive de drogues et d'alcool dans les écoles primaires, voilà autant de tendances étroitement liées à l'habitude qu'ont les jeunes de choisir de mauvaises fréquentations. En dernière analyse, la responsabilité revient, dans la plupart des cas, aux parents qui ne prêtent pas assez attention aux amitiés qu'ils permettent à leurs enfants de nouer.

Chaque parent doit prendre ses responsabilités au sérieux. Même si vous n'habitez pas dans un voisinage où des bandes seraient susceptibles d'entraîner vos enfants, vous pouvez être sûr qu'un jour ou l'autre, vos enfants auront à faire face à une pression incroyable de la part de leurs pairs pour se conformer à des normes de conduite que Dieu réprouve. Vous devez leur enseigner à être sages dans le choix de leurs camarades pour qu'ils ne risquent pas de se faire recruter par intimidation dans des bandes douteuses. Ne laissez pas vos enfants se laisser influencer par des pairs qui exercent sur eux une pression malsaine. Apprenez-leur à choisir des amis qui les édifient.

On ne saurait surestimer l'importance de ce principe dans la vie de nos enfants. La sagesse se résume, plus ou moins, à la capacité d'éviter les compagnies nuisibles :

Car la sagesse viendra dans ton cœur,
Et la connaissance fera les délices de ton âme ;
La réflexion veillera sur toi,
L'intelligence te gardera,
Pour te délivrer de la voie du mal,
De l'homme qui tient des discours pervers,
De ceux qui abandonnent les sentiers de la droiture
Afin de marcher dans des chemins ténébreux,

> Qui trouvent de la jouissance à faire le mal,
> Qui mettent leur plaisir dans la perversité,
> Qui suivent des sentiers détournés,
> Et qui prennent des routes tortueuses (Proverbes 2.10-15).

APPRENEZ À VOS ENFANTS À MAÎTRISER LEURS CONVOITISES

L'apôtre Paul a écrit à Timothée : « Fuis les passions de la jeunesse, et recherche la justice, la foi, l'amour, la paix, avec ceux qui invoquent le Seigneur d'un cœur pur » (2 Timothée 2.22). Il est significatif que l'apôtre parle des passions de la jeunesse. Un parent sage sera conscient du fait que tous les adolescents ont des passions qui peuvent les entraîner dans des tragédies, s'ils n'apprennent pas à maîtriser leurs convoitises.

C'est un des thèmes dominants des premiers chapitres des Proverbes. De toute évidence, Salomon considérait que c'était une des vérités essentielles à transmettre à son fils. Et cela ne doit pas nous étonner, car c'est précisément dans ce domaine que Salomon lui-même a échoué.

Revenons à Proverbes 2, là où nous en étions restés. Salomon disait que la véritable sagesse a pour effet de nous délivrer des mauvaises compagnies et des subtilités de ceux qui font le mal. Et il continue ainsi :

> Pour te délivrer de la femme étrangère,
> De l'étrangère qui emploie des paroles doucereuses,
> Qui abandonne l'ami de sa jeunesse,
> Et qui oublie l'alliance de son Dieu ;
> Car sa maison penche vers la mort,
> Et sa route mène chez les morts :
> Aucun de ceux qui vont à elle ne revient,
> Et ne retrouve les sentiers de la vie (Proverbes 2.16-19).

Autrement dit, Salomon est en train de dire à son fils que la fornication peut être fatale. Il dit la même chose dans 5.3-5 : « Car les lèvres de l'étrangère distillent le miel, et son palais est plus doux que l'huile ; mais à la fin elle est amère comme l'absinthe, aiguë comme un glaive à deux tranchants. Ses pieds descendent vers la mort, ses pas atteignent le séjour des morts ».

Certains commentateurs pensent qu'il s'agit là d'une allusion aux maladies vénériennes ou, peut-être, du genre de châtiment divin qui coûte la vie au pécheur (voir 1 Corinthiens 11.30 ; 1 Jean 5.16). Mais il est plus probable qu'il soit question ici du châtiment légal institué contre l'adultère, selon Deutéronome 22.22 : « Si l'on trouve un homme couché avec une femme mariée, ils mourront tous deux, l'homme qui a couché avec la femme, et la femme aussi. Tu ôteras ainsi le mal du milieu d'Israël ».

Mais, même dans une société où l'adultère n'est pas sanctionné par la peine de mort, la fornication n'en est pas moins un péché qui détruit l'âme et la vie. C'est ce que montre Salomon dans Proverbes 6.23-33 :

Car le précepte est une lampe, et l'enseignement
une lumière,
Et les avertissements de la correction sont le chemin
de la vie :
Ils te préserveront de la femme corrompue,
De la langue doucereuse de l'étrangère.
Ne la convoite pas dans ton cœur pour sa beauté,
Et ne te laisse pas séduire par ses paupières.
Car pour la femme prostituée on se réduit à un morceau
de pain,
Et la femme mariée tend un piège à la vie précieuse.
Quelqu'un mettra-t-il du feu dans son sein,
Sans que ses vêtements s'enflamment ?
Quelqu'un marchera-t-il sur des charbons ardents sans
que ses pieds soient brûlés ?
Il en est de même pour celui qui va vers la femme
de son prochain :
Quiconque la touche ne restera pas impuni.
On ne tient pas pour innocent le voleur qui dérobe

Pour satisfaire son appétit, quand il a faim ;
Si on le trouve, il fera une restitution au septuple,
Il donnera tout ce qu'il a dans sa maison.
Mais celui qui commet un adultère avec une femme est dépourvu de sens.
Celui qui veut se perdre agit de la sorte ; Il n'aura que plaie et ignominie, Et son opprobre ne s'effacera point.

 La fornication entraîne souvent un opprobre qui dure toute la vie. Beaucoup de vies ont été détruites par un seul adultère. Le mari ou la femme qui n'a pas commis l'adultère risque d'être incapable de retrouver la confiance qui a été brisée. Même si l'offense est pardonnée et le couple sauvé, il reste un manque de confiance qui persiste durant la vie entière. Ce péché laisse une trace qui risque de ne pas s'effacer. Si vous voulez comprendre la gravité de cela, rappelez-vous que les hommes qui sont appelés à servir dans l'Église en tant qu'anciens et diacres doivent être « irréprochables » (1 Timothée 3.2,10). Lorsqu'un ancien ou un diacre commet un acte de fornication, il attire sur lui-même un opprobre qui peut durer toute sa vie, ce qui entraîne une disqualification permanente. C'est un prix élevé à payer, mais c'est souvent le discrédit qui s'attache à ce genre de péché.

 Proverbes 7 reprend ce même thème. Ici, Salomon cherche à souligner de façon imagée les dangers de la naïveté et l'importance de ne pas tomber dans une convoitise effrénée. Presque tout le chapitre est consacré à décrire un scénario qui met en scène une séductrice et sa naïve victime, « un garçon dépourvu de sens » (v. 7). Ce jeune homme téméraire, irresponsable et écervelé entre délibérément dans la tentation. Il se trouve dans un endroit de la ville où il ne devrait pas être. Le décor est installé comme si Salomon était à sa fenêtre, regardant à travers le treillis et décrivant ce qu'il voit :

J'étais à la fenêtre de ma maison,
Et je regardais à travers mon treillis.
J'aperçus parmi les stupides,

Je remarquai parmi les jeunes gens un garçon dépourvu de sens.

Il passait dans la rue près de l'angle où se tenait une
de ces étrangères,
Et il se dirigeait lentement du côté de sa demeure :
C'était au crépuscule, pendant la soirée,
Au milieu de la nuit et de l'obscurité (Proverbes 7.6-9).

Voici un homme victime non seulement d'une séductrice, mais aussi de sa propre naïveté et de ses mauvais désirs. Il sait très bien où il va. Il se dirige délibérément vers la maison d'une femme de mauvaise vie et passe dans la rue, près de chez elle. Il n'a peut-être pas de mauvais desseins en tête, sinon de passer près de sa maison pour voir ce qui va arriver. Mais il se trouve dans un quartier où il ne devrait pas être et s'expose ainsi délibérément à la tentation. Ce genre de comportement est à l'origine de presque tous les péchés d'immoralité. En enseignant à nos enfants à ne pas mettre les pieds sur un terrain glissant, nous minimisons leurs occasions de chute.

Ici, nous voyons un jeune homme qui se promène au crépuscule dans un quartier mal famé de la ville et qui devient la proie du manège d'une prostituée :

Et voici, il fut abordé par une femme
Ayant la mise d'une prostituée et la ruse dans le cœur.
Elle était bruyante et sans retenue ;
Sers pieds ne restaient point dans sa maison ;
Tantôt dans la rue, tantôt sur les places,
Et près de tous les angles, elle était aux aguets.
Elle le saisit et l'embrassa,
Et d'un air effronté lui dit :
Je devais un sacrifice d'actions de grâces,
Aujourd'hui j'ai accompli mes vœux.
C'est pourquoi je suis sortie au-devant de toi
Pour te chercher, et je t'ai trouvé (Proverbes 7.10-15).

Voici ce qu'on appelle une approche de séduction directe. Elle le saisit, l'embrasse et lui fait effrontément une proposition. Elle lui explique qu'elle a dû accomplir un vœu religieux temporaire de chasteté, mais que, maintenant, ce vœu a pris fin. C'est, sans aucun doute, un mensonge, mais cela lui permet de l'inviter à célébrer la fin de sa période de chasteté. Il s'agit là d'une invitation directe à la fornication.

« Je suis sortie au-devant de toi pour te chercher », lui dit-elle, comme s'il était précisément celui qu'elle recherchait. Voilà un autre mensonge, bien sûr, car elle se serait adressée de cette façon à n'importe quel homme qui aurait croisé sa route.

Elle affiche on ne peut plus clairement ses intentions immorales :

J'ai orné mon lit de couvertures,
De tapis de fils d'Égypte ;
J'ai parfumé ma couche
De myrrhe, d'aloès et de cinnamome.
Viens, enivrons-nous d'amour jusqu'au matin,
Livrons-nous joyeusement à la volupté.
Car mon mari n'est pas à la maison,
Il est parti pour un voyage lointain ;
Il a pris avec lui le sac de l'argent,
Il ne reviendra à la maison qu'à la nouvelle lune
(Proverbes 7.16-20).

Elle le séduit par toutes sortes de convoitises. La tapisserie fine, le parfum et les aromates sont autant d'attractions sensuelles et érotiques pour la naïve victime. Elle lui promet qu'il n'a pas à s'inquiéter, car son mari est parti au loin pour un voyage d'affaires ; il a emporté beaucoup d'argent à dépenser et ne reviendra pas avant longtemps. C'est ainsi qu'elle fait disparaître à la fois ses scrupules et toutes ses craintes par sa séduction pleine de ruse.

Mais, derrière les paroles prometteuses et les charmes tentateurs se cache un danger mortel. Sa véritable intention est de le tuer, probablement pour lui voler ce qu'il peut avoir comme argent ou objets de valeur. Comme toutes les prostituées, l'amour ne l'intéresse pas ; elle ne veut que son portefeuille et ce qu'il possède de précieux – et elle est prête à tout pour les obtenir :

> Elle le séduisit à force de paroles,
> Elle l'entraîna par ses lèvres doucereuses.
> Il se mit tout à coup à la suivre,
> Comme le bœuf qui va à la boucherie,
> Comme un fou qu'on lie pour le châtier,
> Jusqu'à ce qu'une flèche lui perce le foie,
> Comme l'oiseau qui se précipite dans le filet,
> Sans savoir que c'est au prix de sa vie (Proverbes 7.21-23).

La morale de l'histoire de Salomon est une vérité que tous les parents doivent enseigner à leurs enfants concernant le danger de succomber aux convoitises de la chair :

> Et maintenant, mes fils, écoutez-moi,
> Et soyez attentifs aux paroles de ma bouche.
> Que ton cœur ne se détourne pas vers les voies d'une telle femme,
> Ne t'égare pas dans tes sentiers.
> Car elle a fait tomber beaucoup de victimes,
> Et ils sont nombreux, tous ceux qu'elle a tués.
> Sa maison, c'est le chemin du séjour des morts ;
> Il descend vers les demeures de la mort (Proverbes 7.24-27).

ENSEIGNEZ À VOS ENFANTS À TROUVER LEUR PLAISIR EN LEUR CONJOINT

La leçon qui précède comporte un autre aspect. Enseignez à vos enfants à canaliser leurs passions juvéniles là où il convient ; c'est-à-dire à réserver leurs ardeurs sexuelles pour leur seul conjoint et à être fidèles dans le mariage.

Il nous est dit dans Proverbes 5.15 : « Bois les eaux de ta citerne, les eaux qui sortent de ton puits ». C'est une métaphore. Salomon voulait dire à son fils qu'il devait être fidèle à sa femme et ne pas chercher à satisfaire ses désirs sexuels en dehors des liens du mariage. Ce verset fait immédiatement suite aux avertissements sur les dangers que peut faire courir la prostituée, et les versets 18 à 20 poursuivent dans le même sens :

> Que ta source soit bénie,
> Et fais ta joie de la femme de ta jeunesse,
> Biche des amours, gazelle pleine de grâce :
> Sois en tout temps enivré de ses charmes,
> Sans cesse épris de son amour.
> Et pourquoi, mon fils, serais-tu épris d'une étrangère,
> Et embrasserais-tu le sein d'une inconnue ?

Apprenez à vos enfants que c'est seulement avec leur conjoint qu'ils peuvent satisfaire leurs instincts sexuels en toute justice devant Dieu. Salomon a écrit un livre entier de la Bible – le Cantique des cantiques – pour célébrer les joies de la relation conjugale. Malheureusement, cela ne l'a pas empêché de prendre de multiples femmes et de détruire ainsi l'union parfaite qui existe entre un homme et une femme dans le mariage (Genèse 2.24). Le Cantique des cantiques n'en reste pas moins un chant inspiré qui célèbre la vraie relation qui doit exister au sein du mariage.

On lit, dans 1 Thessaloniciens 4.3,4 : « Ce que Dieu veut, c'est votre sanctification ; c'est que vous vous absteniez de la débauche ; c'est que chacun de vous sache posséder son corps dans la sainteté et l'honnêteté ». Le mot traduit ici par « corps » est rendu par « vase » dans la version *Darby* et pourrait se rapporter à l'épouse, le vase plus faible, selon 1 Pierre 3.7, ou désigner le corps de la personne elle-même. D'une façon ou d'une autre, ce qui est prescrit ici, c'est la fidélité dans le mariage, qui, dans le plan de Dieu, est une union entre deux personnes qui deviennent une seule chair (Éphésiens 5.31).

Parents, ne faites pas la même erreur que Salomon : enseignez cette leçon à vos enfants par l'exemple et non seulement par le précepte. Montrez-leur par la façon dont vous vous comportez avec votre conjoint et par votre dialogue mutuel que le vrai contentement et la vraie satisfaction ne se trouvent qu'au sein du mariage.

A*PPRENEZ À VOS ENFANTS À VEILLER SUR LEURS PAROLES*

Dans Proverbes 4.24, Salomon dit à son fils : « Écarte de ta bouche la fausseté, éloigne de tes lèvres les détours ». Les parents doivent enseigner à leurs enfants à veiller sur leurs paroles. Dites la vérité. Prononcez des paroles qui édifient les autres au lieu de les blesser. Et prenez garde à la pureté de vos paroles.

Je peux témoigner que lorsque j'étais enfant, c'est une des leçons que mes parents ont le plus cherché à m'inculquer. C'est la raison pour laquelle, en tant qu'adulte, il ne me vient même pas à l'idée d'employer des mots obscènes, de juger ou de blasphémer. C'est certainement parce que, enfant, on m'a nettoyé la bouche avec du savon quantité de fois à cause de certains mots que je n'étais même pas capable de comprendre ou de prononcer correctement. Et aujourd'hui encore, lorsque j'entends quelqu'un prononcer des paroles grossières, je sens à nouveau le goût du savon dans ma bouche !

Les proverbes de Salomon nous rappellent constamment l'importance de veiller sur nos paroles : « La bouche du juste est une source de vie » (10.11). « La langue du juste est un argent de choix » (v. 20). « Les lèvres du juste dirigent beaucoup d'hommes » (v. 21). « Les lèvres du juste connaissent la grâce » (v. 32). « Tel, qui parle légèrement, blesse comme un glaive : mais la langue des sages apporte la guérison (12.18). « Les lèvres des sages répandent la science » (15.7). « Celui qui est sage de cœur manifeste la sagesse par sa bouche, et l'accroissement de son savoir paraît sur ses lèvres » (16.23). « Les lèvres savantes sont un objet précieux » (20.15).

Remarquez particulièrement Proverbes 12.22 : « Les lèvres fausses sont en horreur à l'Éternel, mais ceux qui agissent avec vérité lui sont agréables ». Une des leçons que nous avons enseignée à nos enfants avec insistance, c'est l'importance de dire la vérité. Les conséquences du mensonge étaient toujours deux fois plus lourdes que celles d'un autre péché. Bien entendu, aucun d'entre eux ne voulait se faire prendre à désobéir ; mais s'ils désobéissaient et mentaient à ce sujet, les conséquences du mensonge étaient beaucoup plus importantes que celles de la faute elle-même. Ainsi, nous avons mis continuellement l'accent sur l'importance de dire la vérité. Il y a là une leçon essentielle, car si on parvient à habituer sa conscience à vivre avec le mensonge, on sera capable de commettre n'importe quel péché. Si vous arrivez à couvrir votre péché par un mensonge et si vous conditionnez votre conscience à tolérer le mensonge, celle-ci va devenir incapable de vous garder contre tout péché.

Et voici une autre leçon très importante pour ce qui est de veiller sur vos paroles : « Celui qui parle beaucoup ne manque pas de pécher, mais celui qui retient ses lèvres est un homme prudent » (10.19). Apprenez à vos enfants qu'il est souvent plus sage de ne pas parler. Jacques écrit : « mais la langue, aucun homme ne peut la dompter ; c'est un mal qu'on ne peut réprimer ; elle est pleine d'un venin mortel » (Jacques 3.8). La bouche des insensés est remplie de querelles, de calomnies, de mépris, de ragots, de déshonneurs, de mensonges, de discordes et de perversités. Apprenez donc à vos enfants qu'il est souvent préférable de ne pas parler du tout.

ENSEIGNEZ À VOS ENFANTS À PERSÉVÉRER DANS LEUR TRAVAIL

Pendant que vous y êtes, apprenez-leur l'importance de travailler dur : « Va vers la fourmi, paresseux ; considère ses voies, et deviens sage. Elle n'a ni chef, ni inspecteur, ni maître ; elle prépare en été sa nourriture, elle amasse pendant la moisson de quoi manger » (Proverbes 6.6-8).

Presque tout le monde est capable de travailler dur ou, du moins, d'en donner l'apparence, en présence du patron. Mais la fourmi travaille dur même lorsqu'il n'y a pas de surveillant. Vos enfants travailleront si vous vous tenez derrière eux avec un fouet. Mais si vous n'êtes pas là, travailleront-ils ? Il faut qu'ils apprennent à travailler de leur propre initiative, s'ils veulent réussir dans la vie.

Ils doivent aussi apprendre à planifier. La fourmi est capable d'amasser sa nourriture pendant l'été en vue de l'hiver. Vos enfants savent-ils prévoir leurs besoins et travailler pour y pourvoir. Voilà une autre leçon très importante que les parents doivent enseigner à leurs enfants, faute de quoi ils risquent de devenir des paresseux.

> Paresseux, jusqu'à quand seras-tu couché ?
> Quand te lèveras-tu de ton sommeil ?
> Un peu de sommeil, un peu d'assoupissement,
> Un peu croiser les mains pour dormir !...
> Et la pauvreté te surprendra, comme un rôdeur,
> Et la disette, comme un homme en armes (Proverbes 6.9-11).

Le paresseux est une personne comme une autre, sauf qu'il trouve toujours des excuses, et a continuellement tendance à refuser ou à remettre à plus tard. Il fait traîner les choses, cherche des faux-fuyants. Il fait ce qui lui plaît et reporte ce qui lui déplaît. Mais il aura à souffrir de la faim, de la pauvreté et de l'échec. Il sacrifie la moisson de demain au profit de ses loisirs d'aujourd'hui. Il est dans le besoin, mais il ne veut pas travailler. C'est sa paresse qui est la source de son échec. C'est un des pires défauts de caractère qui puisse exister. Les parents ne doivent pas laisser se former, chez leurs enfants, de telles habitudes de paresse et d'oisiveté.

Au contraire, celui qui persévère dans son travail gagne bien sa vie, a largement de quoi manger et s'attire le respect des autres : « Si tu vois un homme habile dans son ouvrage, il se tient auprès des rois ; il ne se tient pas auprès des gens obscurs » (22.29). « Celui qui agit d'une main lâche s'appauvrit, mais la main des diligents enrichit. Celui qui amasse pendant l'été est un fils prudent, celui qui dort pendant la moisson est un fils qui fait honte » (10.4,5). Enseignez ces leçons à vos enfants.

APPRENEZ À VOS ENFANTS À GÉRER LEUR ARGENT

Une fois que vos enfants sont au travail, ils doivent apprendre une neuvième leçon : comment gérer leur argent avec sagesse. Il nous est dit dans Proverbes 3.9,10 : « Honore l'Éternel avec tes biens, et avec les prémices de tout ton revenu : alors tes greniers seront remplis d'abondance, et tes cuves regorgeront de moût ».

En d'autres termes, si vous êtes généreux envers Dieu, il sera généreux envers vous. Alors, honorez le Seigneur avec votre argent. C'est la première règle d'une sage gestion financière. Les prémices appartiennent au Seigneur, de même que toutes nos possessions, que nous devons utiliser à la gloire de Dieu. C'est pourquoi, si vous voulez que vos fils et vos filles connaissent la plénitude de la bénédiction de Dieu, enseignez-leur à donner généreusement à Dieu et à utiliser leurs ressources pour l'honorer.

Cela vient en tête des enseignements positifs au sujet de l'argent. Mais il y en a beaucoup d'autres.

La générosité est une stratégie financière plus sage que l'avarice (11.24-26). La bonté envers les pauvres déclenche les bénédictions du Seigneur (19.17 ; 22.9). Et, comme nous l'avons déjà vu plus haut, la personne sage travaille dur et fait des plans pour l'avenir (10.4,5).

Il y a aussi des enseignements négatifs. Proverbes 15.27, par exemple, montre la folie qui consiste à rechercher un gain financier par des moyens injustes : « Celui qui est avide de gain trouble sa maison, mais celui qui hait les présents vivra ». Proverbes 6.1-5 décrit les dangers qu'il y a à s'associer avec des amis ou des étrangers dans des opérations douteuses d'enrichissement rapide.

Il y en a encore d'autres : « Ne te tourmente pas pour t'enrichir » (23.4). « Celui qui se confie dans ses richesses tombera » (11.28). « Opprimer le pauvre pour augmenter son bien, c'est donner au riche pour n'arriver qu'à la disette » (22.16).

Remarquez que l'Écriture associe continuellement les principes moraux et financiers. La façon dont on gère son argent est une question morale et spirituelle. Assurez-vous que vos enfants comprennent bien cela.

ENSEIGNEZ À VOS ENFANTS À AIMER LEUR PROCHAIN

Et enfin, apprenez à vos enfants à aimer leur prochain. Enseignez-leur à valoriser la bonté, la miséricorde et la compassion :

Ne refuse pas un bienfait à celui qui y a droit, Quand tu as le pouvoir de l'accorder. Ne dis pas à ton prochain : Va et reviens, Demain je donnerai ! quand tu as de quoi donner. Ne médite pas le mal contre ton prochain, Lorsqu'il demeure tranquillement près de toi (Proverbes 3.27-29).

Le commandement d'aimer son prochain faisait partie intégrante de la loi de Moïse : « Tu aimeras ton prochain comme toi-même. Je suis l'Éternel » (Lévitique 19.18).

À l'époque de Jésus, certains rabbins avaient relativisé cette loi, en disant qu'elle s'appliquait au prochain, mais non aux ennemis. Leur version de ce principe était : « Tu aimeras ton prochain, et tu haïras ton ennemi » (Matthieu 5.43). Mais Jésus a fait remarquer que le commandement s'appliquait aussi aux ennemis, car Dieu lui-même est plein de miséricorde envers les méchants (Matthieu 5.44-48). Vous étiez-vous rendus compte que le principe d'aimer ses ennemis fait aussi partie de la sagesse contenue dans les Proverbes ? « Si ton ennemi a faim, donne-lui du pain à manger ; s'il a soif, donne-lui de l'eau à boire. Car ce sont des charbons ardents que tu amasses sur sa tête, et l'Éternel te récompensera » (Proverbes 25.21,22). Les charbons ardents amassés sur sa tête désignent la brûlure que lui cause sa propre conscience. Si vous êtes bon envers un ennemi, et que le feu de sa conscience fasse fondre sa méchanceté et lui donne de la bonté pour vous, vous aurez transformé un ennemi en ami. Vous devez apprendre à vos enfants, tant par le précepte que par l'exemple, à traiter leurs ennemis de cette façon. Car nos ennemis sont aussi notre prochain. Et l'Écriture nous commande bien clairement de les aimer.

Jésus a dit que le commandement d'aimer son prochain est le second commandement de la Loi par ordre d'importance. (Matthieu 22.39). Le grand commandement est, bien sûr, Deutéronome 6.5 : « Tu aimeras l'Éternel ton Dieu de tout ton cœur, de toute ton âme et de toute ta force ». Toute la Loi et les prophètes dépendent de ces deux commandements.

Remarquez que ces deux mêmes principes sont le premier et le dernier des dix que j'ai présentés ici : crains Dieu et aime ton prochain. Tous ceux qui sont entre les deux renforcent et amplifient ces principes. Enseignez-les à vos enfants, et vos instructions les rendront sages. Voilà le devoir des parents. Parents, si vous manquez d'enseigner à vos enfants à craindre Dieu, le diable leur enseignera à haïr Dieu. Si vous manquez de leur enseigner à veiller sur leurs pensées, le diable leur apprendra à cultiver des pensées corrompues. Si vous ne leur apprenez pas à obéir à leurs parents, le diable leur apprendra à se rebeller et à briser le cœur de leurs parents. Si vous ne leur enseignez pas à choisir soigneusement leurs camarades, le diable leur choisira lui-même des camarades. Si vous ne leur apprenez pas à maîtriser leurs convoitises, le diable leur montrera comment satisfaire leurs convoitises. Si vous ne leur apprenez pas à prendre plaisir en leur conjoint, le diable leur montrera comment détruire leur couple. Si vous manquez de leur apprendre à faire attention à leurs paroles, le diable remplira leur bouche de grossièretés. Si vous ne leur dites pas d'être persévérants dans leur travail, le diable fera de leur paresse un instrument dirigé contre eux par l'enfer. Si vous ne leur enseignez pas à gérer leur argent, le diable leur apprendra à le gaspiller par une vie de débauche. Et si vous négligez de leur enseigner à aimer leur prochain, le diable, lui, se chargera de leur apprendre à n'aimer qu'eux-mêmes. Nous avons une grande responsabilité envers cette génération et la suivante.

CHAPITRE CINQ

LE PREMIER COMMANDEMENT AVEC UNE PROMESSE

*Enfants, obéissez à vos parents, selon le Seigneur,
car cela est juste. Honore ton père et ta mère, [...]
afin que tu sois heureux et que tu vives longtemps sur la terre.*
Éphésiens 6.1-3

Dans le chapitre précédent, nous avons brièvement considéré l'importance d'enseigner à nos enfants l'obéissance à leurs parents. C'était, en fait, un des dix principes essentiels de sagesse que nous avons examinés dans le livre des Proverbes. Mais apprendre à nos enfants à obéir à leurs parents va plus loin qu'une simple question de sagesse pratique. C'est aussi un principe moral fondamental qui occupe une place essentielle dans les dix commandements, et que l'Écriture souligne continuellement. Le devoir qu'a l'enfant d'obéir, et le devoir des parents de lui enseigner l'obéissance, mérite sans aucun doute une étude attentive et approfondie. C'est la raison pour laquelle nous allons, dans le présent chapitre, creuser encore davantage ce sujet d'une si grande importance.

Les dix commandements (Exode 20.3-17) comportent deux sortes de lois : *nos devoirs envers Dieu* (tu n'auras pas d'autres dieux devant l'Éternel ; tu ne te feras pas d'images taillées ; tu ne prendras pas le nom de l'Éternel en vain ; tu sanctifieras le jour du sabbat) et *nos devoirs envers notre prochain* (honore ton père et ta mère ; tu ne tueras point ; tu ne commettras point d'adultère ; tu ne voleras point ; tu n'écouteras pas de faux témoignage ; tu ne convoiteras pas). Les quatre lois qui régissent nos devoirs envers Dieu sont parfois appelées la première table de la Loi ; les six lois qui régissent notre conduite envers les autres sont connues sous le nom de seconde table. Les deux tables sont résumées dans le premier et le second grands commandements (Matthieu 22.37-39) : « Tu aimeras le Seigneur ton Dieu de tout ton cœur, de toute ton âme et de toute ta pensée » (qui reprend le thème de la première table) ; et : « Tu aimeras ton prochain comme toi-même » (qui résume les devoirs énumérés dans la seconde table).

Le commandement d'honorer son père et sa mère a la première place dans la seconde table de la Loi. Dans la vie de tout enfant, c'est le premier principe important qu'il faut apprendre pour ce qui est de la conduite envers son prochain. C'est une doctrine indispensable et inviolable de la loi morale de Dieu : elle pose le fondement pour tous les autres principes concernant la façon dont nous devons traiter nos semblables. Et son importance est soulignée non seulement par sa position en tête de la seconde table, mais aussi par la promesse qui accompagne le don du cinquième commandement : « Honore ton père et ta mère, *afin que tes jours se prolongent dans le pays que l'Éternel, ton Dieu, te donne* » (Exode 20.12, italiques pour souligner). L'apôtre Paul fait remarquer, dans Éphésiens 6.2, que c'est « le premier commandement avec une promesse ». En fait, c'est le *seul* commandement du décalogue qui inclut une promesse. Des dix commandements, c'est le seul qui comporte un engagement spécifique quant au bonheur et à la prospérité de ceux qui y obéissent. Pour l'apôtre, ce fait est significatif : il met en lumière l'immense importance de ce commandement.

L'Écriture souligne et développe le principe du cinquième commandement, en nous apprenant que pour honorer nos parents nous devons leur obéir (Deutéronome 21.18-21 ; Éphésiens 6.1) ; les bénir par nos paroles (Exode 21.17 ; Lévitique 20.9 ; Proverbes 20.20 ; 30.11) ; leur montrer du respect en tout (Lévitique 19.3) même par l'expression de notre visage (Proverbes 30.17) ; en prêtant attention à leurs conseils

(Proverbes 23.22-25) ; et en ne les traitant jamais avec légèreté (Deutéronome 27.16 ; Ézéchiel 22.7). Le devoir qu'a l'enfant d'honorer ses parents ne prend pas fin lorsqu'il devient adulte. Jésus lui-même a affirmé le caractère inviolable de cette loi, quand il a condamné les pharisiens qui avaient inventé une façon, pour les adultes, de contourner le cinquième commandement : « Vous rejetez fort bien le commandement de Dieu, pour garder votre tradition. Car Moïse a dit : Honore ton père et ta mère ; et : Celui qui maudira son père ou sa mère sera puni de mort. Mais vous, vous dites : Si un homme dit à son père ou à sa mère : Ce dont j'aurais pu t'assister est corban, c'est-à-dire, une offrande à Dieu, vous ne le laissez plus rien faire pour son père ou pour sa mère, annulant ainsi la parole de Dieu par votre tradition, que vous avez établie. Et vous faites beaucoup d'autres choses semblables » (Marc 7.9-13).

Ils avaient pris un principe absolu et essentiel de la justice comme on prend de la cire, pour le modeler à leur guise. Christ les a réprimandés parce qu'ils avaient laissé des commandements d'hommes prendre le pas sur les principes moraux de Dieu lui-même.

Il y a des gens qui aiment discuter pour savoir si, et dans quelle mesure, les dix commandements sont applicables à l'ère chrétienne. Mais la validité du cinquième commandement est incontestable, car l'apôtre Paul reprend mot pour mot ce commandement d'Exode 20.12 dans Éphésiens 6.1-3 : « Enfants, obéissez à vos parents, selon le Seigneur, car cela est juste. Honore ton père et ta mère (c'est le premier commandement accompagné d'une promesse), afin que tu sois heureux et que tu vives longtemps sur la terre. »

Dans le grand résumé que fait l'apôtre des devoirs de la vie familiale, c'est la seule obligation qu'il adresse expressément aux enfants. C'est d'ailleurs le seul commandement de toute l'Écriture qui s'adresse directement aux enfants. Tous les autres devoirs leur incombant, y compris la responsabilité d'aimer Dieu et d'aimer leurs frères et sœurs sont rassemblés dans ce commandement : « Enfants, obéissez à vos parents ». Si les parents font leur propre devoir en élevant leurs enfants, « en les corrigeant et en les instruisant selon le Seigneur » (v. 4), l'enfant qui fait tout ce qu'il peut pour obéir à papa et maman apprendra, à travers son obéissance, à suivre tous les autres principes divins. C'est ainsi que les familles chrétiennes doivent fonctionner.

Autrement dit, le premier devoir des parents est d'apprendre à leurs enfants à leur obéir, et ensuite à transférer sur Dieu cette même obéissance.

Bien sûr, apprendre aux enfants à obéir à leurs parents n'est pas toujours facile. En tout cas, cela ne l'a pas été avec les miens. Et cela ne semble pas l'être non plus avec mes petits-enfants. Cela exige des efforts soutenus de la part des parents.

Pourquoi ? Il y a trois raisons principales : la *corruption* qui entoure nos enfants de toutes parts a tendance à les souiller ; la malédiction du *péché* qui est en eux veut les entraîner dans la mauvaise direction ; et *leur condition d'enfant* les expose à beaucoup de dangers.

ENSEIGNER L'OBÉISSANCE À UNE GÉNÉRATION RÉVOLTÉE

Le monde dans lequel nous vivons fait qu'il nous est particulièrement difficile d'apprendre l'obéissance à nos enfants. Il y a de la corruption tout autour d'eux. Notre société toute entière est hostile aux vérités bibliques, et cette hostilité envers Dieu et les choses de Dieu modèle la culture au sein de laquelle il nous faut élever nos enfants. Il y a quelque temps, j'ai envoyé une lettre, que j'avais reçue d'un jeune adolescent, au rédacteur en chef d'une revue hebdomadaire nationale.

Voici ce qu'écrivait le jeune homme :

> L'économie est morte. L'unité familiale est sérieusement menacée. Le respect de l'autorité n'est qu'une plaisanterie. Si vous y mettez le prix, vous pouvez acheter un sénateur ou un juge, ou bien c'est lui qui va s'acheter une jeune de seize ans pour prendre son plaisir pendant deux heures. L'argent n'a plus de valeur, mais sans lui vous n'avez aucune valeur. Cessez de vous demander *pourquoi* votre

fils a besoin de prendre un verre pour pouvoir affronter ses cours du matin, ou *pourquoi* votre fille s'est fait mettre enceinte. Contentez-vous de les aider à affronter la réalité de la vie. Avant de nous classer dans des catégories, rappelez-vous que nous aurons encore trente ans à vivre dans cette galère une fois que vous serez morts, ou retraités, ou que vous survivrez péniblement à l'aide de votre régime de sécurité sociale. Je vous laisse choisir : ou bien vous nous donnez un peu d'aide et de compréhension, ou bien vous sortez le monde de sa misère et vous envoyez les missiles en espérant que Mère Nature aura plus de chance avec le prochain truc qui sortira de la vase.

Qu'il est triste qu'un jeune, à peine sorti de l'enfance, puisse déjà avoir un regard aussi cynique sur l'existence ! Mais cela ne fait que refléter la peur, la méfiance, la désorientation et l'égarement de toute une génération d'enfants et de jeunes gens.

La société séculière semble avoir une prédilection pour enseigner aux enfants à se rebeller contre l'autorité. Aujourd'hui, ceux-ci passent en moyenne trente heures par semaine devant la télévision. Avant de terminer l'école secondaire, un adolescent américain ordinaire aura visionné vingt mille heures d'émissions télévisées. Or, celles-ci, dans leur grande majorité, décrivent les figures d'autorité comme mauvaises et la rébellion comme vertueuse. Elles rendent attrayants toutes sortes de péchés. Elles présentent l'homosexualité comme un style de vie normal et même plutôt noble. Le meurtre, l'immoralité et l'usage de drogues y sont considérés comme faisant partie intégrante de la vie quotidienne, et les méfaits les plus graves ont perdu tout caractère choquant. Ayant ainsi été insensibilisé quant à l'extrême gravité du péché, et poussé à se méfier de l'autorité tout en glorifiant la rébellion, il est prêt à entrer dans l'âge adulte avec des valeurs morales et une vision du monde radicalement différentes de celles que pouvait avoir la génération de ses arrière-grands-parents.

Faut-il s'étonner si dix millions de jeunes sont aujourd'hui atteints de maladies vénériennes et si ce nombre augmente quotidiennement de cinq mille ? Est-il surprenant qu'un adolescent sur cinq fasse régulièrement usage de drogues ? Est-ce que cela nous choque de savoir que près d'un million de jeunes Américaines qui se prostituent dans les rues ont commencé avant l'âge de seize ans ? Entre sept et quatorze millions d'enfants n'ayant pas encore l'âge auquel on est autorisé à boire de l'alcool sont déjà alcooliques. Des millions d'enfants demandent de l'aide chaque année dans des cliniques psychiatriques. Les sectes sataniques, les fusillades dans les écoles, l'abandon ou le meurtre – par des adolescentes – de bébés non désirés, tout cela est devenu, pour ainsi dire, banal.

Toutes ces tendances sont le fruit d'une société qui approuve et glorifie la rébellion.

L'Écriture a annoncé que cette époque surviendrait : « Sache que, dans les derniers jours, il y aura des temps difficiles. Car les hommes seront égoïstes, amis de l'argent, fanfarons, hautains, blasphémateurs, *rebelles à leurs parents,* ingrats, irréligieux, insensibles, déloyaux, calomniateurs, intempérants, cruels, ennemis des gens de bien, traîtres, emportés, enflés d'orgueil, aimant le plaisir plus que Dieu, ayant l'apparence de la piété, mais reniant ce qui en fait la force. Éloigne-toi de ces hommes-là » (2 Timothée 3.1-5, italiques pour souligner).

Remarquez qu'une des caractéristiques des derniers jours est le mépris généralisé vis-à-vis des parents, accompagné d'attitudes ingrates, irréligieuses, insensibles. Dans la version *Darby,* « insensible » est rendu par « sans affection naturelle ». L'affection naturelle que les enfants devraient avoir pour leurs parents est systématiquement détruite par les attaques délibérées de la société contre l'autorité parentale.

Regardez, par exemple, la politique maintenant en vigueur dans beaucoup d'établissements secondaires publics : les infirmières sont habilitées à distribuer des préservatifs aux jeunes et à commanditer des avortements, en passant outre au droit des parents de savoir au moins quand cela se produit. Faut-il alors s'étonner si les enfants, dans cette société, sont de plus en plus rebelles, indisciplinés, égoïstes, en colère, amers, frustrés et destructeurs ?

Voilà le genre de chaos moral dans lequel grandissent les enfants d'aujourd'hui. La corruption du péché les entoure de toutes parts.

Cependant, au milieu de tant d'influences adverses, les parents chrétiens ont la charge d'enseigner à leurs enfants à obéir et à respecter l'autorité, en commençant par celle qui s'exerce dans leur propre foyer.

S'OPPOSER AU PENCHANT NATUREL DE L'ENFANT

En plus de la corruption extérieure, nos enfants ont à lutter contre *la malédiction du péché à l'intérieur*. Non seulement le monde les presse de se conformer à l'impiété, mais leur propre dépravation les prédispose à la rébellion. Ces deux influences unissent leurs forces contre les parents qui veulent apprendre à leurs enfants à obéir. Un père ou une mère qui désire élever un enfant dans l'obéissance, dans le monde d'aujourd'hui, ne peut se permettre d'aborder cette tâche sans être pleinement déterminé.

Qui plus est, la tâche d'inculquer l'obéissance à nos enfants ne prend pas fin au bout des quelques premières années de leur vie. Les parents doivent continuellement insister sur ce point, jusqu'à ce que leurs enfants deviennent adultes et quittent leur père et leur mère pour s'attacher à leur conjoint.

Le mot grec traduit par « enfants » dans Éphésiens 6.1 est *teknon*. C'est un mot à la signification étendue, qui s'applique tout autant aux enfants devenus adultes qu'aux petits qui commencent à marcher. L'Écriture nous apprend, par ailleurs, que le plan de Dieu pour les enfants est qu'ils grandissent, puis qu'ils quittent leurs parents et s'attachent à leur conjoint (Genèse 2.24). Bien entendu, quand un enfant quitte la maison, ses parents n'en ont plus la garde, et l'enfant à moins de comptes à rendre à ses parents. Mais il doit cependant continuer de respecter et d'honorer ses parents (Matthieu 15.3-6). Ce respect leur viendra naturellement s'ils ont appris l'obéissance. Ils garderont toute leur vie une sensibilité, un respect envers les opinions de leurs parents, même lorsqu'ils ne seront plus sous leur autorité.

Quant aux enfants qui restent sous la responsabilité de leurs parents, ce verset les appelle à l'obéissance. Tant que les parents acceptent de prendre soin d'eux, les enfants doivent obéir. Ils sont sous l'autorité de leurs parents. Cela concerne autant les jeunes à la fin de leur adolescence que les petits enfants. Réciproquement, les parents d'adolescents doivent manifester le même zèle pour leur apprendre l'obéissance que s'ils avaient de jeunes enfants. L'une des pires choses que puissent faire des parents d'adolescents, c'est de baisser les bras, leur permettant de se rebeller.

Vous devez enseigner à vos enfants à obéir. Ils ne sont pas naturellement obéissants. Et si vous croyez que cela va être une tâche facile, vous risquez d'être cruellement déçu. Vos enfants vont être très doués pour désobéir ; vous n'avez pas besoin de leur apprendre cela. Personne n'a jamais eu besoin d'apprendre à un enfant à désobéir. Aucun parent n'a jamais dit à son enfant : « Nous allons faire un petit jeu de rôle pour que je te montre comment on désobéit ». Ils savent très bien ce qu'est la désobéissance, et elle leur vient naturellement. Ils sont experts en cela dès le début. Par contre, il leur faut apprendre l'obéissance.

Il y a quelque chose dans la nature humaine qui résiste à l'obéissance. Essayez d'interdire à un tout petit enfant de toucher à quelque chose sur la table basse, et vous pouvez être sûr qu'il va s'en saisir dès que les parents auront tourné le dos, si ce n'est pas avant. L'apôtre Paul a évoqué la tendance humaine à la désobéissance, en reconnaissant qu'il n'en était pas lui-même exempt : « Mais je n'ai connu le péché que par la loi. Car je n'aurais pas connu la convoitise, si la loi n'avait dit : Tu ne convoiteras point. Et le péché, saisissant l'occasion, produisit en moi par le commandement toutes sortes de convoitises » (Romains 7.7,8). Les enfants naissent avec l'aptitude à désobéir. Il faut leur enseigner à obéir.

COMPENSER L'IMMATURITÉ DE L'ENFANT

On réclame aujourd'hui à cor et à cri la libération des enfants. Les libéraux parlent constamment des « droits de l'enfant ». Je suis même tombé sur de la littérature émanant d'une organisation, visiblement chrétienne, qui conseillait vivement aux parents de sauvegarder les droits de leurs enfants, de leur donner la liberté d'expression, le droit à une vie privée, à une dignité personnelle, et ainsi de suite. Selon cette organisation, le plus grand problème des enfants aujourd'hui, c'est que les parents bafouent leurs droits.

Cette conception vient tout droit de l'humanisme et n'est en aucun cas biblique. Quand l'Écriture parle du rôle des enfants dans la famille, l'accent est mis sur les *responsabilités,* non sur les *droits.* Et la première responsabilité de tout enfant est d'obéir à ses parents.

Les enfants ont un problème fondamental : c'est justement qu'ils sont des enfants. Sans même parler du péché qui habite en eux, ils sont remplis de toutes les faiblesses humaines – ignorance, immaturité et fragilités de tout genre – ce qui les oblige à obéir à l'autorité que Dieu a prévue pour eux : leurs parents. Ils ne sont pas encore prêts pour l'indépendance.

Jésus lui-même, quoique parfait et sans péché, a dû apprendre l'obéissance en tant qu'enfant. Bien sûr, il n'a jamais désobéi ou péché par ses actes. Dans son humanité, il avait toutes les qualités possibles pour un enfant. Il était sans tache, sans péché, totalement pur de la dépravation qui est le lot de chacun d'entre nous. Pourtant, étant « né sous la loi » (Galates 4.4), il devait être soumis à ses parents terrestres, selon le cinquième commandement. Et il l'était (Luc 2.51).

Il y a là une vérité remarquable : Jésus lui-même a appris l'obéissance. Dans son humanité, il lui a fallu apprendre l'obéissance. L'Écriture nous dit « qu'il a appris, bien qu'il soit Fils, l'obéissance par les choses qu'il a souffertes » (Hébreux 5.8). Comment se peut-il qu'une personne qui est parfaite et sans péché, omnisciente, Dieu venu en chair, puisse apprendre quelque chose, et particulièrement l'obéissance ? Il est impossible de pénétrer un pareil mystère.

Toutefois, l'Écriture nous dit clairement que Jésus a grandi et a appris, et que sa croissance et son apprentissage ressemblaient à ceux de n'importe quel autre enfant, hormis le péché. Il a grandi de quatre manières différentes : « Jésus croissait en sagesse, en stature et en grâce, devant Dieu et devant les hommes » (Luc 2.52). Il a grandi sur les plans intellectuel, physique, social et spirituel.

Tous les enfants doivent grandir dans ces quatre dimensions. Il leur manque de la sagesse, ils ont besoin de croître en stature et en grâce devant Dieu, et il leur faut acquérir les compétences dont ils auront besoin dans la société. Ils sont chargés de tous les handicaps de l'immaturité, en plus de la malédiction du péché, et notre tâche consiste à les préparer à affronter la corruption du monde.

LES AIDER À GRANDIR EN SAGESSE, EN STATURE, ET EN GRÂCE DEVANT DIEU ET DEVANT LES HOMMES

Comment pouvons-nous répondre aux besoins intellectuels, physiques, sociaux et spirituels de nos enfants ? D'abord, il est utile de bien comprendre la profondeur de ces besoins. Nos enfants naissent ignorants, physiquement faibles, spirituellement déficients et handicapés d'un point de vue social. Il faut leur enseigner pratiquement tout ce qu'ils ont besoin de savoir sur l'existence.

LEUR BESOIN INTELLECTUEL

Tout d'abord, les enfants n'ont pas de discernement. Ils ne savent pas ce qui est bon ou non pour eux. Les bébés ne savent même pas ce qui est bon à manger. Ils sont capables d'avaler de la saleté, des insectes ou n'importe quoi. En grandissant, ils auront davantage de goût, mais même la plupart des adolescents, s'ils sont livrés à eux-mêmes, vont choisir de manger des céréales présucrées et des casse-croûte plutôt que des légumes et de la nourriture saine.

Nos enfants doivent apprendre le discernement. Au chapitre quatre, nous avons présenté dix principes de sagesse pratique. Je le répète, vous devez *enseigner* ces choses à vos enfants. Ils ne les découvriront probablement pas par eux-mêmes. Ils ne possèdent pas ce savoir à la naissance. Il leur faut grandir en sagesse.

Et en attendant, ils doivent obéir à leurs parents afin que leur manque de sagesse ne les égare pas.

Leur besoin physique

Deuxièmement, les enfants naissent faibles et incapables de se débrouiller tout seuls. De tous les grands mammifères de la création de Dieu, l'homme est le seul qui naisse sans avoir la moindre capacité de pourvoir à ses besoins. Les nouveaux nés sont totalement incapables de marcher, de ramper ou même de rouler sur le côté. Les parents assument la responsabilité de les nourrir, de les changer, de les faire dormir suffisamment et de les mettre à l'abri de tout mal. S'il n'y a pas quelqu'un pour faire toutes ces choses, ils mourront.

> L'autorité des parents sur eux est un parapluie de protection que Dieu leur a donné.

Et au fur et à mesure qu'ils grandissent, ils gagnent en force, en coordination et en mobilité. Petit à petit, ils deviennent capables de prendre soin d'eux-mêmes. Entre-temps, l'autorité des parents sur eux est un parapluie de protection que Dieu leur a donné, pour compenser, entre autres, leurs faiblesses physiques.

Leur besoin social

Troisièmement, les enfants ont grand besoin d'acquérir des aptitudes au niveau social. Quand ils naissent, ils ne sont pas préparés à la vie en société. En réalité, les enfants sont entièrement centrés sur eux-mêmes. Ils ne sont préoccupés que par leurs propres besoins. Ils pleurent quand ils ont faim, ils pleurent quand ils sont fatigués et ils pleurent quand ils ont besoin qu'on les change. Aucun petit enfant ne pleure à cause des besoins de son prochain. Ils ne ressentent pas la douleur d'autrui. Ils ne crient qu'en raison de leurs propres douleurs. Ils n'éprouvent pas de compassion. Ils ne manifestent pas d'intérêt

> ❖❖❖
> L'obéissance à leurs parents est le premier pas qui leur permettra de s'éloigner de cet égocentrisme immature et enfantin.
> ❖❖❖

pour ce qui se passe dans la famille et ne sont pas attentifs aux conversations. Ils ne font aucun effort pour aider en quoi que ce soit. Ils sont simplement préoccupés d'eux-mêmes.

Au fur et à mesure qu'ils grandissent, il est nécessaire de les détacher de cette vision égocentrique du monde. Mais cela n'est facile pour aucun enfant. Ils ne veulent pas partager leurs jouets. Ils veulent tout, tout de suite. Ils se chamaillent avec leurs frères et sœurs et d'autres enfants. Ils sont continuellement le centre de leur propre monde et, pour qu'ils puissent mûrir et changer de perspective, il faut qu'on leur enseigne à le faire.

Pour cela, ils doivent apprendre à obéir, car l'obéissance à leurs parents est le premier pas qui leur permettra de s'éloigner de cet égocentrisme immature et enfantin.

LEUR BESOIN SPIRITUEL

Enfin, les enfants ont un énorme besoin spirituel. Ils ne peuvent apprendre à aimer Dieu naturellement. Ils ont besoin qu'on leur enseigne les vérités spirituelles, sans quoi ils ne pourront jamais grandir spirituellement. Leur ignorance des choses de Dieu et leur dépravation naturelle, jouent en permanence contre eux.

La vérité exprimée dans Romains 8.7,8 s'applique à tout enfant non régénéré, même le plus jeune : « Car l'affection de la chair est inimitié contre Dieu, parce qu'elle ne se soumet pas à la loi de Dieu, et qu'elle ne le peut même pas. Or, ceux qui vivent selon la chair ne sauraient plaire à Dieu ». L'incapacité d'obéir à Dieu, de l'aimer ou de lui plaire est attachée à eux. Leur cœur est enclin au mal : « La folie est attachée au cœur de l'enfant » (Proverbes 22.15).

À cause de tous ces handicaps spirituels qui travaillent contre eux, Dieu a placé les enfants sous l'autorité de leurs parents comme une sauvegarde, pour les aider à ne pas s'égarer spirituellement. Ainsi, l'autorité parentale ressemble à une serre à l'intérieur de laquelle un enfant peut grandir plus en sécurité. Si les parents ne pourvoient pas à cette protection, par leur autorité sur l'enfant, toute croissance – qu'elle soit intellectuelle, sociale, physique ou spirituelle – sera retardée.

COMPRENDRE L'OBÉISSANCE

Le mot « obéir », dans Éphésiens 6.1, est un terme simple et vivant. En fait, l'apôtre Paul emploie le mot grec *hupakouô*, dont la racine signifie « entendre » ou « faire attention », et qui implique l'idée d'écouter avec attention et de se conformer à un commandement. Il sous-entend une attitude intérieure de respect et d'honneur ainsi que des actes d'obéissance. L'apôtre Paul met immédiatement en valeur l'attitude intérieure en citant le cinquième commandement : « *Honore ton père et ta mère* » (v. 2, italiques pour souligner).

À nouveau, l'attitude qui consiste à honorer et respecter ses parents est un engagement à vie, cultivé par quelqu'un dont l'enfance et la jeunesse ont été remplies d'actes d'obéissance.

Le mot traduit par « honneur » au verset 2 est *timaô*. Il signifie un honneur plein de révérence. C'est le mot grec qui est utilisé dans Jean 5.23 pour désigner la révérence et l'honneur dus à Dieu : « afin que tous honorent le Fils comme ils honorent le Père ». Il s'agit donc d'un mot fort, suggérant que les enfants doivent avoir, pour leurs parents, une crainte révérencielle et le plus profond respect, de sorte qu'il y ait une attitude juste derrière un acte juste, et que l'acte d'obéissance soit toujours motivé par une attitude qui honore les parents et leur porte un respect révérenciel.

Quelle importance a l'obéissance ? Au début de ce chapitre, nous avons souligné que le cinquième commandement était le seul des dix commandements à être assorti d'une promesse. Il se trouve aussi en tête de la seconde table de la Loi. Vous êtes-vous aperçu que c'était aussi le seul des dix commandements à aborder le fonctionnement de la famille ? C'est parce que c'est de lui que dépendent toutes les autres relations, tant à la maison qu'à l'extérieur. Un foyer où les enfants respectent leurs parents sera harmonieux. Et quelqu'un qui grandit en ayant le sens de l'obéissance, de la discipline et du respect envers ses parents sera capable d'établir des relations harmonieuses dans quelque sphère que ce soit.

Autrement dit, le dessein de Dieu est que toutes les relations humaines soient fondées sur ce qui a été acquis au moyen de l'obéissance pendant l'enfance. Si les enfants apprennent le respect et la soumission dans la famille, cela leur permettra d'établir de saines relations pendant toute leur vie. Mais si nous élevons une génération d'enfants indisciplinés qui ne savent pas ce que veut dire respecter l'autorité, non seulement nous préparerons à nos enfants de mauvaises relations avec les autres pendant toute leur vie, mais nous allons aussi contribuer à créer un monde chaotique.

On peut se rendre compte à quel point ce commandement est important aux yeux de Dieu à la lecture d'Exode 21.15, de Lévitique 20.9 et de Deutéronome 21.18,21 : ces trois textes prescrivent de lapider les enfants incorrigibles ou rebelles et violents. On se demande quel impact cela pourrait avoir sur les jeunes d'aujourd'hui si notre société appliquait la peine de mort aux enfants délinquants. La plupart des défenseurs des droits de l'enfant, dans notre culture, veulent proscrire la fessée. Si seulement ils pouvaient comprendre les implications des versets cités plus haut, ils seraient vraiment furieux !

Mais Dieu commande aux enfants d'obéir et il nomme des parents pour leur apprendre l'obéissance. C'est là un des buts suprêmes du rôle de parent : produire des enfants obéissants. Il n'existe pas, pour un père ou une mère, de tâche plus fondamentale.

LE PREMIER COMMANDEMENT AVEC UNE PROMESSE

HONORER LE SEIGNEUR DANS LA FAMILLE

Regardez de nouveau Éphésiens 6.1 : « Enfants, obéissez à vos parents dans le Seigneur ». « Dans le Seigneur » signifie ici « pour le Seigneur ». Le commentateur puritain Matthew Henry a écrit : « Certains comprennent cela comme une limitation et pensent que cela veut dire : "dans la mesure où cela ne contredit pas votre devoir envers Dieu". Nous ne devons pas désobéir à notre Père céleste pour obéir à nos parents terrestres, car notre devoir envers Dieu passe avant tous les autres. En ce qui me concerne, je le prends plutôt comme une raison : "Enfants, obéissez à vos parents, car c'est le Seigneur qui vous le commande. Obéissez-leur donc à cause du Seigneur et en regardant à lui" »[1].

Le Seigneur a placé des parents au-dessus de l'enfant. Leur autorité découle de Dieu. C'est pourquoi, quand les enfants obéissent comme il faut, ils le font comme pour le Seigneur (voir Colossiens 3.23,24). Dans un sens, donc, les parents prennent la place du Seigneur et les enfants doivent leur obéir « *en toutes choses,* car cela est agréable au Seigneur » (v. 20, italiques pour souligner).

La seule exception serait si des parents ordonnent à leurs enfants de faire quelque chose de mal. C'est là que doit s'arrêter l'obéissance. Si les ordres des parents entrent clairement en conflit avec la Parole révélée de Dieu, « il faut obéir à Dieu plutôt qu'aux hommes » (Actes 5.29). Tous les parents font des erreurs et sont parfois inconséquents, mais cela n'annule pas l'autorité qu'ils ont reçue de Dieu. En grandissant, les enfants vont sans aucun doute se trouver en désaccord avec les instructions que leur donnent leurs parents, mais cela n'annule pas non plus la responsabilité qu'a l'enfant d'obéir. Les parents sont responsables devant Dieu de leur manière de diriger, et les enfants, de leur obéissance.

Il arrive que des parents cherchent à imposer à leurs enfants une conduite que Dieu n'approuve pas. J'ai connu des jeunes à qui leurs parents, non chrétiens, interdisaient de lire la Bible ou même de mentionner le nom de Christ. Certains parents incroyants ont essayé de forcer leurs enfants croyants à renoncer à Christ. Dans de tels cas, le devoir de l'enfant est, sans aucun doute, d'obéir à Dieu plutôt qu'aux hommes. Mais supposons qu'un père demande à son fils de tondre la pelouse le samedi. Ce fils est-il en droit de désobéir parce qu'il croit que Dieu désire qu'il passe la journée ailleurs ? Pas du tout. « Obéir à Dieu plutôt qu'aux hommes » consiste à suivre sa Parole révélée et non quelque impression fantaisiste et subjective sur ce que le Seigneur nous conduirait à faire. L'instruction du Seigneur à ce fils, à ce moment-là, se trouve, sans ambiguïté dans Éphésiens 6.1 : « Obéissez à vos parents ». Le fils doit tondre la pelouse. Ce n'est que si les parents exigent que leur fils désobéisse à la Parole inspirée de Dieu - l'Écriture (2 Timothée 3.16) – que celui-ci est en droit de s'opposer à leur volonté.

Et si Dieu met un enfant en position d'avoir à désobéir à ses parents afin de lui obéir, cela même n'est pas une excuse pour que ce dernier adopte une attitude de défi et de rébellion. L'enfant doit assumer volontairement les conséquences de sa désobéissance envers son ou ses parents. J'ai connu des jeunes gens qui avaient été bannis de leur propre famille, à cause de leur témoignage pour Christ. C'est exactement ce à quoi Jésus faisait allusion quand il disait : « Je suis venu mettre la division entre l'homme et son père, entre la fille et sa mère, entre la belle-fille et sa belle-mère ; et l'homme aura pour ennemis les gens de sa maison. Celui qui aime son père ou sa mère plus que moi n'est pas digne de moi, et celui qui aime son fils ou sa fille plus que moi n'est pas digne de moi » (Matthieu 10.35-37).

Heureusement, il est très rare, même dans notre société opposée à Dieu, que des parents persécutent leurs enfants jusqu'à ce point. La norme est que, même dans les familles non chrétiennes, les enfants peuvent et doivent obéir à leurs parents en toutes choses. Ainsi, ils glorifient Dieu.

Pourquoi Dieu est-il glorifié quand les enfants se soumettent à l'autorité de leurs parents ? Pourquoi Dieu est-il même glorifié quand un enfant croyant se soumet à ses parents incroyants ? Éphésiens 6.1 dit : « car cela est juste ». C'est la façon dont Dieu a agencé la famille, et c'est tout simplement juste que les enfants obéissent à leurs parents.

Quelqu'un dira : « Mais quelle est la preuve de cela sur le plan psychologique ? Qui a fait une étude à ce sujet ? Quelle est l'opinion des spécialistes du développement de l'enfant ? »

Peu importe ce que pensent les gens ! Dieu dit qu'il est juste d'obéir à vos parents : « La loi de l'Éternel est parfaite, elle restaure l'âme » (Psaume 19.8) ; « C'est pourquoi je trouve justes toutes tes ordonnances, je hais toute voie de mensonge » (Psaume 119.128) ; « Que celui qui est sage prenne garde à ces choses ! Que celui qui est intelligent les comprenne ! Car les voies de l'Éternel sont droites ; les justes y marcheront, mais les rebelles y tomberont » (Osée 14.9).

Nous n'avons pas besoin d'études psychologiques ni de nous pencher sur les théories de ceux qui ont un avis différent. Il n'est pas nécessaire que les experts accordent du crédit aux déclarations de l'Écriture. Dieu dit que c'est juste. Et, en tant que chrétiens, nous avons une telle confiance en sa précieuse Parole que nous considérons que l'affaire est entendue.

Dieu est honoré quand des enfants obéissent à leurs parents, simplement parce que c'est ce qu'il a ordonné.

DISCERNER L'ATTITUDE QUI SE CACHE DERRIÈRE L'ACTE

Remarquez que le cinquième commandement se concentre sur l'attitude et non seulement l'acte d'obéissance. Le verbe « obéir » n'y figure même pas. Il est dit : « *Honore* ton père et ta mère » (Éphésiens 6.2, italiques pour souligner). Cela témoigne de la disposition du cœur, excluant une obéissance forcée, de mauvais gré, où le cœur demeure rebelle. Un acquiescement extérieur, cachant un cœur insoumis, n'honore pas Dieu. Une obéissance purement extérieure n'est pas, de toute évidence, ce qui est demandé dans Éphésiens 6.1.

Le fait d'honorer ses parents est d'abord une attitude qui est révélée par les actes. Obéir sans honorer n'est rien d'autre que de l'hypocrisie, et l'hypocrisie est un péché. Tous les enfants sont enclins à ce genre d'attitude, et des parents sages ne prendront pas garde seulement aux actes de défi, mais aussi aux mauvaises attitudes qui les engendrent. Mais on ne peut juger le cœur (1 Samuel 16.7). Alors, comment les parents peuvent-ils savoir quand leurs enfants ont une mauvaise attitude ? S'il est vrai que les parents ne peuvent pas toujours connaître l'attitude de leur enfant avec certitude, il y a toutefois certains indices repérables. Franchement, les enfants ne sont, en général, pas très subtils dans leurs attitudes. Quand un enfant se plaint, qu'il rouspète et affiche une mine renfrognée, il est certain que son attitude est mauvaise. L'amertume et le mécontentement sont souvent révélés par des murmures et des plaintes faites à voix basse. Quand des parents observent ce genre de comportement chez leurs enfants, ils doivent s'attaquer au problème de l'attitude.

Mes propres enfants vous diront que les corrections qu'ils ont reçues étaient centrées bien davantage sur leurs attitudes que sur leurs actes. Et nous avons découvert que, lorsque des parents traitent les mauvaises attitudes, les actes ne posent pratiquement plus de problème. Si on débusque la rébellion dans les attitudes, on peut ensuite éviter la plupart des comportements rebelles.

Ce que les parents doivent faire, c'est déverser la Parole de Dieu dans l'esprit de leurs enfants, de façon à ce qu'elle informe leur conscience et qu'elle leur parle constamment : « Car la parole de Dieu est vivante et efficace, plus tranchante qu'une épée quelconque à deux tranchants, pénétrante jusqu'à partager âme et esprit, jointures et moelles ; elle juge les sentiments et les pensées du cœur » (Hébreux 4.12). L'Écriture est « utile pour enseigner, pour convaincre pour corriger, pour instruire dans la justice » (2 Timothée 3.16). Et si le cœur de l'enfant est alimenté par l'Écriture, c'est sa propre conscience qui, souvent, va repousser les mauvaises attitudes.

───── ❖❖❖ ─────
La conscience est un système d'alarme donné par Dieu.
───── ❖❖❖ ─────

La conscience est un système d'alarme donné par Dieu[2]. Elle est comme une sonnerie ou une lumière rouge qui signale un problème. La conscience réagit à toute valeur morale à laquelle adhère l'intelligence. Dans sa grâce, Dieu donne à chaque enfant un certain sens du bien et du mal. C'est ce dont l'apôtre Paul parle dans Romains 2.14,15, quand il explique que même les païens ont la loi de Dieu inscrite dans leur cœur, et que leur conscience en rend témoignage : « Quand les païens, qui n'ont point la loi, font naturellement ce que prescrit la loi, ils sont, eux qui n'ont point la loi, une loi pour eux-mêmes ; ils montrent que l'œuvre de la loi est inscrite dans leur cœur, leur conscience en rendant témoignage, et leurs pensées s'accusant ou se défendant tour à tour ». En d'autres termes, tout le monde naît avec une certaine connaissance innée du bien et du mal. Dans une certaine mesure, « ce qu'on peut connaître de Dieu est manifeste pour eux » (Romains 1.19).

Mais, livrés à eux-mêmes, les gens vont inévitablement avoir tendance à supprimer cette loi de Dieu qui est écrite dans leurs cœurs. Ils se mettent à aimer le mal. Ils ne veulent pas garder la connaissance de Dieu dans leur cœur (v. 28). Aussi essayent-ils par tous les moyens – la rationalisation, la dénégation ou leur imagination pervertie – d'étouffer cette connaissance qu'ils ont reçue de Dieu, et de la remplacer par des valeurs morales selon leur goût.

La culture séculière joue également un rôle négatif : elle se joint à une imagination pervertie pour corrompre la loi de Dieu dans le cœur et fabriquer un autre code moral pour diriger la conscience.

Les parents peuvent combattre cette tendance en aidant l'enfant à remplir son cœur de l'Écriture. La mémorisation, l'étude biblique en famille et les conversations quotidiennes sont autant de possibilités d'insuffler la vérité biblique dans la pensée de l'enfant. C'est, encore une fois, ce qu'enseigne Deutéronome 6.7 aux parents : « Tu inculqueras *[ces commandements]* à tes enfants, et tu en parleras quand tu seras dans ta maison, quand tu iras en voyage, quand tu te coucheras et quand tu te lèveras ».

Un esprit et une conscience dirigés par la Parole de Dieu deviennent la source d'attitudes justes.

De bien des façons, une attitude d'obéissance est beaucoup plus importante que des actes, car si l'attitude est juste, les actes suivront naturellement. Mais un acte juste jumelé à une mauvaise attitude n'est que de l'hypocrisie. L'enfant qui a une attitude hypocrite n'honore pas vraiment ses parents.

Nous avons déjà mentionné que le mot grec traduit par « honorer » signifie une estime qui va jusqu'à la vénération. Les enfants doivent vénérer leurs parents, c'est-à-dire avoir pour eux une telle admiration et un tel respect qu'ils les considèrent avec une sorte de crainte révérencielle.

Mais le verbe « honorer » peut aussi vouloir dire autre chose. Dans 1 Timothée 5.17, l'apôtre Paul utilise le même mot grec : « Que les anciens qui dirigent bien soient jugés dignes d'un double honneur, surtout ceux qui travaillent à la prédication et à l'enseignement ». Il s'agit là du soutien financier. Les anciens qui dirigent bien méritent un double salaire. Le verset 18 renforce encore cette signification : « Car l'Écriture dit : Tu ne musselleras point le bœuf quand il foule le grain. Et l'ouvrier mérite son salaire ».

Honorer ses parents est d'abord une attitude de cœur, mais le véritable honneur implique aussi la volonté de prendre soin d'eux quand ils ont des besoins. Nos parents pourvoient à tous nos besoins au cours des vingt premières années de notre vie. Puis vient le moment, dans la plupart des familles, où c'est au tour des enfants de venir en aide à leurs parents.

C'est justement cette question que Jésus a abordée avec les pharisiens dans Matthieu 15.4-8 : « Car Dieu a dit : Honore ta père et ta mère ; et : Celui qui maudira son père et sa mère sera puni de mort. Mais vous, vous dites : Celui qui dira à son père ou à sa mère : Ce dont j'aurais pu t'assister est une offrande à Dieu, n'est pas tenu d'honorer son père ou sa mère. Vous annulez ainsi la parole de Dieu au profit de votre tradition. Hypocrites, Ésaïe a bien prophétisé sur vous, quand il a dit : Ce peuple m'honore des lèvres, mais son cœur est éloigné de moi. »

Remarquez bien que, sous-jacente à leur refus de pourvoir aux besoins de leurs parents, il y avait une attitude d'hypocrisie, et c'est justement cela que visait la réprimande de Jésus.

Les enfants dont l'*attitude* est juste – qui honorent leurs parents avec leur cœur – garderont ce respect et cet amour profond pour leurs parents toute leur vie. Je me réjouis à l'idée qu'un jour, si mes parents viennent à avoir des besoins auxquels je peux répondre, j'aurai l'occasion de leur rendre en partie les soins affectueux qu'ils m'ont prodigués au cours de mon enfance. Cela fait partie de l'honneur. C'est ainsi que Dieu a voulu la famille.

Mais tout dépend d'une juste attitude. Et malheur aux parents qui ne s'occupent que des actes de leurs enfants, mais négligent d'examiner leurs attitudes.

VOIR LA PROMESSE S'ACCOMPLIR

Examinons la promesse qui accompagne le cinquième commandement : « afin que tu sois heureux et que tu vives longtemps sur la terre » (Éphésiens 6.3). Encore une fois, c'est le seul des dix commandements qui soit assorti d'une promesse de bénédiction pour ceux qui obéissent. Ce commandement, parce qu'il est la clé de toutes les relations humaines, est tellement vital que Dieu lui-même l'a souligné en lui ajoutant cette promesse.

La promesse comporte deux aspects : « que tu sois heureux », ce qui vise la *qualité* de vie, et « que tu vives longtemps sur la terre », cela concerne la *durée* de vie. Ceux qui honorent leurs parents ont tendance à vivre de manière plus épanouie et plus longtemps que ceux qui vivent dans une attitude de rébellion.

Certains pensent que cette promesse ne s'applique qu'à l'Israël du temps de l'Ancien Testament, car, en tant que nation terrestre par laquelle Dieu allait susciter la lignée du Messie, elle bénéficiait de nombreuses promesses tangibles, terrestres et physiques qui ne s'appliquent pas littéralement aux chrétiens (par ex. Genèse 13.15 ; Ézéchiel 37.21-28). Mais l'apôtre Paul cite cette promesse pour montrer qu'elle s'applique également aux croyants du Nouveau Testament.

Cette promesse est-elle, pour autant, une garantie à toute épreuve ? Faut-il comprendre que la récompense de la soumission à ses parents est toujours une vie longue et satisfaisante ? Non. Il arrive que certaines personnes qui obéissent à leurs parents et qui les honorent meurent jeunes. Mais, toutes exceptions mises à part, il est certainement vrai que l'obéissance a pour conséquence une vie plus longue et plus harmonieuse, tandis qu'une attitude rebelle entraîne la détresse et parfois une mort prématurée.

En d'autres termes, la soumission à ses parents est dans l'intérêt de l'enfant. Non seulement elle est juste aux yeux de Dieu (Éphésiens 6.1), mais elle est aussi ce qu'il y a de meilleur pour l'enfant. L'obéissance préserve l'enfant de tout un monde de malheurs. Une juste attitude, marquée par la soumission et le respect, le sauvera d'une vie pleine d'amertume, de colère et de ressentiment. D'une façon générale, elle prolongera sa vie et la rendra certainement plus épanouie et plus riche.

CHAPITRE SIX

CORRIGER ET INSTRUIRE SELON LE SEIGNEUR

Et vous, pères, n'irritez pas vos enfants, mais élevez-les en les corrigeant et en les instruisant selon le Seigneur.
Éphésiens 6.4

Le devoir des enfants dans le foyer est d'obéir. Réciproquement, le devoir des parents est de leur enseigner cette obéissance, en les instruisant selon le Seigneur, sans toutefois les exaspérer.

Voilà une tâche difficile. Cela n'est pas naturel aux parents, pas plus que l'obéissance n'est naturelle aux enfants.

Nous avons beaucoup parlé des effets de la dépravation humaine sur l'enfant. Mais souvenons-nous que les parents sont, eux aussi, dépravés. Nous sommes naturellement enclins au péché, tout comme nos enfants. Les parents chrétiens ont un très grand avantage, car, étant rachetés, leur cœur est régénéré. Ils ont des désirs et des appétits inspirés par Dieu. À la différence de ceux qui ne sont pas régénérés, ils ont la capacité d'aimer sincèrement Dieu. En fait, l'amour pour Dieu est la passion qui permet de reconnaître un vrai chrétien (Romains 8.28 ; 1 Jean 5.2).

Toutefois, les parents chrétiens n'en ont pas fini pour autant de se battre contre les appétits et les habitudes de la chair. Comme l'apôtre Paul, nous nous trouvons souvent en train de faire même les choses que nous détestons (Romains 7.15-24). Nous ne sommes tous que trop enclins à manifester des comportements charnels et pécheurs, et cela influe sur l'éducation que nous donnons à nos enfants.

Comme nous l'avons vu dans le chapitre précédent, Dieu a donné aux parents une autorité sur leurs enfants, et il a ordonné aux enfants d'obéir à leurs parents « en toutes choses » (Colossiens 3.20). Cela ne veut pas dire pour autant que les parents ont toujours raison. Il arrive que leurs attitudes et leurs actions pécheresses refassent surface. Quand cela se produit, ils exaspèrent leurs enfants. Et Dieu avertit solennellement les parents de ne pas se laisser aller à cela : « Et vous, pères, n'irritez pas vos enfants, mais élevez-les en les corrigeant et les instruisant selon le Seigneur » (Éphésiens 6.4). Colossiens 3.21 fait écho à ce commandement : « Pères, n'irritez pas vos enfants de peur qu'ils ne se découragent ».

Notre première impression, c'est que ce texte s'adresse particulièrement aux pères, peut-être parce qu'ils sont les chefs du foyer ou parce qu'ils ont davantage tendance que les mères à exaspérer leurs enfants. Mais, en y regardant de plus près, on s'aperçoit que ce commandement ne s'adresse pas nécessairement aux pères uniquement. Le mot traduit par « pères », dans Éphésiens 6.4, est *patera* qui peut désigner les pères en particulier, mais qu'on utilise souvent pour désigner les deux parents. Dans Hébreux 11.23, par exemple, il est écrit : « C'est par la foi que Moïse, à sa naissance, fut caché pendant trois mois par ses *patera* ». Ici, le mot désigne clairement les deux parents. Or, je suis convaincu qu'Éphésiens 6.4 utilise *patera* dans le même sens, qui inclut le père et la mère. Le principe énoncé dans ce verset s'applique certainement aux deux parents. En outre, la responsabilité d'instruire, d'éduquer et de corriger appartient, de toute évidence, au père et à la mère. Ce commandement s'adresse donc aux parents, et non uniquement aux pères.

À l'époque de Paul, Éphésiens 6.4 s'opposait véritablement à tout un ordre social. Les familles étaient dirigées par les pères (non par les parents). Ils faisaient d'elles ce qui leur plaisait, sans scrupule et sans avoir honte aux yeux de la société. Aucun père romain ne se sentait obligé d'éviter d'irriter ses enfants. C'était plutôt aux enfants qu'incombait la responsabilité de ne pas irriter leur père ; et s'ils y manquaient, les conséquences pouvaient être graves.

Il y avait à Rome une loi appelée *patria potestas* (« le pouvoir du père »). Ce principe donnait aux hommes qui étaient citoyens romains à part entière des droits de propriété absolue sur leur propre famille. Les enfants, l'épouse et même les esclaves étaient considérés comme la propriété privée du patriarche, qui pouvait en disposer comme bon lui semblait. De par la loi, il avait pleine autorité sur toutes les affaires de la famille et sur ses membres.

Dans les faits, la *patria potestas* donnait donc au patriarche un droit absolu dans tous les domaines de la vie de ses enfants. C'était le père qui arrangeait le mariage de ses enfants. Il pouvait aussi les forcer à divorcer. Un père mécontent pouvait déshériter ses enfants, les vendre comme esclaves ou même les tuer s'il le désirait – tout cela sans avoir besoin de recourir à une cour de justice.

À la naissance, un enfant était déposé aux pieds de son père. Si celui-ci le ramassait, l'enfant restait dans le foyer. Mais si le père se détournait et s'en allait, on laissait l'enfant mourir, ou bien on l'emmenait au forum, où il était vendu aux enchères. La plupart des enfants ainsi vendus étaient élevés en vue de la prostitution ou de l'esclavage.

Voici la lettre qu'un Romain du nom d'Hilary a écrite à sa femme, Alis, au premier siècle av. J.-C. : « Chaleureuses salutations. Nous sommes toujours à Alexandrie. Ne t'inquiète pas si tous les autres reviennent et que je reste à Alexandrie. Je te demande instamment de prendre soin du petit enfant, et dès que je recevrai mes gages, je te les enverrai. Au cas – je ne te le souhaite pas – où tu aurais un autre enfant, si c'est un garçon, laisse le vivre ; si c'est une fille, débarrasse-t-en »[1].

Sénèque, contemporain de l'apôtre Paul, a fait cette description de la politique des Romains en ce qui concerne les animaux indésirables : « Nous abattons un bœuf furieux ; nous étranglons un chien fou ; nous poignardons une vache malade. Quant aux enfants nés avec un handicap ou une malformation, nous les noyons ». Voilà quelle était l'attitude de la société envers les enfants, à l'époque de l'apôtre Paul.

Les choses ne vont franchement pas mieux, et sont peut-être pires, dans notre culture. Des millions de grossesses non désirées sont interrompues chaque année. Et les statistiques indiquent que la plupart des enfants confiés à des familles d'accueil aux États-Unis ne s'y trouvent pas parce qu'ils sont orphelins ou parce que leurs familles sont trop pauvres pour les élever, mais pour la simple raison que leurs parents ne les ont pas voulus. Les enfants sont devenus une marchandise jetable dans notre société, tout comme c'était le cas dans la Rome antique.

La Bible appelle les parents chrétiens à vivre selon des principes différents. Ceux-ci étaient révolutionnaires à l'époque de Paul et ils continuent d'être à contre-courant des valeurs de notre société aujourd'hui. L'Écriture n'accorde pas aux pères un pouvoir dictatorial sur leurs enfants. Ceux-ci ne doivent pas être considérés comme la propriété des parents. La Bible s'adresse plutôt aux parents comme à des intendants du Seigneur, qui ont reçu la responsabilité de pourvoir à un bon environnement pour l'éducation de ceux que le Seigneur leur a confiés dans sa grâce. Comme tous les intendants, les parents devront, finalement, rendre compte de la manière dont ils se seront acquittés de leurs fonctions. Et les premiers principes selon lesquels sera jugée notre tâche de parents se trouvent dans Éphésiens 6.4.

Quels sont les principaux devoirs qu'expose l'apôtre Paul dans ce verset fondamental ? J'en vois trois.

NE LES IRRITEZ PAS

« Pères *[parents]*, n'irritez pas vos enfants », écrit Paul. Il avertit les parents de ne pas exciter la colère de leurs enfants, que ce soit délibérément ou en les provoquant de façon inconsidérée et inutile.

Il arrive, bien sûr, que les enfants se mettent en colère contre leurs parents sans avoir été irrités par eux. La cause de cette colère peut être l'égoïsme, l'immaturité ou les mauvaises attitudes de l'enfant. Dans ces cas-là, c'est l'enfant qui pèche.

Mais à d'autres moments, ce sont les parents qui se rendent coupables d'irriter leurs enfants, en les exaspérant inconsidérément, en les harcelant délibérément, en les négligeant, ou par toutes sortes d'attitudes volontaires ou insouciantes qui les exaspèrent. Lorsque c'est le cas, ce sont les parents qui pèchent et qui, en même temps, incitent l'enfant à pécher.

Rappelez-vous que Dieu a donné l'ordre à nos enfants de nous honorer. Aussi, quand les parents irritent leurs propres enfants, ils les poussent à pécher contre le cinquième commandement. Dans ce cas, les parents ne se rendent pas seulement coupables de désobéissance à l'injonction d'Éphésiens 6.4, mais aussi de faire chuter l'enfant. C'est un péché extrêmement destructeur.

Les parents chrétiens qui excitent leurs enfants à la colère ou négligent de leur donner l'éducation et les avertissements du Seigneur, perdent tous les bénéfices qui sont normalement accordés à une famille chrétienne. Pratiquement, aucun environnement n'est plus malsain pour un enfant qu'une famille qui se dit chrétienne, où les parents invoquent le nom du Seigneur tout en négligeant de l'éduquer et de le corriger dans l'amour. Beaucoup d'enfants issus de telles familles « chrétiennes » deviennent plus hostiles envers les choses de Dieu que d'autres qui ont grandi dans des milieux entièrement païens. Les parents chrétiens qui négligent Éphésiens 6.4 récolteront ce qu'ils ont semé : une souffrance et un chagrin comme ceux des familles du monde, ou plus grands encore.

Le mot grec traduit par « provoquer » est *parorgizô,* qui signifie « irriter » ou « rendre furieux ». Il peut décrire une rébellion ouverte et cinglante, ou bien désigner une vexation secrète qui couve et bouillonne intérieurement. Ces deux types de colères apparaissent couramment chez des enfants que leurs parents ont irrités.

Mais comment les parents irritent-ils leurs enfants ? De nombreuses manières, dont voici les plus courantes.

La surprotection

Vous pouvez irriter vos enfants en leur imposant trop de restrictions, en les couvant, en ne leur faisant jamais confiance, en présumant qu'ils ne vous disent pas la vérité et en ne leur permettant jamais de prendre leur indépendance, ce qui leur donne l'impression d'être étouffés et écrasés.

Cela présente un risque particulier dans le monde d'aujourd'hui. Il est certain que les parents doivent protéger leurs enfants dans un environnement qui comporte tant de dangers. Quand j'étais enfant, je pouvais me déplacer librement dans notre voisinage. Je montais sur mon vélo et j'allais me promener en jouissant d'une certaine sécurité. Malheureusement, le monde d'aujourd'hui est beaucoup plus dangereux que celui de mon enfance, et de nombreux parents habitent dans des quartiers où ils ne peuvent se permettre de donner autant de liberté à leurs enfants.

Mais la surprotection présente aussi un réel danger. Vous rappelez-vous Laban, dans l'Ancien Testament ? C'était un père hyper protecteur et dominateur. Il a agi de façon malhonnête avec Jacob pour l'amener à épouser Léa, sa fille aînée, alors que Jacob aimait Rachel, la plus jeune. Laban a ensuite permis à Jacob d'épouser aussi Rachel, s'il lui promettait de rester et de travailler sept autres années pour lui (Genèse 29.26). Quand est arrivé le moment où Jacob devait partir, Laban lui a demandé de rester (30.25-27). Son attitude de père hyper protecteur et, par la suite, son ingérence dans le mariage de son gendre, a amené ses filles à se marier dans de mauvaises conditions.

Curieusement, malgré la protection excessive de Laban et son intrusion dans les affaires de ses filles, elles estimaient que leur père ne s'occupait pas vraiment d'elles, qu'il les considérait comme des étrangères et qu'il dévorait leur héritage (3.14-17). Ce que Laban considérait, très certainement, comme une manifestation d'affection paternelle, leur apparaissait à elles comme la preuve qu'il ne les aimait pas réellement.

Les parents qui étouffent leurs enfants en les surprotégeant se convainquent souvent qu'ils agissent dans leur plus grand intérêt. Mais c'est là un sûr moyen d'exciter la colère de l'enfant. La surprotection lui donne le sentiment d'un manque de confiance en lui. Les enfants trop couvés se mettent à désespérer de pouvoir gagner un jour la confiance de leurs parents. Ils peuvent même en déduire que leur conduite laisse à désirer. Les règles et les restrictions qui ne s'accompagnent d'aucun privilège deviennent comme une prison étouffante. Beaucoup ne peuvent supporter un tel confinement et ils finissent par se rebeller. Les enfants ont besoin d'une certaine mesure de liberté et d'indépendance pour pouvoir se développer, apprendre et faire leurs propres erreurs. Ils ne pourront jamais apprendre à assumer des responsabilités si on ne leur concède pas une certaine liberté. Les mères qui enfouissent leurs enfants dans leurs jupes ne font que provoquer leur ressentiment. Et les pères qui refusent de leur donner le temps de respirer vont exaspérer leurs enfants exactement comme Éphésiens 6.4 prescrit de ne pas le faire.

> Les enfants ont besoin d'une certaine mesure de liberté et d'indépendance pour pouvoir se développer, apprendre et faire leurs propres erreurs.

L'INDULGENCE EXCESSIVE

L'inverse de la surprotection est l'indulgence excessive. Des parents trop permissifs – des parents qui gâtent leurs enfants – sont eux aussi à même de provoquer leur colère, comme ceux qui les étouffent.

Des études montrent que des enfants à qui on laisse trop de libertés se mettent à éprouver un sentiment d'insécurité et à se sentir mal aimés. Et cela n'est-il pas normal ? L'Écriture dit clairement que « celui qui ménage la verge hait son fils » (Proverbes 13.24). Les parents qui gâtent ou dorlotent leurs enfants rebelles font preuve, en réalité, d'un manque d'amour envers eux. Faut-il alors s'étonner de ce que les enfants le ressentent et en soient exaspérés ?

Notre société a, pendant de nombreuses années, encouragé des attitudes incroyablement permissives envers les enfants. Nous récoltons maintenant la moisson d'une génération entière de jeunes gens en colère.

Le favoritisme

Une troisième chose qui est sûre d'irriter nos enfants, c'est le favoritisme envers des frères ou des sœurs. Isaac a favorisé Ésaü par rapport à Jacob, et Rebecca a préféré Jacob à Ésaü (Genèse 25.28). Vous rappelez-vous le drame terrible que cela a occasionné dans la famille ? Ésaü et Jacob sont devenus d'amers rivaux. Jacob a usé de tricherie et de tromperie pour tenter d'éclipser son frère, et il a lutté pour obtenir la bénédiction de son père. Il a persuadé Ésaü par la ruse de troquer son droit d'aînesse et, finalement, avec l'aide de Rebecca, il a dupé Isaac, pour qu'il lui accorde la bénédiction réservée à Ésaü. La tension qui en a résulté a littéralement fait éclater la famille, et Jacob a dû fuir son frère pour sauver sa vie (Genèse 27).

Néanmoins, cette tendance au favoritisme s'est propagée à la génération suivante. Le fils préféré de Jacob était Joseph, à qui il a fait présent d'un magnifique manteau multicolore. Cela a provoqué une telle jalousie chez ses frères qu'ils ont conspiré pour tuer Joseph. Finalement, ils l'ont vendu comme esclave. Et c'est ainsi que fut divisée une nouvelle génération de cette famille. Quoique Dieu ait finalement changé cette situation en bien, le favoritisme en soi, et toutes les jalousies qu'il a provoquées, était entièrement mauvais et a engendré beaucoup de fruits amers.

Ne faites pas l'erreur de favoriser certains de vos enfants. Ne donnez pas à l'un des cadeaux et des privilèges dont vous privez les autres. Ne comparez même pas vos enfants les uns aux autres. Ne dites pas, par exemple : « Pourquoi ne peux-tu pas être comme ton frère ? » Ne vous servez pas des qualités ou des talents d'un enfant comme d'un étalon pour mesurer les performances d'un autre. Il n'y a rien de plus humiliant pour un enfant que d'être rabaissé ou dégradé en le comparant de manière désobligeante à un frère ou à un camarade de classe.

Si vous voulez vraiment détruire un jeune enfant, donnez-lui l'impression d'être inférieur à tous les autres membres de la famille. Faites-en la brebis galeuse de la famille. Vous allez le charger d'une terrible frustration et l'irriter.

DES OBJECTIFS IRRÉALISTES

De nombreux parents irritent leurs enfants en les poussant toujours à faire mieux. Obligez votre enfant à atteindre des buts que vous-même n'avez jamais pu atteindre et vous le détruirez.

Il est certain que tout parent a la responsabilité d'encourager et de pousser ses enfants à toujours mieux réussir. Dans 1 Thessaloniciens 2.11, l'apôtre Paul rappelle aux Thessaloniciens la tendresse paternelle qu'il leur porte : « Vous savez aussi que nous avons été pour chacun de vous ce qu'un père est pour ses enfants, vous exhortant, vous consolant, vous conjurant de marcher d'une manière digne de Dieu ». Les exhortations et conjurations paternelles ont certainement leur place, mais remarquez qu'elles doivent être équilibrées par des consolations. Les parents, qui se contentent de pousser leurs enfants à accomplir davantage sans les consoler quand ils échouent, les incitent au ressentiment.

Si vous pousser vos enfants vers des objectifs irréalistes ou irréalisables, vous leur volerez tout sentiment d'accomplissement. Quand mes fils étaient jeunes et qu'ils jouaient à des sports d'équipe, il semble que dans chaque équipe dont ils faisaient partie il y avait au moins un père qui avait tellement rudoyé son fils que celui-ci vivait dans la peur de l'échec et, à cause de cela, ne pouvait atteindre son plein potentiel. J'ai connu beaucoup de parents qui mettaient sur leurs enfants une pression incessante pour qu'ils réussissent mieux dans leurs études. La plupart des parents de ce genre sont motivés par un pur égoïsme. Ils essayent tout simplement d'accomplir, à travers leurs enfants, ce qu'eux-mêmes n'ont pas pu réaliser quand ils étaient plus jeunes. C'est là un fardeau bien injuste à placer sur n'importe quel enfant.

J'ai connu une belle adolescente, que la pression de ses parents avait rendue littéralement folle. Un jour, je lui ai rendu visite dans une cellule capitonnée où on l'avait placée ; elle était dans un état catatonique, immobile, à l'exception d'un tremblement continuel. Elle avait été une étudiante de premier ordre, meneuse de ban (celle qui entraîne les supporters au cours des matchs de football américain) et princesse à la fête de « homecoming » (fête universitaire américaine). Mais, pour ses parents, ce n'était jamais assez. Sa mère, en particulier, la pressait continuellement de faire plus, d'améliorer son apparence et d'agir différemment. Sans cesse, elle lui disait qu'elle aurait pu faire mieux. Toute cette pression a fini par la faire craquer. Après avoir été hospitalisée pendant plusieurs semaines, elle était suffisamment rétablie pour qu'on puisse la renvoyer chez elle : c'est-à-dire tout droit dans la cocotte minute qu'était devenue sa vie quotidienne à la maison, grâce aux soins de sa mère. Peu de temps après, elle s'est ôté la vie. Pourquoi ? Les paroles qu'elle m'avait adressées quelque temps avant son geste fatal l'expliquent clairement : « Quoi que je fasse, ma mère n'est jamais satisfaite ». Croyez-moi, cette jeune femme avait accompli bien plus que ce que sa mère aurait pu faire ; mais celle-ci cherchait à accomplir ses rêves au travers de sa fille. Quelle tragédie ! Elle a poussé sa fille dans une rage qui l'a finalement détruite.

Le découragement

D'une manière similaire, vous pouvez irriter un enfant en le décourageant. Rappelez-vous le verset parallèle de Colossiens 3.21, qui dit : « Pères, n'irritez pas vos enfants, *de peur qu'ils ne se découragent* » (italiques pour souligner). Éviter le découragement, tel est le but de ce commandement.

Les parents irritent leurs enfants quand ils les critiquent continuellement sans jamais les récompenser, ni les féliciter pour ce qu'ils ont accompli, ni leur donner la possibilité de jouir de leurs succès. L'enfant qui se rend compte qu'il ne peut jamais obtenir l'approbation de ses parents va bientôt cesser de la rechercher. Il n'y a sans doute pas de meilleur moyen pour irriter vos enfants que de constamment les décourager.

C'est facile à faire : mettez toujours l'accent sur ce qu'ils font de travers, sans jamais remarquer ce qu'ils font de bien. Remarquez toujours leurs défauts, mais ne dites jamais rien sur leurs qualités. Ignorez leurs dons et leurs talents et répétez-leur toujours ce qu'ils ne font pas bien. Soupçonnez-les sans cesse.

En ce qui me concerne, j'avais adopté une règle toute simple pour élever mes enfants : pour chaque faute que je leur avais trouvée, je me devais de leur découvrir, peu après, quelque chose de bien pour rétablir l'équilibre. Ce n'était pas toujours facile. (Ça pouvait être du genre : « J'aime bien la façon dont tu as rangé ton bureau. ») Mais un père ou une mère plein d'amour arrive toujours à trouver quelque chose qui puisse servir d'encouragement. Et tous les enfants réagissent bien à l'encouragement et à l'approbation.

Je me rappelle, quand j'étais enfant, à table : cent fois, peut-être, je n'avais pas renversé mon verre de lait, mais personne ne le remarquait. Alors que si je le renversais une fois, là ça ne passait pas inaperçu. Parents, mettez un point d'honneur à remarquer ce que vos enfants font de bien autant, sinon plus, que vous remarquez ce qu'ils font de mal.

Haim Ginott a écrit : « On ne peut éviter qu'un enfant reçoive des leçons de la vie elle-même. S'il est en butte aux critiques, il n'apprend pas à se sentir responsable. Il apprend à se condamner et à en vouloir aux autres. Il apprend à douter de son propre jugement, à déprécier ses propres capacités et à se méfier des intentions de son entourage. Par-dessus tout, il apprend à vivre perpétuellement dans l'attente de perspectives inquiétantes ».[2] Élevez vos enfants ainsi et vous êtes certain de les irriter.

LA NÉGLIGENCE

Une autre manière d'irriter vos enfants est de les négliger. Évitez de leur manifester de l'affection. Montrez-leur, à la place, de l'indifférence. Ne montrez pas d'intérêt pour ce qui les intéresse. Ne vous préoccupez pas de leurs besoins. Vous attiserez ainsi la colère de votre enfant.

L'exemple biblique classique d'un enfant négligé est Absalom. Quoique David était loin d'être indifférent à son fils (2 Samuel 18.33), il l'a traité avec indifférence, et Absalom a grandi avec du mépris pour son propre père. Il a tué son frère (13.28,29). Il a sapé délibérément l'autorité royale de David (15.1-6). Il a comploté pour le détrôner (15.10). Il a souillé les femmes de son père à la vue de tout Israël (16.22).

David a payé l'addition complète que lui a valu sa négligence paternelle, par la rébellion, la guerre civile et finalement la mort d'Absalom.

Beaucoup de parents négligent de la même manière leurs enfants, en les considérant comme étant de trop. Beaucoup d'enfants entendent leurs parents dire des choses du genre : « Nous aimerions beaucoup aller avec vous, Albert, mais il y a les enfants, et nous n'avons pu trouver quelqu'un pour les garder. C'est comme ça à chaque fois ». Si vous voulez exaspérer vos enfants, donnez-leur l'impression qu'ils ne sont pas désirés. Faites-leur sentir qu'ils vous empêchent de faire ce que vous voulez. Agissez comme si vous ne les aimiez pas, et ils vont se mettre à ne plus vous aimer.

J'ai conclu un accord avec mes fils, Matt et Mark, quand ils étaient enfants : j'allais assister à leurs matchs et ils venaient écouter mes sermons. Cela a marché merveilleusement bien. Je ne les négligeais pas, et ils ne me négligeaient pas non plus.

Un de mes amis avait un ministère auprès des jeunes dans tout le pays. Il voyageait beaucoup et quand il avait un moment de liberté, il revenait chez lui pour un jour ou deux seulement. Un jour qu'il était à la maison, il a entendu son petit garçon qui parlait à l'enfant d'à côté par-dessus la palissade du jardin.

« Hé, dit l'enfant à son copain, tu veux jouer au ballon ? »

« Non, répondit l'autre. Je vais jouer au ballon avec mon père. »

Puis, mon ami a entendu son petit garçon répondre : « Moi, mon père, il n'a pas le temps de jouer avec moi. Il est trop occupé à jouer avec les enfants des autres. »

Cet ami a ensuite eu la sagesse de changer de ministère pour avoir plus de temps à passer avec son fils.

Pour beaucoup de raisons, la négligence est le pire traitement qu'on puisse infliger à un enfant. Les rues de nos villes sont remplies d'enfants délaissés, et presque tous sont en colère. Leurs parents en sont largement responsables.

La condescendance

Si vous refusez de laisser grandir vos enfants, vous les irriterez. Si vous les humiliez et riez d'eux quand ils tiennent des propos naïfs et immatures, si vous leur parlez constamment sur un ton supérieur, si vous les empêchez toujours de faire des choses que vous jugez trop avancées pour eux, vous ne les encouragerez jamais à grandir et vous les installerez dans leur immaturité.

L'apôtre Paul a dit : « Lorsque j'étais enfant, je parlais comme un enfant, je pensais comme un enfant, je raisonnais comme un enfant ; lorsque je suis devenu homme, j'ai fait disparaître ce qui était de l'enfant » (1 Corinthiens 13.11). C'est le cours normal du processus de maturation. Les parents doivent encourager leurs enfants dans cette quête et ne pas éteindre leur enthousiasme à vouloir grandir. Ne les traitez pas avec condescendance ; encouragez leur croissance. Laissez-les faire des erreurs sans les enfoncer.

Quand mon fils Matt était tout petit, un jour, il a laissé tomber ma montre dans les toilettes et a tiré la chasse d'eau. « Pourquoi as-tu fait cela ? », lui ai-je demandé.

Il m'a regardé d'un air solennel, en disant : « Je voulais juste voir ce que cela ferait comme effet de la voir s'enfoncer ».

L'ai-je puni sévèrement pour autant ? Non. Moi aussi, j'aurais voulu voir quel effet cela faisait ; je me souvenais d'avoir eu son âge.

Parfois, les enfants disent des choses puériles et drôles, et il est normal que les parents apprécient l'humour de ces situations. Mais prenez garde d'écraser votre enfant dans ces moments-là. Ne riez pas de lui. Ne l'humiliez pas à cause de sa puérilité. Si vous avez envie de rire, riez de préférence par la suite. Pendant que vos enfants avancent à tâtons vers la maturité, apportez-leur encouragement, soutien et confiance. Laissez-les présenter leurs idées ridicules. Laissez-les faire l'expérience de penser par eux-mêmes. Autrement, vous allez les décourager et les exaspérer, précisément comme l'apôtre Paul demande aux parents de ne pas faire.

Retirer son amour

N'utilisez pas l'affection comme instrument pour récompenser ou punir. J'ai envie de hurler quand j'entends un parent dire : « Maman ne va plus t'aimer si tu fais cela ». Parfois, les parents suggèrent inconsciemment qu'ils aiment moins l'enfant quand il désobéit. De même, ils lui envoient un message subliminal quand ils approuvent leur enfant par un commentaire comme : « Voilà une bonne petite fille ! Maman t'aime quand tu es aussi gentille. »

L'Écriture dit que « l'amour excuse tout, croit tout, espère tout, supporte tout. L'amour ne périt jamais » (1 Corinthiens 13.7,8). L'amour véritable ne grandit pas et ne diminue pas selon les réussites ou les échecs de son objet. L'amour de Dieu nous fait-il défaut quand nous-mêmes lui faisons défaut ? Absolument pas. En fait, « Dieu prouve son amour envers nous, en ce que, *lorsque nous étions encore des pécheurs,* Christ est mort pour nous » (Romains 5.8, italiques pour souligner). Autrement dit, la plus grande expression de l'amour de Dieu envers nous est d'avoir sacrifié son fils bien-aimé pour expier nos péchés et nous réconcilier avec lui-même, alors que nous étions encore ses ennemis (v. 10).

Voilà le modèle d'amour que les parents doivent appliquer vis-à-vis de leurs enfants. Menacer de leur retirer notre amour quand ils se comportent mal mine l'amour lui-même et irrite nos enfants.

Corriger avec excès

Corriger avec excès est un autre moyen garanti d'irriter un enfant. Certains parents semblent penser que s'il est bon de corriger un enfant, le corriger souvent doit être encore mieux. Ils corrigent donc sans cesse leurs enfants et suspendent au-dessus de leur tête la menace du châtiment corporel comme une implacable épée de Damoclès.

Ce genre de comportement n'est, en réalité, rien d'autre que de la brutalité. Le père qui se sert de sa force – qu'elle soit physique ou verbale – peut ravager l'esprit de l'enfant. C'est facile pour des adultes d'agir ainsi, parce qu'ils sont tellement plus habiles qu'un enfant sur les plans physique, intellectuel et verbal. Mais les parents qui traitent de petits enfants de cette manière récolteront la tempête quand ceux-ci atteindront l'âge de l'adolescence. Les enfants qu'on a tyrannisés auront eux-mêmes une tendance à être méchants ; la dureté de leurs parents les aura irrités.

Je suis stupéfait par la facilité avec laquelle certains parents utilisent des mots blessants pour reprendre leurs enfants. Ils leur disent des choses qu'ils ne diraient jamais à personne d'autre – des choses qui brisent le cœur d'un enfant sensible et qui exciteraient n'importe quel enfant à la colère.

L'Écriture nous dit que Dieu châtie toujours ses enfants dans l'amour (Hébreux 12.5-7). L'auteur de l'épître aux Hébreux semble reconnaître que les parents ne sont que trop prompts à corriger leurs enfants de façon capricieuse et incohérente : « D'ailleurs, puisque nos pères selon la chair nous ont châtiés, et que nous les avons respectés, ne devons-nous pas à bien plus forte raison nous soumettre au Père des esprits, pour avoir la vie ? Nos pères nous châtiaient pour peu de jours, comme ils le trouvaient bon ; mais Dieu nous châtie pour notre bien, afin que nous participions à sa sainteté » (v. 9,10).

─────── ♦♦♦ ───────

Les parents chrétiens doivent s'efforcer de faire de l'intérêt de l'enfant le but de toute leur correction.

─────── ♦♦♦ ───────

Malheureusement, les parents terrestres ont parfois tendance à corriger les enfants de façon égoïste ou impulsive, alors que la correction divine vise toujours notre bien. Les parents chrétiens doivent s'efforcer de faire de l'intérêt de l'enfant le but de toute leur correction. En agissant ainsi, nous minimiserons le risque de les perturber et de les exaspérer inutilement.

Voilà donc pour le côté négatif des instructions que Paul adresse aux parents : « ne les irritez pas ». Qu'en est-il maintenant du côté positif ? « Élevez-les en les corrigeant et en les instruisant selon le Seigneur » (Éphésiens 6.4). Remarquez les deux aspects de ce verset : correction et instruction. Examinons tout d'abord l'aspect de l'instruction.

DONNEZ-LEUR UNE BONNE INSTRUCTION

Le mot grec traduit par « instruisant » est *paideia*, du grec *pais*, « enfant ». *Paideia* signifie « tutorat, formation, éducation ». Le même mot est utilisé une fois dans 2 Timothée 3.16, où il est traduit par « instruction », et quatre fois dans Hébreux 12.5-11, où il est traduit par « châtiment ». Donc, les notions de châtiment et de correction, et en même temps d'instruction positive, sont inhérentes au mot *padeia*. Beaucoup de gens pensent automatiquement au châtiment corporel quand on évoque les mots « correction » et « châtiment ». Et le châtiment corporel est effectivement inclus dans la signification de *paideia*. Mais nous laisserons ce sujet de côté pour le moment et l'aborderons plus loin quand nous étudierons le mot « correction ».

Le mot *paideia* englobe beaucoup plus que la notion de châtiment corporel. C'est un mot à grande extension qui décrit tous les aspects de l'éducation de l'enfant – les conseils, l'instruction et la correction à la fois positive et négative. Dans Éphésiens 6.4, *La Bible du Semeur* traduit ce mot par « en les conseillant ». J'aime cette traduction. Je pense qu'elle rend l'essentiel de l'instruction et des soins pleins d'amour que Paul demande dans ce verset.

Remarquez les mots « élevez-les ». Nous devons élever nos enfants. Ils ne peuvent le faire eux-mêmes. Cela est un thème récurrent dans le présent livre. Les parents doivent jouer un rôle actif dans la formation du caractère de leurs enfants. Il est dit dans Proverbes 29.15 : « L'enfant livré à lui-même fait honte à sa mère ». Une fois encore, ce qui détruit la plupart des enfants ce n'est pas tant ce que leur font les parents que ce qu'ils ne leur font pas.

La clé de cette tâche délicate qu'est l'éducation de nos enfants, c'est d'arriver à les instruire et à les « corriger » avec amour, pour que leur cœur puisse devenir un terrain fertile où va s'enraciner la vérité de Dieu. C'est le *cœur* de l'enfant que les parents doivent instruire.

Dans Proverbes 4.32, Salomon dit : « Garde ton cœur plus que toute autre chose, car de lui viennent les sources de la vie ». Toute la vie vient du cœur. Jésus a dit : « C'est du dedans, c'est du cœur des hommes, que sortent les mauvaises pensées, les adultères, les débauches, les meurtres, les vols, les cupidités, les méchancetés, la fraude, le dérèglement, le regard envieux, la calomnie, l'orgueil, la folie. Toutes ces choses mauvaises sortent du dedans, et souillent l'homme » (Marc 7.21-23). Et on lit une chose semblable dans Luc 6.45 : « L'homme bon tire de bonnes choses du bon trésor de son cœur, et le méchant tire de mauvaises choses de son mauvais trésor ; car c'est de l'abondance du cœur que la bouche parle ». Ce qui remplit votre cœur, c'est ce qui sortira de votre bouche.

Les parents doivent prendre conscience de cela et instruire le cœur de l'enfant. La dépravation de l'enfant est un problème qui vient du cœur. Un mauvais comportement n'est pas la racine du problème ; il résulte plutôt de la déchéance du cœur de l'enfant.

Les parents doivent très bien comprendre cela : le comportement n'est pas la question cruciale. Même un changement de comportement ne peut régler le problème de fond de l'enfant. Comme nous l'avons souligné à plusieurs reprises, un changement de comportement sans que le cœur ne soit changé, ce n'est que de l'hypocrisie.

Comment les parents peuvent-ils instruire le cœur de l'enfant ? Tout d'abord, il faut qu'ils lui fassent comprendre qu'il a un cœur pécheur. Les enfants doivent savoir que toutes leurs paroles, pensées et actions mauvaises sortent d'un cœur souillé par le péché, et que le seul remède contre cela, c'est l'Évangile (voir chapitre trois). Autrement dit, veillez à ce que vos enfants aient toujours conscience (ainsi que leurs parents, d'ailleurs) que le plus grand besoin de leur cœur, c'est la régénération. Ted Tripp a écrit un merveilleux livre pour les parents intitulé *Un berger pour son cœur*[3], dans lequel il donne de précieux conseils sur la manière de bien maintenir les priorités en tant que parents. Il suggère que le cœur de l'enfant est le plus petit champ de bataille du monde et que sa conquête requiert un combat total au corps à corps[4].

Il a raison. Le cœur de votre enfant est un champ de bataille où le péché et la justice sont en conflit. Le plus grand problème de votre enfant n'est pas un manque de maturité, ni un manque d'expérience ou d'intelligence. C'est un cœur où habite la méchanceté. Ces autres choses exacerbent le problème du cœur, mais les remèdes contre l'immaturité, l'ignorance et l'inexpérience ne résoudront pas le problème principal. Votre enfant ne peut pas se dégager de sa dépravation.

En tant que parents, nous devons viser le cœur des enfants et non pas seulement le comportement, sans quoi notre éducation sera sans profondeur et nous élèverons des enfants qui seront superficiels sur le plan spirituel.

L'objectif que les parents doivent viser en instruisant leurs enfants n'est pas de maîtriser leur comportement. Il ne consiste pas seulement à faire d'eux des enfants doués de belles manières, qui sachent bien se conduire en société, et qui soient polis, respectueux et obéissants. Le but n'est pas de les amener à rechercher notre approbation, ni de les conformer à un code moral. Il ne s'agit pas, pour nous, parents, de produire quelque chose dont nous puissions être fiers.

L'objectif suprême et le cœur de l'éducation parentale biblique, c'est la rédemption. Les parents ont la responsabilité de conduire leurs enfants à Christ. Comme nous l'avons souligné plus tôt, les parents ne peuvent garantir la conversion de leurs enfants, pas plus qu'ils ne peuvent obtenir le salut pour eux. Mais, à partir de la naissance de leurs enfants jusqu'à l'apparition chez eux de fruits qui montrent qu'ils sont passés par la nouvelle naissance, les parents ont un rôle d'évangélistes. Ils doivent toujours montrer à leurs enfants le chemin qui mène à Christ, le seul qui puisse apporter un remède à ce qui, dans leur cœur, leur fait aimer l'injustice.

Tout objectif autre que celui-là ne visera qu'une modification du comportement. Je vous l'assure, on peut amener des enfants non chrétiens à se conformer à un code moral extérieur. On peut enseigner à tous les enfants à obéir à leurs parents. Nous savons, à partir de ce que nous avons étudié jusqu'ici dans ce livre, que ces choses sont une partie essentielle du devoir des parents. *Mais elles ne doivent pas être confondues avec l'objectif principal.*

Ne vous contentez pas d'enseigner à vos enfants la maîtrise extérieure d'eux-mêmes ; entraînez-les à comprendre la tentation et à y résister. Ne leur enseignez pas simplement de bonnes manières ; faites-leur comprendre pourquoi l'orgueil est un péché et pourquoi la cupidité, la convoitise et l'égoïsme déshonorent Dieu. Punissez-les pour des offenses extérieures, mais apprenez-leur en même temps que le problème de base est toujours plus profond : c'est la corruption de leur cœur. Quand vous les corrigez, ne le faites pas seulement pour donner raison aux parents offensés, irrités et frustrés que vous êtes.

Cela, c'est de la colère, de la vengeance. Mais, quand vous les corrigez, aidez-les à comprendre que c'est tout d'abord Dieu qui a été offensé et qu'il offre la réconciliation en Jésus-Christ (2 Corinthiens 5.20). Comme nous l'avons souligné à maintes reprises, cela implique de leur enseigner tout le conseil de Dieu. C'est-à-dire : « enseigner [...] convaincre [...] corriger [...] instruire dans la justice » (2 Timothée 3.16). Mais le but principal est la rédemption. Nous n'avons pas accompli grand-chose si nous nous sommes contentés d'enseigner à des enfants non régénérés à se conformer à des règles de conduite extérieures. Comme l'écrit Ted Tripp : « Un changement de comportement qui ne provient pas d'un changement dans le cœur n'est pas louable ; il est *condamnable* »[5].

Il y a un passage sur lequel nous ne cessons de revenir, c'est Deutéronome 6.6,7 : « Et ces commandements, que je te donne aujourd'hui, seront dans ton cœur. Tu les inculqueras à tes enfants, et tu en parleras quand tu seras dans ta maison, quand tu iras en voyage, quand tu te coucheras et quand tu te lèveras ». Voilà la définition de la responsabilité parentale. Remarquez que cela commence avec le cœur du parent lui-même : « Et ces commandements [...] seront dans *ton cœur* ». Les parents dont le cœur est froid et non rempli de la Parole de Dieu ne peuvent veiller sur le cœur de leurs enfants.

Remarquez maintenant comment le contexte de ce commandement établit merveilleusement tout le programme des parents, en commençant par les paroles familières du verset 4 : « Écoute, Israël ! L'Éternel, notre Dieu, est le seul Éternel ». Voici la première tâche des parents : *Enseignez-leur au sujet de Dieu.*

Le verset 5 est aussi un commandement familier. Jésus l'a appelé le premier et le plus grand commandement : « Tu aimeras l'Éternel, ton Dieu, de tout ton cœur, de toute ton âme et de toute ta force ». C'est la deuxième étape de l'instruction parentale : *Enseignez-leur à aimer Dieu.*

La troisième étape en est le corollaire : *Enseignez-leur à obéir à Dieu de tout leur cœur.* « Et ces commandements que je te donne aujourd'hui, seront dans ton cœur. Tu les inculqueras à tes enfants » (v. 6,7). Le mot « commandements » désigne les paroles inspirées de Dieu et en particulier la Loi. Ce qui ressort inéluctablement de cela, c'est que nous devons enseigner à nos enfants à obéir à Dieu du fond de leur cœur.

Quatrièmement, *enseignez-leur à suivre votre exemple* : « Tu les inculqueras à tes enfants, et tu en parleras quand tu seras dans ta maison, quand tu iras en voyage, quand tu te coucheras et quand tu te lèveras. Tu les lieras comme un signe sur tes mains, et ils seront comme des fronteaux entre tes yeux » (v. 7,8). Autrement dit, montrez à vos enfants que la Parole du Dieu vivant est toujours sur le bout de votre langue, à tout moment de votre vie et dans chaque expérience de votre vie. Qu'ils puissent voir que votre vie est dominée par la vérité divine. Faites-leur voir la vie toute entière comme une salle de classe. Considérez chaque circonstance de la vie comme une occasion de leur enseigner sur Dieu. Saisissez toutes les occasions pour les orienter vers le ciel. Faites de toute chose qui arrive un sentier qui les ramène à l'Écriture.

Jésus était le maître absolu dans ce genre d'enseignement. Il tirait des leçons spirituelles de tout ce qui l'environnait. Eau, figuiers, graines de moutarde, oiseaux, pain, raisin, perles, blé et ivraie, tasses et plats, hommes et femmes, lumière et obscurité, filets, repas, vignes, renards – tout, dans la vie, était une ouverture sur la vérité divine. Les parents sont appelés à développer un style d'enseignement similaire avec leurs enfants. Chaque fleur, chaque rocher, chaque montagne, l'océan, le ciel, le chant du grillon, la chute d'eau qui gronde, un petit bébé, un chiot, un écureuil, etc. – toutes ces choses servent de salle de classe pour leur enseigner la vérité au sujet de Dieu et pour les envelopper dans cette vérité qui les instruit.

Considérez chaque circonstance de la vie comme une occasion de leur enseigner sur Dieu.

Prêtez attention au langage du verset 8 : « Tu les lieras comme un signe sur tes mains, et ils seront comme des fronteaux entre tes yeux ». Cela veut dire, simplement, que les parents doivent perpétuellement garder la Parole de Dieu à l'esprit et à portée de main. Le verset 9 continue ainsi : « Tu les écriras sur les poteaux de ta maison et sur tes portes ». En d'autres termes, faites de ces vérités la marque distinctive de votre foyer. Ces expressions ne veulent pas dire qu'on doive utiliser des phylactères (amulettes contenant des rouleaux d'Écritures attachées au front et aux mains par des lanières de cuir) ou des mezuzahs (petites boîtes contenant des versets de l'Écriture qu'on clouait aux montants des portes). Elles assignent plutôt aux parents la responsabilité de placer la vérité de l'Écriture au centre même de leur foyer.

Et voici une autre leçon que nous donne Deutéronome 6 : *Enseignez-leur à se méfier du monde qui les entoure* : « L'Éternel, ton Dieu, te fera entrer dans le pays qu'il a juré à tes pères, à Abraham, à Isaac et à Jacob, de te donner. Tu posséderas de grandes et bonnes villes que tu n'as point bâties, des maisons qui sont pleines de toutes sortes de biens et que tu n'as point remplies, des citernes creusées que tu n'as point creusées, des vignes et des oliviers que tu n'as point plantés. Lorsque tu mangeras et te rassasieras, garde-toi d'oublier l'Éternel, qui t'a fait sortir du pays d'Égypte, de la maison de servitude » (v. 10-12).

Les parents doivent préparer leurs enfants à vivre dans un monde plein de tentations, d'idoles et aussi de bonnes choses qui peuvent détourner leur cœur du vrai Dieu. Ils ne doivent pas oublier le Seigneur.

Tout cela, et plus encore, est inclus dans le mot *paideia*, « instruction » ou « conseil » (*La Bible du Semeur*). Instruisez vos enfants dans un environnement comme celui-là, dirigez leur cœur vers la vérité de la Parole de Dieu, et vous leur communiquerez le genre d'instruction que l'apôtre Paul mentionne dans Éphésiens 6.4.

CORRIGEZ-LES QUAND CELA EST NÉCESSAIRE

L'autre mot que Paul utilise dans ce verset est « corrigeant », *nouthesia* dans le texte grec. C'est un mot qui désigne une réprimande ou un avertissement. Mais il a aussi le sens d'une correction parentale douce et pleine d'amour. C'est quasiment un synonyme de *paideia* plutôt que son contraire. Les deux mots ont une connotation de discipline et de correction parentales.

Nous revenons ici à un sujet que nous avons déjà abordé au chapitre quatre – le châtiment corporel. Ce sujet déconcerte, de façon inexplicable, de nombreux parents. Cela est dû en partie à la confusion qui règne à l'époque où nous vivons. Depuis un demi-siècle, il est de bon ton de décrier le châtiment corporel comme inopportun, contraire au but recherché et nuisible à l'enfant. Un groupe de chercheurs qui menait une étude sur ce sujet a tiré la conclusion suivante : « Il nous semble que la réduction ou l'élimination du châtiment corporel serait susceptible d'entraîner de grands avantages pour les enfants et de réduire les comportements antisociaux »[6].

Pénélope Leach, psychologue et mère de famille bien connue pour ses prises de position contre la fessée, distille un discours typiquement humaniste contre le châtiment corporel : « En tant que mère et psychologue, je fais partie de ce groupe de gens qui sont opposés à la fessée. Je crois que fesser – ou taper, ou gifler, ou calotter ou secouer, ou battre ou fouetter – les enfants est mauvais. Je crois aussi [...] que loin de produire des enfants disciplinés, la fessée rend toute éducation plus difficile »[7]. Remarquez la façon dont elle assimile la fessée aux gifles, aux calottes, aux secousses, aux coups, au fouet et, curieusement, aux petites tapes. Mais toutes ces choses ne sont pas équivalentes et ne doivent pas être assimilées à la verge de la discipline administrée dans l'amour.

Les adversaires du châtiment corporel citent fréquemment des sondages et des statistiques qui semblent conforter leurs découvertes. Mais, justement parce qu'ils commencent par assimiler les actes de violence contre les enfants aux châtiments corporels correctement administrés, leurs résultats sont biaisés. Il est bien évident que les punitions cruelles et la violence brutale contre les enfants sont mauvaises, contraires au but recherché et anti-bibliques. Mais, comme nous l'avons vu dans un chapitre précédent, l'Écriture encourage malgré tout l'usage de la verge de la discipline comme étant un aspect *nécessaire* de l'éducation parentale. En fait, l'Écriture s'oppose carrément aux adversaires modernes du châtiment corporel : « Celui qui ménage sa verge hait son fils, mais celui qui l'aime cherche à le corriger » (Proverbes 13.24). « La folie est attachée au cœur de l'enfant ; la verge de la correction l'éloignera de lui » (22.15). « En le frappant de la verge, tu délivres son âme du séjour des morts » (23.14). D'autre part, selon un article récent de *U.S. News and World Report*, « les experts en éducation des enfants » fondent toutes leurs découvertes contre le châtiment corporel sur « des éléments de recherche au mieux peu concluants et, au pire, pleins d'imperfections »[9]. Si l'on en croit cet article, des recherches récentes montrent que, lorsqu'elle est administrée de façon appropriée, la fessée rend les enfants « moins susceptibles de se battre avec les autres et plus à même d'obéir à leurs parents ». Et il y a également des preuves à l'effet que les psychologues de l'enfance et les médias ont délibérément écarté les résultats des recherches qui militent en faveur du châtiment corporel. Un « expert », confronté à des données qui mettent en question la perspective de ceux qui s'opposent à la fessée, a fait le commentaire suivant : « Il existe assez de preuves qui montrent que nous n'avons pas besoin de la fessée [...], même si ces preuves ne sont pas si évidentes »[10].

Cependant, une étude sur la fessée, qui commençait par éliminer les cas de *mauvais traitements* (châtiments au cours desquels les parents ont blessé ou contusionné leurs enfants), a montré que la fessée, administrée sans mauvais traitement, profite à l'enfant plus que les formes alternatives de correction. Dans une étude très complète, le psychologue Robert E. Larzelere, directeur de la recherche effectuée par l'internat à Boy's Town, au Nébraska, n'a pu trouver de preuve convaincante pour établir que la fessée, non démesurée, comme celle qu'infligent le plus souvent les parents, nuisait aux enfants. Plus surprenant encore, l'analyse de Larzelere révélait qu'aucune autre forme de correction, y compris « le temps mort » (arrêt d'activités pour que l'enfant réfléchisse) et la suppression de privilèges, n'avait de meilleurs résultats sur les enfants de moins de treize ans que la fessée, pour les amener à obéir à leurs parents[11]. Mais l'article conclut, d'autre part, que la prise de position publique des spécialistes séculiers de l'éducation des enfants contre les châtiments corporels n'est pas prête de changer.

Bien entendu, aucun spécialiste du développement de l'enfant ne va se précipiter pour écrire un livre intitulé *Pourquoi vous devriez donner des fessées à votre enfant*. C'est peut-être une des raisons pour lesquelles les médias ont enterré l'idée que la fessée pourrait, dans certains cas, être une forme de correction utile. Après avoir écrit dans le *New York Times* il y a quelques années : « Un châtiment physique léger est approprié dans certains cas extrêmes », Kevin Ryan, spécialiste de l'éthique et directeur du *Center for the Advancement of Ethics and Character* (Centre pour l'Avancement de l'Éthique et du Caractère) à l'université de Boston, a dit : « Je n'avais encore jamais reçu autant de lettres haineuses »[12].

Beaucoup de ceux qui s'opposent au châtiment corporel ne veulent tout simplement pas examiner les faits et les statistiques avec un esprit rationnel. Un adversaire de la fessée déclare sans ambages qu'en ce qui le concerne, « frapper les enfants n'est pas un sujet dont on peut débattre rationnellement. C'est une autre manifestation de l'exploitation unique qui se fait en Amérique à l'endroit des enfants à qui l'on applique des normes de comportement absolutistes et des punitions austères, que les adultes ne voudraient pas s'imposer à eux-mêmes »[13].

Les parents chrétiens ne doivent pas se laisser duper par ces simagrées. L'Écriture elle-même prescrit le châtiment corporel et exhorte les parents à ne pas renoncer à l'usage de la verge. L'opinion contraire de soi-disant experts n'a vraiment que peu d'importance. Au bout du compte, on s'apercevra que les faits viennent confirmer la Parole de Dieu. Et dans cette veine, l'article du *US News* nous donne un très bon conseil : « Une des leçons qu'on tire de la controverse sur la fessée est que ce qui compte le plus ce n'est pas tant de savoir si les parents donnent la fessée, mais comment ils la donnent. [...] Une simple parole de désapprobation peut tirer des larmes à un enfant sensible, tandis qu'un jeune, plus résistant, aura besoin de mesures plus fermes. Pour terminer, la fessée doit être administrée en privé pour éviter aux enfants d'être humiliés et ne pas être donnée sous l'emprise de la colère »[14].

Il n'est sans doute pas inutile de répéter une vérité sur laquelle nous avons déjà insisté au chapitre quatre. La correction parentale ne doit jamais blesser l'enfant. Il n'est jamais nécessaire de faire du mal à vos enfants pour essayer de leur faire comprendre quelque chose. La fessée doit toujours être administrée avec amour et jamais sous le coup de la colère, ce qui constituerait un mauvais traitement et nuirait à l'enfant, en détruisant l'atmosphère d'amour dans laquelle les parents sont appelés à les corriger et à les instruire selon Éphésiens 6.4.

D'autre part, la fessée n'est en aucun cas la seule forme de correction que les parents peuvent utiliser. Il existe beaucoup d'autres moyens pour corriger les enfants, auxquelles on peut avoir recours à l'occasion. Si l'enfant répond immédiatement à une réprimande verbale dans une situation donnée, la fessée n'est probablement pas nécessaire. D'autres punitions, comme le retrait de privilèges, peuvent aussi être utilisées comme options si la situation l'exige.

Une bonne partie de la correction parentale doit être entièrement positive. Les parents peuvent et doivent récompenser leurs enfants quand ils ont bien agi, tout comme ils doivent les punir quand ils ont mal agi. Les deux aspects sont importants. La motivation positive est tout à fait légitime et peut souvent être un moyen efficace pour amener les enfants à obéir. Remarquez d'ailleurs que la promesse que Dieu a lui-même attachée au cinquième commandement constitue une motivation positive. Au commandement, il a ajouté une promesse et non une menace. Il est souvent approprié de dire à votre enfant : « Si tu fais cela, je te récompenserai de telle façon ».

Une discipline équilibrée implique à la fois des éléments négatifs et positifs. On pourrait d'ailleurs résumer le concept de correction en disant qu'elle consiste à *donner une rétribution en fonction de la conduite*. Quand la conduite (ce qui inclut aussi bien l'attitude que les actes) est bonne, une rétribution positive s'impose. Quand elle est mauvaise, une rétribution négative s'impose. Pas besoin d'être un génie pour comprendre cela, n'est-ce pas ?

Pourtant, les parents semblent désespérément confus à ce sujet. Et même, beaucoup de parents chrétiens de ma connaissance sont pratiquement paralysés par la peur quand il s'agit de déterminer quand, comment et combien de fois ils doivent corriger leurs enfants. Mais ce que dit l'Écriture est bien simple et direct : Vous avez un enfant perverti et insensé ; si vous voulez qu'il devienne moins insensé, donnez-lui la fessée (Proverbes 22.15). Vous avez la responsabilité solennelle devant Dieu d'instruire et de corriger votre enfant de manière à l'exposer continuellement à la vérité de Dieu (Deutéronome 6.6,7). Bref, vous devez veiller à ne pas irriter vos enfants, mais à les élever en les corrigeant et en les instruisant selon le Seigneur (Éphésiens 6.4).

Tout parent qui maîtrise ces quelques principes élémentaires ne risque pas de s'égarer bien loin.

CHAPITRE SEPT

LE RÔLE DU PÈRE

Maris, que chacun aime sa femme.
Éphésiens 5.25

Outre la consécration des parents à Christ, le fondement le plus important pour réussir comme parents chrétiens, c'est un mariage sain et centré sur Christ.

Je me rends bien compte que ce que je viens de dire peut décourager beaucoup de lecteurs : en effet, nombreux sont ceux, aujourd'hui, qui s'efforcent d'être de bons parents au sein de familles monoparentales ou dans des foyers où l'un des époux, au moins, n'est pas engagé envers Christ.

Si cela est votre cas, ne désespérez pas. La situation n'est pas sans espoir, tant qu'il y a au moins un parent qui élève l'enfant en le corrigeant et en l'instruisant selon le Seigneur. Bien sûr, c'est difficile d'avoir à élever son enfant seul (et c'est pire quand on doit lutter contre l'opposition et le mauvais exemple donné par l'autre parent), mais, dans les deux cas, il y a de l'espoir, car Dieu lui-même est prêt à répondre aux besoins.

Dieu n'a pas oublié les parents seuls et leurs enfants qui vivent dans des foyers brisés. Il est « le père des orphelins, le défenseur des veuves » (Psaume 68.5). Autrement dit, il répand sur les orphelins et les veuves une grâce et une compassion particulières : « L'Éternel protège les étrangers, il soutient l'orphelin et la veuve » (Psaume 146.9). Sa nature même est d'être un ami pour celui qui n'en a pas et de combler celui qui est dans le besoin. Les parents seuls peuvent s'abreuver à sa compassion et trouver refuge dans sa bonté infinie.

Cependant, le foyer monoparental n'est évidemment pas le modèle divin pour la famille. Son plan pour elle implique un père et une mère. Le rôle du père est si déterminant qu'à l'époque de l'Ancien Testament, lorsqu'un homme venait à mourir, sa veuve devait épouser son plus proche parent (Deutéronome 25.5). Selon l'Écriture, l'archétype de la famille comprend les deux parents, qui jouent chacun leur rôle dans la soumission à Dieu, poussés à travailler ensemble par leur attachement mutuel, et dont l'amour profond pour Christ cimente le tout ensemble. Ainsi, la plupart des enseignements sur la vie de famille dans l'Écriture sous-entendent la présence de deux parents attachés à Christ. Et selon le modèle biblique, c'est le mariage qui constitue le centre et le fondement du foyer.

─────── ❖❖❖ ───────

Dieu n'a pas oublié les parents seuls et leurs enfants qui vivent dans des foyers brisés.

─────── ❖❖❖ ───────

Aujourd'hui, les familles ont tendance à être centrées sur les enfants. Tout tourne autour d'eux. Ce sont leurs activités, leurs relations et leurs intérêts qui tendent à organiser l'emploi du temps de la famille. Mais le plan de Dieu pour la famille veut qu'elle soit d'abord centrée sur Christ, puis sur le mariage, la relation entre le mari et la femme ayant la priorité sur toutes les autres relations au sein du foyer. Ce sont les parents, non les enfants qui fixent l'emploi du temps.

C'est pourquoi, les deux fois où l'apôtre Paul parle de la famille dans ses épîtres (Colossiens 3.18-21 et Éphésiens 5.22 – 6.4), il commence par donner des instructions aux maris et aux femmes. Chaque fois, il observe l'ordre suivant :

- Femmes, que chacune soit soumise à son mari (Colossiens 3.18 ; Éphésiens 5.22-24).

- Maris, que chacun aime sa femme (Colossiens 3.19 ; Éphésiens 5.25-33).
- Enfants, obéissez à vos parents (Colossiens 3.20 ; Éphésiens 6.1-3).
- Pères, n'irritez pas vos enfants (Colossiens 3.21 ; Éphésiens 6.4).

Dans ces deux passages, l'apôtre donne ensuite des instructions aux serviteurs pour qu'ils obéissent à leurs maîtres, et le contexte suggère qu'il pensait en premier lieu à des *employés de maison* (même si le principe de soumission s'applique aussi à toute espèce d'employé). L'objectif de Paul, dans ces deux passages d'un intérêt vital, est de bien montrer quel est le dessein de Dieu pour la famille.

Le thème dominant de ces passages est la *soumission*. Toutes les parties doivent se soumettre les unes aux autres : la famille dans son ensemble doit se soumettre à la direction du père ; le père se soumet dans l'amour aux besoins essentiels de son épouse ; les enfants se soumettent à l'autorité des parents ; et même, les parents se soumettent aux besoins des enfants, en les corrigeant et en les instruisant sans les irriter. La soumission est le principe de base : « Soumettez-vous les uns aux autres dans la crainte de Dieu » (Éphésiens 5.21).

Dans cette étude sur le rôle des parents, nous avons suivi les instructions des apôtres, en commençant par les enfants et en revenant en arrière. Nous avons d'abord examiné l'obligation d'obéir des enfants, puis nous avons vu que les parents devaient éviter d'exaspérer leurs enfants. Nous en venons maintenant au rôle des maris.

Les instructions de l'apôtre pour les maris sont simples : « Mais que chacun aime sa femme ». Aimez-la comme Christ a aimé l'Église. Chérissez-la. Honorez-la. Protégez-la. Servez-la. Dirigez-la. Vous êtes chef de votre femme dans le même sens que Christ est le chef de l'Église.

LA SIGNIFICATION DE L'AMOUR

Si vous demandez à un grand nombre de maris chrétiens de résumer en un mot ce qu'est leur devoir, selon la Bible, ils répondront : « diriger ». Mais l'Écriture répond par un autre mot : « aimer ». Il est certain que le plan de Dieu pour les maris implique l'aspect de direction. Mais celui-ci doit découler de l'amour et toujours être tempéré par une douce et tendre affection. Il ne fait pas de doute que le mari est le chef de la femme. Mais, comme nous le verrons, être chef, dans la Bible, ne veut pas dire seulement exercer l'autorité. Et ce n'est pas non plus le genre d'autorité que beaucoup de maris entendent exercer sur leur famille. Être chef, ce n'est pas s'asseoir dans un fauteuil en s'attendant à ce qu'on vous apporte vos pantoufles. Ce n'est pas avoir une attitude de grand seigneur. Le mari ne doit pas être un petit tyran. La meilleure incarnation de son rôle de chef, qui aime et qui instruit, nous a été donnée par Christ, qui a pris un rôle de serviteur pour laver les pieds de ses disciples.

De nouveau, c'est bien le thème de la soumission qui imprègne Éphésiens 5.22 – 6.4, et il est intéressant de souligner que les instructions que l'apôtre adresse aux pères viennent seulement deux versets après l'appel à la soumission mutuelle : « Soyez soumis les uns aux autres dans la crainte de Christ » (v. 21). Voilà une injonction qui s'adresse à tous les chrétiens, dans toutes les situations.

Les pères ne font pas exception à cette règle. L'amour qu'ils témoignent à leur femme implique la soumission. Il doit être empreint de douceur, de tendresse et de service. C'est un amour humble, de serviteur, comme celui de Christ.

Et si l'on élargit un peu le contexte, cette section d'Éphésiens 5 aborde un thème plus vaste : ce que signifie être rempli de l'Esprit : « Ne vous enivrez pas de vin : c'est de la débauche. Soyez, au contraire, remplis de l'Esprit » (v. 18). Pourquoi l'apôtre fait-il un rapprochement entre l'ivresse et le fait d'être rempli de l'Esprit ? La réponse n'est pas, comme certains le suggèrent, liée au fait que la plénitude de l'Esprit ressemble à l'ivresse. La personne vraiment remplie de l'Esprit n'est pas quelqu'un qui perd la maîtrise de ses facultés, agit de façon incohérente, part dans de grands éclats de rire, etc. Contrairement à ce que beaucoup pensent aujourd'hui, l'Écriture ne décrit jamais une personne remplie de l'Esprit comme étant turbulente et ayant perdu la maîtrise d'elle-même.

En fait, la notion même de maîtrise est essentielle ici dans la pensée de l'apôtre. Quelqu'un qui est rempli de vin est littéralement contrôlé par le vin. On dira qu'il est « sous l'emprise de la boisson ». De la même manière, une personne remplie de l'Esprit se trouve sous le contrôle et l'emprise du Saint-Esprit. Ses pensées, ses actions et ses relations avec les autres sont entièrement dirigées et modelées par le Saint-Esprit.

À quoi ressemble un comportement dirigé par le Saint-Esprit ? En voici les caractéristiques, selon Paul : « entretenez-vous par des psaumes, par des hymnes, et par des cantiques spirituels, chantant et célébrant de tout votre cœur les louanges du Seigneur ; rendez continuellement grâces à Dieu le Père pour toutes choses, au nom de notre Seigneur Jésus-Christ, vous soumettant les uns aux autres dans la crainte de Christ » (Éphésiens 5.19-21). Paul commence par « entretenez-vous » et termine par « vous soumettant les uns aux autres ». Entre les deux, il décrit une âme qui se trouve en harmonie avec le Seigneur et pleinement reconnaissante pour tout ce que lui apporte la Providence. Le cœur et l'esprit de cette personne sont à ce point abandonnés à la direction du Saint-Esprit que de sa bouche sortent des paroles édifiantes, et de son cœur une soumission dans l'amour. En d'autres termes, quand on est rempli du Saint-Esprit, on parle pour édifier, on chante les louanges de Dieu du plus profond de son cœur, on remercie Dieu en toutes choses et on se soumet aux autres dans la crainte de Dieu.

La *soumission* est le mot qui introduit les instructions que Paul adresse aux maris : « Maris, que chacun aime sa femme ». L'amour qu'il cherche à susciter est un amour rempli de l'Esprit et plein de soumission. Or, cet amour est tout à fait incompatible avec l'esprit dominateur et autoritaire par lequel tant de maris essayent de s'affirmer en tant que chef de famille.

La description biblique la plus complète de l'amour se trouve dans 1 Corinthiens 13 : « L'amour est patient, il est plein de bonté;

l'amour n'est point envieux; l'amour ne se vante point, il ne s'enfle point d'orgueil, il ne fait rien de malhonnête, il ne cherche point son intérêt, il ne s'irrite point, il ne soupçonne point le mal, il ne se réjouit point de l'injustice, mais il se réjouit de la vérité; il excuse tout, il croit tout, il espère tout, il supporte tout. L'amour ne périt jamais. » (v. 4-8).

Voyez comme l'accent est mis sur l'altruisme complet de l'amour – la bonté de l'amour, sa douceur, son refus de chercher son propre intérêt, son extrême préoccupation du bien-être d'autrui. Or, ce sont là les éléments essentiels de l'amour que Paul demande aux maris de manifester à leur femme. Remarquez aussi que l'apôtre se sert de verbes, et non d'adjectifs, pour décrire l'amour ; depuis le début jusqu'à la fin de sa description, il utilise des verbes *actifs* – se réjouit [...] excuse [...] croit [...] espère [...] supporte ». L'amour est actif et non passif, et celui qui aime véritablement démontrera son amour par ce qu'il fait pour celui qu'il aime, et non en exigeant ce qu'il pense qu'on devrait faire.

Le mari qui pense que Dieu a créé la famille pour que sa femme soit à son entière disposition comprend les choses à l'envers. C'est lui qui doit l'aimer et la servir. Le père qui considère sa femme et ses enfants comme sa propriété a une conception tordue de sa responsabilité en tant que *chef* de famille. Son rôle implique tout d'abord qu'il doit les servir, les protéger et pourvoir à leurs besoins. En résumé, sa responsabilité est d'aimer, avec tout ce que cela comporte.

La fonction de chef de famille nous apprend de précieuses leçons sur la façon d'opérer de l'amour.

LA MANIÈRE D'ÊTRE DE L'AMOUR

Remarquez en premier lieu que, dans son rôle de chef, le mari est comparé à Christ : « le mari est le chef de la femme comme Christ est le chef de l'Église » (Éphésiens 5.23). L'amour du mari pour l'épouse doit donc ressembler à celui de Christ pour l'Église :

Maris, que chacun aime sa femme, *comme Christ a aimé l'Église*, et s'est livré lui-même pour elle, afin de la sanctifier en la purifiant et en la lavant par l'eau de la parole, pour faire paraître devant lui cette Église glorieuse, sans tache ni ride, ni rien de semblable, mais sainte et irréprochable. C'est ainsi que le mari doit aimer sa femme comme son propre corps. Celui qui aime sa femme s'aime lui-même. Car jamais personne n'a jamais haï sa propre chair, mais il la nourrit et en prend soin, comme Christ le fait pour l'Église, parce que nous sommes membres de son corps. C'est pourquoi l'homme quittera son père et sa mère, s'attachera à sa femme, et les deux deviendront une seule chair. Ce mystère est grand ; je dis cela par rapport à Christ et à l'Église. Du reste, que chacun de vous aime sa femme comme lui-même, et que la femme respecte son mari (Éphésiens 5.25-33, italiques pour souligner).

Que l'apôtre passe plus de temps à donner ses instructions aux maris qu'à aucun autre membre de la famille est tout à fait significatif. Ce passage n'est pas secondaire ; il y a là un principe clé, et il est vital que les maris en saisissent toute l'importance : *L'amour de Christ pour l'Église est le modèle auquel doit se conformer l'amour du mari pour sa femme.* Paul met en lumière quatre aspects de cet amour.

C'EST UN AMOUR SACRIFICIEL

Tout d'abord, comme nous l'avons souligné depuis le début, l'amour du mari pour sa femme ne doit pas s'exercer dans la domination. C'est un amour qui se sacrifie.

C'est un amour de la même nature que celui de Christ pour l'Église. Comment Christ a-t-il manifesté son amour ? En « se livrant lui-même pour elle » (Éphésiens 5.25). Actes 20.28 fait mention de l'Église comme de « l'Église de Dieu, qu'il s'est acquise par son propre sang ». Le sacrifice de Christ est l'exemple même de ce que l'amour exige. Dans 1 Jean 3.16, il est écrit : « Nous avons connu l'amour, en ce qu'il a donné sa vie pour nous ». Jésus lui-même a dit : « Il n'y a pas de plus grand amour que de donner sa vie pour ses amis » (Jean 15.13).

Jean Chrysostome, grand prédicateur de l'Église primitive, a adressé l'exhortation suivante aux maris qui pouvaient être tentés de chercher d'abord à obtenir de leur femme une certaine mesure d'obéissance :

« Vous avez vu la mesure de la soumission, voyez celle de l'amour. Vous voulez que la femme vous obéisse comme l'Église au Christ, soyez plein de sollicitude pour elle, comme le Christ l'est pour l'Église. Faudrait-il pour elle donner votre vie, être mis en pièces, subir tous les tourments, vous ne reculerez pas ; et quand vous aurez fait tout cela, vous n'aurez rien fait de semblable à ce qu'à fait le Christ. Vous le feriez pour une personne qui vous est unie déjà, il l'a fait pour une âme qui le repoussait et le détestait. À force de sollicitude, il a triomphé de son aversion, de sa haine, de ses mépris, de son humeur volage ; il l'a mise à ses pieds, et ce n'est ni par les menaces, ni par la peur, ni par rien de semblable : agissez de la même façon envers votre femme. La verriez-vous pleine de fierté, dédaigneuse, inconséquente, vous pourriez vous aussi la mettre à vos pieds par votre sollicitude, par votre amour et votre dévouement. [...] Avez-vous souffert pour elle, ne le lui reprochez pas, le Christ ne vous a pas donné l'exemple »[1].

Quelle magnifique sagesse nous est transmise au travers ce langage suranné ! Combien d'hommes se plaisent à agiter Éphésiens 5.22 sous le nez de leur femme – « Femmes, que chacune soit soumise à son mari » ? Et pourtant, combien d'entre eux sont prêts à s'acquitter de tout ce qui leur est demandé dans les versets 25 à 33 ?

Sans utiliser le mot, l'apôtre Pierre décrit lui aussi l'amour que les maris doivent témoigner à leur femme : « Maris, montrez à votre tour de la sagesse dans vos rapports avec votre femme, comme avec un sexe plus faible ; honorez-la, comme devant aussi hériter avec vous de la grâce de la vie » (1 Pierre 3.7).

Remarquez que Pierre met aussi en valeur le rôle de soumission de la femme. Au verset 6, il dit : « Sara, qui obéissait à Abraham et l'appelait son Seigneur ». Il y a quelque temps, un jeune homme qui était fiancé s'est adressé à l'un de mes amis pour lui demander un conseil biblique. Ses fiançailles étaient en péril, car il avait montré 1 Pierre 3.6 à sa future femme et lui avait expliqué qu'elle devrait dorénavant l'appeler « seigneur ». (En fait, il lui a dit qu'il préférait le mot employé dans la version *en français courant* : « maître »). Elle a hésité et lui a dit qu'elle ne pensait pas que ce verset signifiait que les épouses devaient littéralement s'adresser à leurs maris en les appelant « seigneur et maître ». Cet homme a demandé à mon ami s'il pensait qu'il devait rompre ses fiançailles tout de suite ou s'il devait donner le temps à sa fiancée d'apprendre « la juste soumission biblique ».

Ce dernier lui a fait remarquer que 1 Pierre 3.6 n'appelle pas les femmes à une obéissance servile. Un coup d'œil à Genèse 18.12 montre bien que, lorsque Sara appelait Abraham « mon seigneur », elle parlait de lui à la troisième personne. Rien ne suggère qu'elle s'adressait à lui de cette manière, et il n'existe certainement aucun commandement biblique qui exige des épouses qu'elles parlent à leurs maris comme à des supérieurs. Un mari qui insiste pour que sa femme lui rende cet hommage verbal montre qu'il n'a rien compris à tout ce que dit Pierre sur ce point. Les instructions que Pierre adresse au mari, dans 1 Pierre 3.7, soulignent le fait que la femme est cohéritière de la grâce de la vie : elle est donc spirituellement égale à son mari devant Dieu, et non sa domestique personnelle.

Mon ami a suggéré à cet homme qu'il ferait peut-être bien, en effet, de rompre ses fiançailles pour le bien de sa future femme, afin qu'il puisse acquérir une meilleure perspective de la façon dont les maris doivent se comporter envers leur femme.

Le fait que la femme doive être soumise à son mari en tant que chef n'a rien à voir avec la supériorité et l'infériorité. Beaucoup d'épouses ont, en vérité, plus de sagesse, plus de connaissances, plus de facilité à s'exprimer et plus de discernement que leur mari. Pourtant, Dieu a voulu que l'homme soit le chef de famille. Ce n'est pas que la femme doive se soumettre servilement à son mari comme si elle lui était inférieure ; car elle ne doit pas être traitée en inférieure, mais en cohéritière. La raison de l'ordre divin est que la femme est un sexe *plus faible* ; c'est pourquoi le mari lui doit sacrifice et protection.

Autrement dit, les maris doivent considérer leur rôle de chef comme une plus grande responsabilité et non comme un plus grand privilège. Le concept biblique de chef entraîne, fondamentalement, la volonté de sacrifier ses privilèges. Un mari qui ne peut accepter cela sera incapable d'exercer convenablement le rôle de chef de son foyer.

J'aime résumer la nature sacrificielle de l'amour du mari en trois mots : considération, galanterie, communion.

La considération. « Maris, montrez [...] de la sagesse dans vos rapports avec votre femme », dit Pierre au verset 7. Il parle de prévenance. C'est l'opposé de la mentalité d'homme des cavernes que certains préconisent aujourd'hui. C'est incompatible avec le machisme indépendant, fier et égocentrique qui, pour beaucoup, incarne la virilité authentique. Cela demande de la compréhension, de la sensibilité et la capacité de répondre aux besoins de votre femme. Cela implique un effort sincère pour comprendre ses sentiments, ses craintes, ses angoisses, ses soucis, ses objectifs, ses rêves et ses désirs. Bref, les maris doivent être pleins d'égards et de considération.

___ ❖❖❖ ___

Les maris doivent considérer leur rôle de chef comme une plus grande responsabilité et non comme un plus grand privilège.

___ ❖❖❖ ___

Souvent, cela se résume à écouter. Le mari doit être capable de comprendre le cœur de sa femme. Comment pourrait-il exprimer un amour sacrificiel qui réponde à ses besoins s'il n'a pas la moindre idée de ce que sont ces besoins ? Il y a là vraiment un combat pour la plupart des hommes. Cela ne nous est pas naturel. Comme nos enfants, nous combattons contre nos tendances pécheresses et nos désirs égoïstes. Mais Dieu nous appelle à être des modèles d'amour sacrificiel dans notre famille, et cela commence par la considération.

La galanterie. L'épouse est un « sexe plus faible », selon Pierre. Dans quel sens les femmes sont-elles plus faibles ? D'abord dans le domaine physique. En tant que groupe, les femmes sont physiquement plus faibles que les hommes. Pourtant, il est vrai, sans aucun doute, que certaines femmes sont physiquement plus fortes que leur mari. Mais c'est peu courant, et je crois que, même dans ces cas exceptionnels, le principe demeure. L'homme doit traiter sa femme avec galanterie et douceur. Il peut le faire de toutes sortes de manières : en lui ouvrant la porte, en déplaçant des meubles et en faisant le travail lourd dans la maison.

Un mari plein d'amour ne dira pas à sa femme : « Change la roue de la voiture, ensuite je te conduirai au magasin ». Nous la servons avec notre force. Nous la traitons comme un sexe plus faible et nous lui témoignons une déférence particulière dans les circonstances où sa faiblesse physique la désavantage. Dans 1 Pierre 3.7, Pierre suggère que Dieu a voulu que les femmes soient sous la protection de l'homme et au bénéfice de sa force. Servir note femme en mettant notre force à sa disposition est un des meilleurs moyens de lui témoigner un amour sacrificiel, comme celui de Christ.

La communion. Nous devons considérer nos femmes comme « devant aussi hériter avec nous de la grâce de la vie ». Même si les hommes et les femmes sont inégaux sur le plan physique, ils sont égaux spirituellement. Agissez avec votre femme comme avec votre égale sur le plan spirituel. S'il est normal que vous vous sentiez concerné par la conduite spirituelle de votre foyer, n'oubliez pas que Dieu vous demande d'être en communion avec votre femme, qui est cohéritière de sa grâce avec vous. Le fait que vous soyez son chef ne veut pas dire que vous lui soyez supérieur. Vous êtes tous deux entièrement dépendants de la grâce divine et vous êtes cohéritiers de cette grâce.

Dans le Cantique des cantiques, la femme dit à son époux : « Tel est mon bien-aimé, tel est mon ami » (5.16). J'aime beaucoup cette expression. Elle se réjouit dans son amour pour lui, mais ce n'est pas seulement la passion romantique de son bien-aimé qui la fait vibrer. Ce n'est pas sa virilité ni ses qualités de chef qui font chanter son cœur. Qu'est-ce alors ? Elle est heureuse qu'il soit son *ami*. Voilà le genre de relation que les maris doivent chercher à cultiver : un sens profond d'intimité, un partage à égalité des choses spirituelles ; une communion comme il n'en existe aucune autre au monde.

Voici une manière simple de résumer ce qu'est l'amour sacrificiel : le mari, rempli de l'Esprit, aime sa femme, non pour ce qu'elle peut faire pour lui, mais à cause de ce qu'il peut faire pour elle. C'est exactement ainsi qu'opère l'amour de Christ. Il ne nous aime pas parce qu'il y a quelque chose en nous qui l'attire ou parce qu'il en retire quelque bénéfice, mais simplement parce qu'il a décidé de nous aimer et qu'il met son plaisir à répandre sur nous sa faveur.

Avez-vous pris conscience que l'amour est un acte de la volonté et non un sentiment ? Notre génération a tendance à décrire l'amour comme un sentiment involontaire – un état dans lequel on tombe. C'est pour cela que beaucoup croient à tort, lorsqu'ils pensent ne plus être amoureux, qu'ils ne peuvent rien y faire, et ils rompent alors leur mariage. Mais nous avons la preuve que l'amour est un acte de la volonté, car l'Écriture nous *commande* d'aimer. Dieu appelle les maris à un amour délibéré et volontaire, non à un sentiment sur lequel ils n'ont aucun contrôle.

L'amour n'est pas seulement un sentiment. Il consiste à s'engager pour favoriser le bien-être de l'être aimé. C'est un attachement volontaire qui englobe considération, galanterie, communion, courtoisie, engagement et tout ce dont nous sommes en train de parler. *Toutes ces choses constituent des réponses volontaires.* Un mari qui prétend qu'il ne peut pas aimer sa femme est en rébellion ouverte contre le commandement de Dieu.

Ce n'est pas une question de mérite. L'amour n'est pas quelque chose que l'autre doit gagner à force d'amabilité. Nous n'avons certainement rien fait pour gagner l'amour de Christ. Il nous a aimés en dépit de notre manque d'attrait. Son amour pour nous est à l'image de celui d'Osée, dont l'épouse s'est souillée par la prostitution. Et quand elle a atteint le dernier degré de la débauche, on l'a vendue aux enchères, et Osée l'a rachetée (Osée 3.1-3). Il a fait cela non qu'il y ait eu quoi que ce soit en elle de pur, de doux, d'agréable ou d'aimable, mais parce que son cœur était disposé à l'aimer. Dieu a aimé Israël de la même manière, malgré son infidélité. Et Christ aime son Église de façon identique : il l'a prise en affection et s'est sacrifié pour elle alors qu'elle était encore dans le péché. C'est un amour qui se sacrifie totalement.

L'amour de Christ pour nous ne cherche pas non plus à nous tyranniser. C'est un amour qui cherche à pourvoir à nos besoins, à nous comprendre et à nous fortifier. C'est un amour sacrificiel. C'est précisément le genre d'amour que tout mari doit à sa femme. Et tout homme qui désire obéir à Dieu peut, par la puissance du Saint-Esprit, obtenir cette sorte d'amour pour sa femme, même s'il trouve chez elle des traits de caractère peu aimables. Cet amour est un fruit de l'Esprit de Dieu. Ainsi, un amour qui sert et se sacrifie est le fruit naturel que portent ceux qui sont remplis de l'Esprit.

C'EST UN AMOUR QUI PURIFIE

L'amour qu'il est commandé aux maris de témoigner à leur femme recherche aussi et protège la pureté de son objet : « Christ a aimé l'Église, et s'est livré lui-même pour elle, afin de la sanctifier en la purifiant et en la lavant par l'eau de la parole, pour faire paraître devant lui cette Église glorieuse, sans tache, ni ride, ni rien de semblable, mais sainte et irréprochable » (Éphésiens 5.25-27).

Voilà une belle image. Elle suggère que l'amour de Christ pour l'Église le pousse à la rendre pure et à la garder pure. Il veut revêtir l'Église de gloire. Le mot grec pour « glorieuse » au verset 27 est *endoxos* : il suggère une splendeur glorieuse. On trouve le même mot dans Luc 7.25, et la version française le rend par « vêtu d'habits précieux ».

Cela parle d'une beauté pure, sans tache, qu'il lui communique. C'est la gloire même de Christ qui est accordée à l'Église. C'est la splendeur de sa sainteté et de sa vertu – sans tache, ni ride, ni défaut.

Quand un homme aime vraiment sa femme, la pureté de celle-ci devrait être son souci principal. Personne ne voudrait souiller quelqu'un qu'il aime vraiment. Le jeune homme qui dit aimer sa fiancée, mais veut avoir des rapports sexuels avec elle avant le mariage n'est pas du tout conduit par l'amour, mais par la convoitise. L'amour honore et protège la pureté de l'être aimé.

Mari, si vraiment vous aimez votre femme, vous haïrez tout ce qui peut la souiller. Tout ce qui risque de lui voler sa pureté deviendra pour vous un ennemi mortel. Et inversement, tout prétendu « amour » qui entraîne le partenaire dans l'impureté est un faux amour.

Je suis effaré de voir combien d'hommes exposent délibérément leur femme à la vue de revues et de films licencieux, ou d'images obscènes, en pensant que c'est une bonne manière de raviver la flamme de leur amour romantique. J'ai entendu un jour, au cours d'une causerie télévisée, un prédicateur (se disant évangélique) se vantant de ce que sa femme l'avait abonné à Playboy et qu'ils le regardaient ensemble. « À notre âge, disait-il avec complaisance, vous avez besoin de revivifier votre idylle ». Cet homme attirait la honte sur le nom de Christ ; il déshonorait à la fois sa femme et le Seigneur. Je n'arrive pas à concevoir qu'un homme qui aime sa femme puisse, pour une raison ou pour une autre, l'exposer à des choses sales et scandaleuses de cette sorte, sans compter qu'il se soumet lui-même inutilement à la tentation. Ce genre d'activité ne peut certainement offrir, à long terme, aucune aide, à une relation qui bat de l'aile. Cela ne peut que souiller les deux partenaires.

Les maris ne doivent jamais entraîner leur femme dans le péché. Il n'y a jamais de bonne raison de l'exposer à l'iniquité. Ne l'attirez nulle part où elle puisse être tentée, déshonorée ou avilie. Ne l'emmenez pas voir des films qui vont inutilement l'agresser par des jurons ou des blasphèmes. Ne l'entraînez pas dans des loisirs qui flattent les convoitises charnelles. Ne l'irritez pas, ne la poussez pas à l'amertume et à la colère. Ne la tentez en aucune manière. Et vous-même, soyez un exemple de pureté.

Par-dessus tout, si vous ne faites rien d'autre dans la vie de votre épouse, mettez-la en contact avec la Parole de Dieu. Faites-lui entendre la Parole de Dieu, afin qu'elle soit quotidiennement, régulièrement purifiée. Vous exercez une fonction de prêtre en tant que chef de votre foyer, et une part essentielle de votre tâche consiste à aider votre femme à garder sa pureté.

Il arrive qu'un mari vienne me voir pour me dire des choses du genre : « Je ne sais pas ce qui s'est passé, mais tout à coup ma femme m'a quitté pour un autre homme ». La triste vérité est que, lorsqu'une femme pèche de la sorte, ce n'est jamais le début du problème ; c'est inévitablement la fin de quelque chose qui va mal depuis longtemps.

Quand une femme quitte son mari, c'est presque à coup sûr le point culminant d'une longue habitude de péché. Si ce mari avait veillé avec soin sur la pureté de sa femme, selon sa responsabilité, il n'aurait sans doute jamais été pris au dépourvu de la sorte, et il aurait peut-être pu faire quelque chose pour l'empêcher de tomber.

L'urgence de veiller sur la pureté de notre femme est d'autant plus grande que nous vivons dans une société où des millions d'hommes envoient tous les jours leur femme travailler dans le monde, sous la direction de quelqu'un d'autre, à côté de très fortes tentations. L'épouse passe la journée dans un bureau avec d'autres hommes, bien habillés et parfois brillants. Elle-même porte une tenue adaptée au monde des affaires. Tout son environnement semble bien agréable en comparaison de ce qu'elle retrouve, le soir, dans son foyer. Je sais, par le témoignage de personnes que j'ai conseillées, que ce genre de choses a été à l'origine de la rupture de nombreux mariages.

Les maris doivent être attentifs à ces dangers et les éviter. Ils doivent aussi se garder purs à leur lieu de travail. Un homme qui flirte avec sa secrétaire ou avec d'autres femmes n'honore pas son épouse, et il met aussi en danger sa pureté, car tout ce qui le dégrade finira par la souiller elle aussi.

On lit dans 1 Corinthiens 13.6 : « l'amour ne se réjouit point de l'injustice, mais il se réjouit de la vérité ». L'amour véritable ne peut prendre plaisir à l'iniquité, surtout quand elle souille la personne aimée. L'amour authentique recherche la pureté. Le mari qui aime sa femme considère comme un privilège, un honneur et une joie de veiller sur sa pureté. Quelle bénédiction une épouse pure attire sur la vie de son mari !

C'EST UN AMOUR QUI PREND SOIN DE L'AUTRE

« C'est ainsi que le mari doit aimer sa femme comme son propre corps. Celui qui aime sa femme s'aime lui-même. Car jamais personne n'a haï sa propre chair, mais il la nourrit et en prend soin, comme Christ le fait pour l'Église, parce que nous sommes membres de son corps » (Éphésiens 5.28-30).

Que signifie aimer sa femme comme son propre corps ? C'est quelque chose de très simple. Vous prenez soin de votre propre corps. S'il est malade, vous le mettez au lit pour qu'il retrouve la santé. S'il a faim, vous le nourrissez. S'il a soif, vous lui donnez à boire. S'il est sale, vous le lavez. Vous en prenez soin constamment – en le nourrissant, l'habillant, le soignant et en lui donnant tout ce dont il a besoin. Voilà l'essence même de l'amour que vous devez témoigner à votre femme. Vous devez vous préoccuper de répondre à ses besoins.

La comparaison avec les soins que l'on prodigue à son corps est très à propos pour le mariage, à cause de la façon dont Dieu l'a conçu. Paul cite ensuite le passage de la Genèse où Dieu établit le mariage et en fait une institution : « C'est pourquoi l'homme quittera son père et sa mère, s'attachera à sa femme, et les deux deviendront une seule chair » (Genèse 2.24 ; Éphésiens 5.31).

Quand un homme et une femme se marient, ils deviennent un. Et cette union est consommée par l'union physique du mari et de la femme. Les deux deviennent une seule chair. À partir de là, le mari doit considérer que si les besoins de sa femme ne sont pas satisfaits, ses besoins à lui ne le sont pas non plus. Il doit lui donner le même soin et la même considération qu'il apporte à son propre corps.

––––––––– ••• –––––––––

Le mari doit considérer que si les besoins de sa femme ne sont pas satisfaits, ses besoins à lui ne le sont pas non plus.

––––––––– ••• –––––––––

Nous avons suspendu un petit écriteau dans la cuisine de notre maison : « Si maman n'est pas heureuse, personne n'est heureux ». Ce principe s'applique sans aucun doute au mariage. Le mari qui néglige de répondre aux besoins de sa femme en sentira bientôt la douleur ! Et c'est normal. Si vous voulez être un mari comblé, il vous faut avoir une épouse comblée. Si vous désirez le bonheur et l'harmonie dans votre couple, traitez votre femme comme vous-même. Si vous voulez être un père épanoui, il vous faut des enfants épanouis.

« Jamais personne n'a haï sa propre chair », dit l'apôtre Paul. Ce n'est tout simplement pas normal de se haïr soi-même. Même ceux qui prétendent avoir une faible estime d'eux-mêmes expriment, en fait, une sorte de fierté égocentrique, et non un réel dégoût d'eux-mêmes. Après tout, ils évitent de se faire du mal, ils mangent quand ils ont faim ; ils ont le même instinct de conservation que qui que ce soit. On ne peut pas dire qu'ils se haïssent eux-mêmes. En fait, la plupart des gens qui pensent avoir une mauvaise estime d'eux-mêmes se dorlotent plus que la moyenne.

Il est normal de s'occuper de soi-même. Il n'y a rien de mal à cela, sauf si nous n'accordons pas aux autres la même considération (Marc 12.31). Il n'y a pas de doute que l'attitude normale d'un mari envers sa femme doit se manifester principalement par une attention pleine d'amour. Il y a quelque chose de vraiment malsain lorsque le mari néglige de nourrir sa femme et d'en prendre soin comme il prend soin de son propre corps. L'homme qui considère sa femme comme sa cuisinière, sa blanchisseuse, sa baby-sitter, sa partenaire sexuelle, et rien de plus, a vraiment une conception faussée du mariage. Et s'il la met dans la position de celle qui doit gagner l'argent du ménage, cela devient tout à fait déraisonnable. Elle est un trésor reçu de Dieu ; son mari doit prendre soin d'elle, la chérir et la combler, s'il veut qu'elle soit pour lui une partenaire aimante, qu'elle réponde à son désir d'amour, d'amitié, d'intimité physique, et qu'elle soit une bonne mère pour ses enfants. Mari et femme sont une seule chair. C'est là l'union la plus parfaite qu'on puisse trouver sur la terre. Et le mari qui a une saine compréhension de sa relation avec sa femme prendra naturellement soin d'elle comme il prend soin de lui-même.

Ce principe revêt une signification encore plus profonde dans un mariage chrétien. L'épouse n'est pas seulement un avec son mari ; elle est également un avec Christ. Dans son couple, elle est un avec le mari ; dans le salut, elle est un avec Christ. La façon dont le mari la traite reflète donc la considération qu'il a pour le Seigneur. Jésus lui-même a dit : « Toutes les fois que vous avez fait ces choses à l'un de ces plus petits de mes frères, c'est à moi que vous les avez faites »

(Matthieu 25.40). Il est certain que ce principe s'applique par-dessus tout au mariage chrétien.

L'apôtre souligne tout cela par deux mots dans Éphésiens 5.29 : *ektrephô* (nourrit) et *thalpô* (prend soin de).

Ektrephô n'est utilisé qu'une seule autre fois dans le Nouveau Testament, dans Éphésiens 6.4 (verset qui nous est déjà familier), où il est traduit par « élevez-les ». Le mari est appelé à nourrir sa femme et à l'amener à la maturité, un peu comme les parents prennent soin de leurs enfants et les nourrissent. Cela sous-entend qu'il doit pourvoir à ses besoins, la nourrir (à la fois spirituellement et physiquement) et l'aider à atteindre la maturité spirituelle. Cela ne signifie pas seulement que l'homme est appelé à être le soutien de la famille, mais aussi qu'il doit assumer la fonction de chef spirituel.

Thalpô signifie littéralement « chauffer par la chaleur du corps ». Cette belle expression met en valeur l'intimité et la tendresse des soins que l'homme doit prodiguer à sa femme. Ce verbe grec désignait parfois un oiseau nicheur, et c'est dans ce sens qu'il est utilisé dans 1 Thessaloniciens 2.7. Il évoque l'idée de procurer un nid, d'offrir chaleur et sécurité, et de chérir tendrement l'épouse comme un être fragile et précieux.

Notre société va dans le sens contraire. On fait pression sur les femmes pour qu'elles soient dures et indépendantes, tandis que les hommes sont incités à être faibles et efféminés. On encourage les femmes à quitter leur foyer et à se lancer dans la compétition du monde des affaires, et on reproche aux hommes de vouloir être trop protecteurs. Beaucoup de femmes n'acceptent pas l'idée que le mari doive nourrir sa femme et en prendre soin, mais c'est pourtant un commandement biblique sans équivoque. C'est ainsi que Dieu a conçu la famille. Ce n'est pas l'épouse qui est appelée à nourrir sa famille. Elle n'a pas reçu la responsabilité d'être pourvoyeuse ; cette responsabilité revient au mari. Et, si un homme ne pourvoit pas aux besoins de sa famille, selon 1 Timothée 5.8, « il a renié la foi, et il est pire qu'un infidèle ».

Maris et pères, nous sommes pourvoyeurs et protecteurs de notre femme et de nos enfants. Quand leurs besoins sont comblés et que nous prenons soin d'eux comme nous le ferions de nous-mêmes, nous manifestons alors le genre d'amour nourricier que Dieu veut nous voir accorder à notre famille.

C'EST UN AMOUR PERSÉVÉRANT

L'amour du mari doit aussi être un amour inébranlable. Il faut qu'il persévère en dépit de tous les obstacles et de toutes les épreuves. C'est Dieu lui-même qui a ainsi conçu le mariage : « C'est pourquoi l'homme quittera son père et sa mère, s'attachera à sa femme, et les deux deviendront une seule chair » (Éphésiens 5.31). Christ a insisté sur le caractère permanent de cette union : « Ainsi ils ne sont plus deux, mais ils sont une seule chair. Que l'homme donc ne sépare pas ce que Dieu a joint » (Matthieu 19.6).

L'union conjugale est fondamentalement une union *physique* : « les deux deviendront une seule chair ». Cela désigne, bien sûr, l'union sexuelle entre mari et femme. Et leurs enfants, les fruits de cette union, ont en eux le modèle génétique de deux personnes qui sont devenues une seule chair. C'est une des merveilles les plus stupéfiantes de la création de Dieu. Cela commence par l'union physique d'un mari et de sa femme. La vie de l'homme est unie à la vie de la femme, et, dans l'intimité de cette relation physique, ils deviennent une seule chair. Cette union est si sacrée que l'apôtre Paul a averti les Corinthiens du danger de la corrompre par la promiscuité : « Ne savez-vous pas que celui qui s'attache à la prostituée est un seul corps avec elle ?» (1 Corinthiens 6.16.) Bafouer ainsi le mariage, c'est souiller non seulement le lien entre mari et femme, mais aussi l'union entre Christ et le chrétien : « Prendrai-je donc les membres de Christ, pour en faire les membres d'une prostituée ? » (v. 15.)

Mais au-delà de l'union physique entre mari et femme, il existe aussi une union *spirituelle*. C'est Dieu qui les unit l'un à l'autre (Matthieu 19.6). Le lien du mariage implique tous les aspects de la vie – émotions, intellect, corps, personnalité, goûts et aversions, adoration, service, vie privée et vie publique. Le mari et la femme partagent tout. Les deux deviennent un par une intimité étonnante et inexplicable. C'est là le dessein de Dieu pour le mariage.

Dans un sens, même l'identité individuelle se perd lorsque les deux deviennent un. Ils sont comme une personne nouvelle, reliés à un partenaire pour la vie, attachés l'un à l'autre, partageant l'un avec l'autre, unis de manière inextricable par Dieu lui-même. C'est pourquoi, l'Éternel, le Dieu d'Israël dit : « Je hais la répudiation *[le divorce]* » (Malachie 2.16).

Considérez de nouveau ce que l'apôtre Paul dit sur le mariage dans Éphésiens 5.31 : « C'est pourquoi l'homme quittera son père et sa mère, s'attachera à sa femme ». Les deux mots clé ici sont « quittera » et « s'attachera ».

Quitter. Le mot grec traduit par « quitter » dans Éphésiens 5.31 est *kataleipô,* verbe au sens renforcé, qui signifie « laisser derrière soi » ou « abandonner complètement ». Il doit se produire une coupure radicale de la relation entre parents et enfants quand un homme et une femme se marient. Bien-sûr, le mariage ne met pas totalement fin à cette relation. Et il ne supprime pas la responsabilité qu'a le fils ou la fille d'honorer son père et sa mère. Mais le mariage soustrait l'enfant à l'autorité directe de ses parents et établit un foyer et un chef entièrement nouveaux. Le mari devient chef de sa femme. Les époux ne sont plus désormais des enfants sous la supervision de leurs parents, et ces derniers ne sont plus directement responsables d'eux. Quitter son père et sa mère est une partie essentielle de tout mariage. Quand de jeunes mariés essayent de « s'attacher », mais qu'ils ont oublié de « quitter », cela fait des ravages dans leur foyer.

S'attacher. Le mot traduit par « s'attachera » est *proskollaô,* qui signifie littéralement « être collé à ». L'unité initiale de l'union physique inclut une unité d'esprit, une unité de dessein, une unité de cœur et une unité d'émotion. En quittant leurs parents, ils viennent de rompre un lien d'une sécurité incroyable et ils vont maintenant former une nouvelle union qui, dans le plan de Dieu, doit être indissoluble.

LE MOTIF POUR AIMER

La signification de l'amour peut se résumer en un mot : soumission. La manière d'être de l'amour est le sacrifice – incarné par le don de soi qu'a fait Christ à l'Église. Quel est, maintenant, le motif du mari pour aimer sa femme ?

Paul écrit : « Ce mystère est grand ; je dis cela par rapport à Christ et à l'Église. Du reste, que chacun de vous aime sa femme comme lui-même, et que la femme respecte son mari » (Éphésiens 5.32,33). Voici le motif : c'est le *caractère sacré* de l'amour.

Le mariage est une représentation de Christ et de l'Église. C'est un mystère sacré. En vérité, le caractère sacré de l'Église et celui du mariage sont indissolublement liés. Christ est l'époux céleste, et l'Église est son épouse (Apocalypse 21.9). Le mariage est l'illustration de cette union. Le mari est appelé à ressembler à Christ dans son amour pour sa femme, car c'est ainsi que la démonstration de l'amour divin peut être transmise au monde. Le mari chrétien montre donc ce qu'il pense de Christ par son attitude envers sa femme. Et le mariage lui-même est une institution sacrée à cause de ce qu'il représente.

C'est là, à mon avis, le motif le plus élevé d'un mari pour aimer sa femme. Son amour pour elle honore Christ. La façon dont il se comporte avec elle est un témoignage, non seulement envers sa femme mais aussi pour le monde qui l'environne, de l'amour de Christ pour son peuple. Le mari qui comprend ce mystère sacré se fera un plaisir d'aimer, de purifier, de protéger et de prendre soin de sa femme. Et cette union sacrée est le fondement sur lequel les pères instruisent et encouragent leurs enfants pour qu'ils deviennent mûrs.

CHAPITRE HUIT

LE RÔLE DE LA MÈRE

*Femmes, que chacune soit soumise à son mari,
comme au Seigneur.*
Éphésiens 5.22

D ès le quatrième chapitre de la Genèse, la famille – qui est la première institution établie par Dieu – se trouve attaquée. Caïn, le premier-né, devient le meurtrier de son jeune frère, Abel. Et, vers la fin du livre de la Genèse, la chronique de l'humanité naissante n'est plus que le « Bottin Mondain des familles dysfonctionnelles ».

Cette première famille n'a pas seulement été déchirée par la rivalité fraternelle, mais presque toute sa descendance s'est enfoncée profondément dans le péché à une vitesse alarmante. La descendance de Caïn est présentée dans la deuxième partie de Genèse 4. Nous y découvrons Lémec, apparemment le premier polygame de l'histoire : après avoir tué quelqu'un, il s'en vante par un poème qu'il adresse à une de ses femmes. On continue de suivre la descendance d'Adam dans Genèse 5. C'est là que nous rencontrons pour la première fois Noé, patriarche de la seule famille que Dieu a préservée quand il a détruit le monde entier, parce que l'humanité ne recherchait que le mal.

Mais même la famille de Noé ne constitue pas un modèle de valeurs familiales. On voit, dans Genèse 9, que Noé s'est enivré. Et, tandis qu'il était ivre mort, un de ses fils, Cham, a découvert la nudité de son père et s'en est vanté auprès de ses frères. Noé a réagi en maudissant Cham et toute sa progéniture. La descendance même de Noé n'a pas été un exemple non plus. Chacune des nations issues de lui est tombée rapidement dans tous les pièges du paganisme. La polygamie, la luxure, l'adultère, l'inceste et une foule d'autres abominations ont continué de dominer la famille humaine. En fait, les péchés qui avaient corrompu l'humanité avant le déluge ont continué de la même manière. (Comparez Genèse 6.5 et 8.21). Peu après, Dieu a de nouveau jugé le monde, cette fois en confondant les langues à Babel.

Puis Dieu a appelé Abraham. Il est le modèle de la foi, mais sa vie de famille est loin d'être exemplaire. Lui et sa femme, Sara, se sont efforcés d'obtenir une descendance au moyen d'une union sexuelle illicite entre Abraham et la servante de Sara, Agar. Le fruit de cette union a été Ismaël qui a lutté avec Isaac, son demi-frère, pour obtenir l'affection d'Abraham, ce qui a déchiré la famille. Les jumeaux d'Isaac, Ésaü et Jacob, étaient des rivaux pleins d'amertume qui ont, eux aussi, divisé cette génération de la famille. À la génération suivante, les fils de Jacob ont vendu leur plus jeune frère, Joseph, comme esclave et ont dissimulé cet acte à leur père. Sans exception, toutes les générations dans Genèse ont eu leur part de problèmes familiaux. Mais Dieu est fidèle. Au travers de toutes ces générations à problèmes, il a conservé intacte la lignée du Messie, non pas grâce aux familles, mais en dépit d'elles.

Le début et la fin de la Genèse révèlent un contraste intéressant. Ce livre commence par : « Au commencement, Dieu » (1.1) mais se termine par « dans un cercueil en Égypte » (50.26). Le premier chapitre de la Genèse est entièrement consacré à la création ; le dernier chapitre, lui, ne concerne que la mort. Au début, Adam est placé dans un magnifique jardin plein de vie et de bénédictions divines. À la fin, le corps de Jacob est enterré dans un caveau avec les corps d'Abraham, Sara, Isaac, Rebecca et Léa. Et les ascendants du Messie étaient exilés en Égypte.

Le livre de la Genèse raconte, d'un bout à l'autre, comment le péché a détruit ce que Dieu avait créé bon. Et, quand nous lisons le déclin de l'humanité dans le livre de la Genèse, un des thèmes qui ressort le plus clairement est les terribles ravages que le péché a causés à l'institution de la famille. Depuis l'époque où Adam a péché et corrompu toute la race humaine jusqu'à aujourd'hui, les familles ont eu à lutter.

En vérité, les problèmes familiaux sont inhérents à la malédiction rattachée au péché d'Adam. Dieu a considéré cet aspect de la malédiction quand il s'est adressé à Ève : « Il dit à la femme : J'augmenterai la souffrance de tes grossesses, tu enfanteras avec douleur, et *tes désirs se porteront vers ton mari, mais il dominera sur toi* » (Genèse 3.16, italiques pour souligner). En plus de l'augmentation de la douleur de ses grossesses, la femme allait devoir supporter la frustration d'une lutte perpétuelle entre elle-même et son mari dans la relation conjugale. Il est intéressant de comparer la phrase de Genèse 3.16 que nous venons de citer avec une expression similaire dans Genèse 4.7, qui utilise des mots et une tournure grammaticale identiques, tant en hébreu qu'en français : « Le péché se couche à la porte, *et ses désirs se portent vers toi : mais toi, domine sur lui* » (italiques pour souligner).

Les « désirs » dont il est question dans Genèse 3.16 ne sont pas les désirs sexuels ou affectifs que la femme éprouve pour son mari. Mais ils correspondent au désir illicite d'usurper son rôle de chef. C'est comme le désir qu'a le péché de nous dominer, décrit exactement dans les mêmes termes, dans Genèse 4.7. Le mot hébreu traduit par « désir » dans ces deux versets est *teshuqah* ; il a une racine arabe signifiant « obliger », « chercher à s'emparer de ».

De plus, le verbe « dominer », à la fois dans 3.16 et 4.7, est différent des mots hébreux utilisés dans Genèse 1.28, où Dieu commande à Adam d'« assujettir » la terre et de « dominer » sur elle. Adam avait reçu une domination légitime sur sa femme ; mais, avec le péché, cette domination allait être pervertie et se transformer en un règne despotique. Comparez de nouveau les deux passages. Dans Genèse 4.7, Dieu avertit Caïn que le péché veut s'emparer de lui, mais qu'il doit dominer sur lui. Utilisant une expression similaire dans Genèse 3.16, le Seigneur avertit Ève que l'une des conséquences amères de son péché sera un combat perpétuel contre son mari. Elle tentera d'usurper son autorité, et, lui, répliquera en essayant de lui imposer une domination despotique et autoritaire qui l'étouffera d'une façon que Dieu n'a jamais voulue.

Aujourd'hui encore, on peut en observer les conséquences dans des millions de familles. Les femmes essayent de prendre le pouvoir et de renverser l'ordre divin dans le foyer ; et les hommes répondent par une autorité dominatrice et tyrannique, que Dieu ne leur a jamais accordée.

Autrement dit, les conflits entre maris et femmes sont un fruit de la chute de l'humanité. Il en va de même pour les enfants : leur mauvaise conduite est la démonstration de leur dépravation. Peut-être demanderez-vous : « Quelle chance a donc un mariage de subsister ? » Elle est très petite, surtout pour ceux qui ne connaissent pas Christ.

Aujourd'hui, l'institution du mariage se trouve confrontée à un danger particulier avec la montée du mouvement féministe, car de nombreuses féministes radicales ont ouvertement demandé l'abolition du mariage en tant qu'institution. Par exemple, un document qui a contribué à former le programme féministe moderne était intitulé : « Une Déclaration de Féminisme ». Il comportait cette affirmation : « Le mariage existe pour les hommes et constitue une méthode légale de prise de pouvoir sur les femmes. L'abolition de l'institution du mariage est une condition nécessaire à la libération de la femme. Il est donc important pour nous d'encourager les femmes à quitter leur mari et à ne pas vivre seules avec un homme. Nous savons maintenant que c'est l'institution du mariage qui nous a fait du tort et nous devons travailler à la détruire ».

La plupart des féministes sont, bien sûr, plus subtiles que cela. Plutôt que de réclamer l'abolition du mariage, elles se contentent de nier que la femme a le devoir de se soumettre à son mari. Poussées par le même désir d'usurper l'autorité du mari que l'on voit dans la malédiction de Genèse 3.16, elles ne se satisfont pas de l'égalité spirituelle que l'Écriture dit exister entre le mari et la femme. Elles sont déterminées à éradiquer complètement du mariage l'autorité et la soumission. Même si un tel but peut sembler égalitaire et équitable, il n'est, en fait, rien d'autre qu'une recette pour fomenter le chaos et miner la cohésion de la structure familiale en établissant l'anarchie, où personne ne détient l'autorité et chacun fait ce qui lui semble bon. Mais, renverser le plan biblique de l'autorité dans une famille n'élimine pas les conflits, au contraire, cela les multiplie.

Comme nous l'avons souligné dans le chapitre précédent, il existe une soumission mutuelle entre le mari et la femme, de même qu'entre tous les croyants (Éphésiens 5.21). Il y a également une égalité spirituelle entre le mari et la femme dans le mariage. Ils doivent hériter ensemble « de la grâce de la vie » (1 Pierre 3.7). Dans le Corps de Christ, « il n'y a plus ni Juif ni Grec, il n'y a plus ni esclave ni libre, il n'y a plus ni homme ni femme ; car tous vous êtes un en Jésus-Christ » (Galates 3.28). Il y a donc une sorte d'égalité qui place le mari et la femme sur le même plan devant Dieu.

Mais cette égalité spirituelle ne supprime pas pour autant la nécessité d'une structure d'autorité dans la famille. C'est pourquoi l'Écriture déclare on ne peut plus clairement : « Femmes, que chacune soit soumise à son mari, comme au Seigneur ; car le mari est le chef de la femme, comme Christ est le chef de l'Église » (Éphésiens 5.22,23).

Ainsi, le mari détient l'autorité dans le mariage, et la femme doit se soumettre à son leadership. De même, les parents détiennent l'autorité dans la famille, et les enfants doivent s'y plier. Il y a cependant une véritable égalité spirituelle entre tous. Il se peut que l'épouse soit intellectuellement égale ou supérieure à son mari. Les enfants peuvent aussi avoir reçu des dons et des talents égaux ou supérieurs à ceux de leurs parents. Mais cette sorte d'égalité (ou de supériorité) ne peut annuler les différences importantes, ordonnées par Dieu, entre les rôles. L'Écriture ne laisse aucun doute à ce sujet : le rôle du mari suppose une certaine autorité, alliée à une certaine responsabilité. L'épouse doit se soumettre à cette autorité.

Comme nous l'avons vu dans le chapitre précédent, la responsabilité du mari comporte le devoir de protéger, d'abriter, de nourrir et de chérir sa famille, et tout particulièrement sa femme.

Cette responsabilité s'accompagne d'une autorité à laquelle la femme est appelée à se soumettre. Les mesures supplémentaires de responsabilité et d'autorité sont inextricablement liées. Le mari doit endosser la responsabilité de pourvoir aux besoins de sa famille et, avec cette responsabilité, vient l'autorité décisionnelle pour la gestion des finances de la famille. S'il est de son devoir de protéger sa famille et de lui procurer un lieu pour vivre, il doit aussi posséder l'autorité pour toutes les décisions qui s'y rattachent.

Rien n'empêche un homme de rechercher le conseil de sa femme pour déterminer le lieu de résidence de la famille, ou savoir quelle offre d'emploi il devrait accepter ou quelles activités la famille devrait entreprendre, et toutes sortes d'autres décisions. En réalité, l'homme qui ne s'intéresse pas à l'opinion de sa femme sur tous ces sujets fait preuve d'insensibilité et d'indifférence. Mais, au bout du compte, les décisions finales sont la prérogative du mari, parce que c'est lui qui est responsable de sa famille devant Dieu.

À l'épouse, il est ordonné de se soumettre. Cette soumission fait partie de ses devoirs de base, au point que l'apôtre Paul la présente comme une des leçons principales que les femmes âgées dans l'Église doivent enseigner aux plus jeunes : « apprendre aux jeunes femmes à aimer leur mari et leurs enfants, à être retenues, chastes, occupées aux soins domestiques, bonnes, soumises à leur mari, afin que la parole de Dieu ne soit pas calomniée » (Tite 2.4,5).

Colossiens 3.18 se fait l'écho de la même idée : « Femmes, que chacune soit soumis à son mari, comme il convient dans le Seigneur ». Ici, l'apôtre indique clairement qu'il ne s'agit pas d'une préférence culturelle : c'est un commandement de Dieu lui-même. La soumission de l'épouse est ce qui « *convient* dans le Seigneur ». Le mot grec traduit par « convient » est *aneko*, qui désigne quelque chose qui est convenable, à propos. Paul utilise ce mot à deux autres endroits seulement dans ses épîtres. L'un, dans Éphésiens 5.4, où il dit que les paroles grossières et les propos équivoques ne conviennent pas *(aneko)* aux saints, car ils sont « contraires à la bienséance ». L'autre se trouve dans Philémon, au verset 8, où Paul dit à Philémon qu'il aurait pu lui prescrire « ce qui est convenable » *(aneko)*. Dans chaque cas, il emploie ce mot soit pour réclamer l'obéissance à ce qui est « convenable » ou pour interdire la pratique de « ce qui est contraire à la bienséance ». Ainsi, en termes pauliniens, dire que quelque chose « convient » *(aneko)* équivaut à déclarer que c'est un principe essentiel de la loi morale de Dieu.

Le devoir de l'épouse de se soumettre à son mari n'est donc pas facultatif. C'est un aspect obligatoire découlant de son rôle d'épouse et de mère. Pour une femme, enfreindre ou abandonner ce principe revient à miner les fondements mêmes de sa famille. Il est dit dans Proverbes 14.1 : « La femme sage bâtit sa maison, et la femme insensée la renverse de ses propres mains ». Et l'un des moyens les plus sûrs de détruire un foyer est d'abandonner la structure d'autorité que Dieu a prévue pour la famille.

> « La femme sage bâtit sa maison, et la femme insensée la renverse de ses propres mains ».

Nous devons maintenant aborder ce sujet avec beaucoup de transparence : même les chrétiens sont très souvent déconcertés par la manière dont doivent s'équilibrer l'autorité et la soumission dans le mariage. N'y a-t-il aucune limite au devoir qu'a l'épouse de se soumettre ? Qu'en est-il si le mari n'est pas chrétien ? Ce devoir de soumission fait-il de la femme un citoyen de seconde classe ? Implique-t-il que toutes les femmes doivent se soumettre à tous les hommes, parce qu'ils sont des hommes ?

Approfondissons davantage ce sujet en abordant quelques aspects fondamentaux de la soumission de la femme.

À QUI SE SOUMET-ELLE ?

Tout d'abord, à qui une femme doit-elle se soumettre ? La femme doit-elle se soumettre à tous les hommes ? Les femmes, en tant que femmes, sont-elles sous l'autorité des hommes ?

L'Écriture est très claire à ce sujet : « Femmes, que *chacune soit soumise à son mari* [...] Or, de même que l'Église est soumise à Christ, les femmes aussi doivent l'être *à leur mari* » (Éphésiens 5.22,24, italiques pour souligner). Cette même phrase est répétée pratiquement dans tous les passages qui commandent aux épouses d'obéir : « Femmes, que chacune soit *soumise à son mari* » (Colossiens 3.18). Les femmes âgées doivent enseigner aux plus jeunes à « être soumises *à leur mari* » (Tite 2.5). « Femmes, que chacune soit de même *soumise à son mari* [...] Ainsi se paraient autrefois les saintes femmes qui espéraient en Dieu, *soumises à leur mari* » (1 Pierre 3.1,5, italiques pour souligner).

Continuellement, l'Écriture insiste sur ce principe : les épouses doivent se soumettre à leur mari. Ma femme n'a pas la moindre obligation de se soumettre à aucun autre homme que moi, simplement parce qu'il est un homme et elle une femme. Si un homme pense que sa masculinité lui donne une autorité de fait sur toutes les femmes parce qu'elles sont des femmes, il a mal compris l'Écriture.

En fait, la seule institution, en dehors du mariage, où Dieu limite expressément le pouvoir aux hommes, c'est l'Église. Ce sont les hommes, non les femmes qui doivent exercer l'autorité dans l'Église en matière d'enseignement et de gouvernement. Paul écrit ceci : « Que la femme écoute l'instruction en silence, avec une entière soumission. Je ne permets pas à la femme d'enseigner, ni de prendre de l'autorité sur l'homme ; mais elle doit demeurer dans le silence » (1 Timothée 2.11,12). Le contexte de ce verset indique qu'il désigne les fonctions d'autorité dans l'Église. Paul dit que, dans l'Église, les femmes ne doivent pas assumer de tâches d'enseignement envers des hommes ni exercer une autorité administrative sur des hommes. Dans les versets qui suivent immédiatement, il parle du gouvernement de l'Église et précise les conditions que doivent remplir les responsables dans l'Église. En abordant ce sujet, il explique clairement que les anciens et les diacres doivent être des *hommes* fidèles (1 Timothée 3.1-13). Puis, aux Corinthiens, il écrit : « que les femmes se taisent dans les assemblées, car il ne leur est pas permis d'y parler ; mais qu'elles soient soumises, comme le dit aussi la loi. Si elles veulent s'instruire sur quelque chose, qu'elles interrogent leur mari à la maison ; car il est malséant à une femme de parler dans l'Église » (1 Corinthiens 14.34,35). Partout où l'Écriture parle des rôles de direction dans l'Église, elle attribue ces rôles à des hommes.

Cependant, rien dans l'Écriture ne suggère que toutes les femmes doivent se soumettre à tous les hommes dans toutes les situations. Dans le contexte de l'Église, les femmes sont appelées à se soumettre aux hommes sous la responsabilité desquels Dieu a placé l'Église. Mais remarquez bien qu'il en va de même pour les autres hommes dans l'Église, à qui il est également enjoint de se soumettre aux bergers du troupeau (Hébreux 13.17). Nulle part l'Écriture ne commande aux femmes de considérer tout homme de l'Église comme s'il avait une autorité sur elle. Et nulle part l'Écriture ne donne aux hommes en général la moindre autorité sur les femmes qui ne sont pas leur épouse. La femme doit se soumettre uniquement aux hommes qui ont sur elle une autorité légitime. Dans l'Église, ce sont les anciens. Dans le couple et la famille, il s'agit de « son mari ».

Rappelez-vous que la responsabilité qui repose sur le mari, de pourvoir aux besoins de sa femme et de la protéger, est ce qui justifie son autorité sur elle. Des hommes qui n'exercent pas une telle responsabilité vis-à-vis d'une femme ne peuvent prétendre avoir une autorité sur elle du simple fait qu'ils sont des hommes.

Même les anciens d'une Église n'ont pas le droit de s'ingérer dans le foyer pour exercer leur autorité sur une femme dans le contexte de sa vie de famille (à moins qu'elle ne soit clairement impliquée dans une transgression de l'Écriture qui requiert le genre de discipline prescrit dans Matthieu 18). Les anciens n'ont aucune autorité particulière pour prendre des décisions personnelles à la place des membres de l'Église et ils n'ont pas le droit de leur donner des ordres sur des affaires privées. Leur autorité couvre le ministère de l'Église, ainsi que l'enseignement et la mise en pratique de la Parole de Dieu. Leur juridiction ne s'étend pas aux affaires privées des membres de l'Église. Remarquez d'ailleurs que Paul dit que si des femmes se posent des questions au sujet de l'enseignement qui est donné à l'Église, elles doivent interroger « leur mari à la maison » (1 Corinthiens 14.35). Ainsi, même la responsabilité de répondre aux questions spirituelles d'une femme revient en premier lieu à son mari et n'est pas automatiquement la prérogative des anciens de son Église.

L'un des grands inconvénients, pour une femme qui est sur le marché du travail à temps plein, est le suivant : elle est souvent obligée de se soumettre à d'autres hommes qu'à son mari. L'ordre que Dieu a prescrit est renversé. Des conflits sont inévitables entre l'autorité à laquelle la femme est soumise au travail et son mari. Beaucoup de patrons n'ont pas de scrupules à exiger d'une femme qu'elle sacrifie ses priorités familiales. Et cela est particulièrement vrai si sa carrière professionnelle l'entraîne à voyager. Elle est hors de son foyer, soustraite à la protection et à l'autorité de son mari, et placée sous une autorité totalement différente. Il devient donc pratiquement impossible pour la plupart des femmes qui ont une carrière professionnelle d'être « occupées aux soins domestiques » (Tite 2.5).

Les mères de famille, en particulier, paient un prix élevé quand elles quittent leur foyer pour poursuivre une carrière. Non seulement elles sortent de la fonction que Dieu a prévue pour les épouses, mais souvent elles doivent aussi abandonner leur rôle le plus important qui consiste à prendre soin de leurs enfants. Je crois qu'une des erreurs les plus graves qu'une mère puisse faire est de sacrifier du temps qu'elle aurait dû passer avec ses enfants dans le but de faire carrière.

Je me rends bien compte que ce ne sont pas là des opinions populaires ni « politiquement correctes » à l'aube du XXIe siècle, mais je suis contraint d'enseigner ce que dit la Parole de Dieu. L'Écriture décrit la femme idéale comme étant gardienne de son foyer et soumise à son mari, et non comme une femme qui fait carrière et dont la famille passe à la deuxième place.

L'épouse indépendante qui travaille est devenue le symbole principal de la rébellion de la femme contre l'ordre établi par Dieu. Plus de cinquante pour cent de toutes les femmes sont maintenant sur le marché du travail, ce qui représente plus de cinquante millions de mères. Et la plupart d'entre elles ont des enfants en âge d'aller à l'école (ou plus jeunes). Aujourd'hui, deux enfants sur trois, âgés de trois à cinq ans, passent une partie de la journée à l'extérieur de leur foyer. Leurs mères ont renoncé à leur fonction maternelle pour embrasser une carrière ou pour leur épanouissement personnel.

Le gouvernement des États-Unis offre maintenant des crédits d'impôts pour la prise en charge des enfants, afin que les mères puissent aller travailler. Les résultats sur les couples et les familles de notre pays sont absolument dévastateurs. Ces mères ont, en pratique, abandonné leur foyer. Elles se sont soustraites à l'autorité de leur mari et elles luttent pour obtenir leur indépendance sur le marché du travail. Ce faisant, beaucoup ont littéralement abandonné leur foyer, leurs enfants et leur mari dans tous les sens du terme, choisissant le divorce quand le conflit entre leur carrière et leur famille devient trop pressant.

Je voudrais ajouter que le syndrome de la mère au travail constitue une des raisons principales pour lesquelles tant de parents modernes ne savent plus comment élever leurs enfants. Après avoir abandonné quelque chose d'aussi fondamental que l'ordre établi par Dieu pour la famille, comment peuvent-ils espérer trouver une quelconque méthode d'éducation parentale qui puisse être efficace ?

Quand une mère renonce à l'ordre de Dieu, toute la famille en subit les conséquences. Or, le plan de Dieu pour la femme, c'est qu'elle reste à la maison – qu'elle soit soumise à son mari, qu'elle prenne soin de ses enfants et s'occupe des besoins de son foyer. Les mères qui veulent réussir comme parents ne peuvent délaisser ces tâches et s'attendre en même temps à ce que le Seigneur les bénisse dans l'éducation de leurs enfants. Être mère n'est pas un travail à mi-temps. Cela ne peut être considéré comme accessoire. La maman, davantage encore que le papa, doit se consacrer à plein temps à l'éducation de ses enfants. Le foyer est son domaine.

Certains protestent en disant que cela fait de la femme un citoyen de seconde classe, exclue du marché du travail, coupée de toute position d'influence et incapable d'avoir un impact dans le monde. Mais l'Écriture dit le contraire. La plus grande influence que puisse avoir une femme se manifeste à travers ses enfants. C'est elle qui les influence

─── ♦♦♦ ───

La plus grande influence que puisse avoir une femme se manifeste à travers ses enfants.

─── ♦♦♦ ───

plus que tout autre, y compris même leur père, grâce à sa présence constante à la maison. La noblesse de ce rôle la fait échapper à tout statut de seconde classe.

Je crois que c'est précisément ce que voulait dire l'apôtre Paul à Timothée : « Car Adam a été formé le premier, Ève ensuite ; et ce n'est pas Adam qui a été séduit, c'est la femme qui, séduite, s'est rendue coupable de transgression. Elle sera néanmoins sauvée en devenant mère, si elle persévère avec modestie dans la foi, dans la charité, et dans la sainteté » (1 Timothée 2.13-15). Autrement dit, l'homme a été créé le premier, mais la femme est tombée dans le péché la première. Sa seule primauté fut un déshonneur. Et maintenant, à cause de la malédiction, elle a tendance à être reléguée à un rôle subalterne sous une domination d'un genre tyrannique. Cependant, elle réussit à échapper à l'ignominie de cette situation, et à la honte d'avoir entraîné le genre humain dans le péché, par son rôle et son influence de mère qui instruit ses enfants dans la justice.

Être mère n'est en aucun cas une tâche de seconde classe. Car, si l'homme dispose de *l'autorité* dans la maison, la mère, elle, exerce *l'influence*. La mère, plus que le père, est celle qui forme et façonne ces petits depuis leur naissance. Elle les prend sur son cœur et s'occupe d'eux dès les premiers moments de leur existence. Tandis qu'ils grandissent, c'est elle qui est présente la plupart du temps, pansant leurs petites blessures et leur faisant traverser les difficultés de la vie jour après jour. Le père, lui, apparaît après son travail pour pontifier et donner des ordres. Bien sûr, il peut jouer avec les enfants, leur apprendre des choses, les corriger quand c'est nécessaire et même gagner ainsi leur affection. Mais il aura rarement la même place dans leur cœur que maman. Avez-vous déjà observé un grand costaud de joueur de football qui est sur la touche et qui sait que l'œil de la caméra est sur lui ? Inévitablement, il va faire un signe de la main et dire : « Bonjour, maman ! » J'ai vu cela des milliers de fois, mais je n'en ai jamais vu un seul dire : « Bonjour, papa ! » Je connais des entraîneurs qui me disent qu'ils ne recrutent jamais d'athlètes ; ils recrutent leurs mères. Si la mère vous aime bien, c'est bon. Personne d'autre, pas même le père, n'exerce ce genre d'influence.

Mères, ne laissez personne vous faire croire qu'il soit déshonorant de rester à la maison pour élever vos enfants. Ne croyez pas ce mensonge selon lequel vous êtes brimées si vous travaillez chez vous plutôt que dans le monde. Vous consacrer à votre rôle d'épouse et de mère n'est pas une brimade : c'est une vraie libération. Des multitudes de femmes se sont laissées duper par les mensonges du monde, elles se sont mises un tailleur, ont pris un attaché-case, ont laissé à quelqu'un le soin d'élever leurs enfants et se sont présentées sur le marché du travail, tout cela pour se rendre compte quinze ans plus tard qu'il s'était créé un vide dans leur cœur et dans celui de leurs enfants. Beaucoup de ces femmes disent aujourd'hui qu'elles auraient mieux fait de se consacrer à leur rôle de mères et de maîtresses de maison.

> Le mariage est une image, une illustration de la relation de Christ et de l'Église.

« Occupée aux soins domestiques », voilà le plan de Dieu pour les épouses (Tite 2.5 ; Proverbes 31). Il a ordonné aux épouses et aux mères de se soumettre à leur mari plutôt que de se placer sous la domination d'autres hommes, en dehors de la maison. C'est dans le foyer, sous l'autorité de son mari, que la femme vraiment pieuse s'épanouit. C'est là qu'elle trouve sa plus grande joie. Et c'est là qu'elle exerce sa plus grande influence.

POURQUOI SE SOUMET-ELLE ?

Pourquoi les femmes doivent-elles se soumettre à leur mari ? « Car le mari est le chef de la femme, comme Christ est le chef de l'Église qui est son corps, et dont il est le Sauveur » (Éphésiens 5.23). Comme nous l'avons vu dans le chapitre précédent, le mariage est une image, une illustration de la relation de Christ et de l'Église. De même que Christ est le chef de l'Église, le mari est le chef de la femme.

Ainsi, l'ordre qui préside au mariage est-il un emblème sacré. Une femme qui refuse de se soumettre à son mari corrompt le sens de l'institution divine.

De plus, la soumission de la femme à son mari est établie selon l'ordre de la création ; c'est l'ordre naturel et normal des choses. L'apôtre Paul, quand il a appelé les femmes à manifester une attitude de soumission dans le culte public, a dit : « En effet, l'homme n'a pas été tiré de la femme, mais la femme a été tirée de l'homme ; et l'homme n'a pas été créé à cause de la femme, mais la femme a été créée à cause de l'homme » (1 Corinthiens 11.8,9). Il présente un argument semblable dans 1 Timothée 2.13 : « Car Adam a été formé le premier, Ève ensuite ». Voici ce que cela signifie : Ève a été créée pour être une aide pour Adam – pour lui tenir compagnie, le soutenir et l'encourager, et non pour se faire un programme indépendamment de lui.

Et encore aujourd'hui, le rôle de la femme dans la relation conjugale est le même. Pourquoi ? Parce qu'Ève est un don que Dieu, dans sa grâce, a fait à Adam, un gage de la merveilleuse grâce de Dieu envers l'homme. Et même aujourd'hui, la soumission d'une femme envers son mari est une magnifique expression de la grâce divine. Si elle abandonne ce rôle, c'est comme si elle volait la grâce de Dieu à sa famille.

Mais Dieu a fait les hommes et les femmes pour qu'ils trouvent leur plus grand épanouissement dans les rôles qu'il leur a souverainement attribués. En d'autres termes, l'ordre établi par Dieu dans le foyer reflète les desseins de sa grâce et non quelque plan sinistre pour rabaisser les femmes.

COMMENT SE SOUMET-ELLE ?

Comment l'épouse se soumet-elle ? « Or, de même que l'Église est soumise à Christ, les femmes aussi doivent l'être à leur mari en toutes choses » (Éphésiens 5.24). La soumission que Dieu exige de l'épouse est donc d'un niveau très élevé, car elle doit être soumise à son mari comme l'Église est soumise à Christ.

Comment l'Église se soumet-elle à Christ ? Son amour pour lui est la première motivation de toute obéissance. Ce verset ne place pas le mari dans le rôle de Dieu et ne fait pas de l'épouse une vile servante. L'épouse n'est pas le valet du mari, pas plus que l'Église n'est supposée trembler et ramper devant Christ. Ce qui lui est demandé, c'est un cœur agréable et plein de bonne volonté. Cela exclut évidemment une fière rébellion et un défi hautain. Mais cela signifie aussi que la femme ne se soumet pas à contrecœur avec un esprit amer. Elle doit suivre son mari à cause de son profond amour pour lui, tout comme l'Église suit Christ par amour pour lui.

Elle doit aussi lui obéir parce qu'il est son chef (ou sa tête), comme Christ est le chef (ou la tête) de l'Église. La tête donne une direction, et le corps répond naturellement. Quand le corps physique ne répond pas correctement à la tête, il est paralysé ou en état de crise. De même, une femme qui ne répond pas à la direction de son chef n'est plus capable de jouer son rôle correctement.

Toutefois, la soumission n'implique pas que l'épouse doit perdre sa personnalité. Elle ne signifie pas qu'elle doit devenir un robot, ni être fade, monotone et sans vie. La femme ne doit pas non plus toujours réprimer ses opinions. Mais cela signifie qu'au plus profond de son cœur se manifeste « la pureté incorruptible d'un esprit doux et paisible, qui est d'un grand prix devant Dieu » (1 Pierre 3.4). L'épouse qui répond spontanément, avec un tel esprit d'amour, à la direction de son mari honore son Seigneur, son mari, ses enfants, son Église et elle-même.

JUSQU'À QUEL POINT DOIT-ELLE SE SOUMETTRE ?

Au bout du compte, jusqu'où l'épouse doit-elle se soumettre ? « Or, de même que l'Église est soumise à Christ, les femmes aussi doivent l'être à leur mari en toutes choses » (Éphésiens 5.24). L'autorité dans la famille n'est pas partagée entre le mari et la femme. Les responsabilités familiales ne sont pas divisées en catégories et réparties, en sorte que, par exemple, le mari aurait autorité sur les finances et qu'il reviendrait à la femme de prendre les décisions concernant les enfants. Bien sûr, la femme a une certaine autorité sur les enfants, mais en dernière analyse, même dans ce domaine, elle doit être soumise à son mari, à qui Dieu a attribué l'autorité ultime. Il a, bien entendu, la liberté de consulter sa femme, de lui déléguer certaines tâches et décisions, et de s'en remettre à son instinct et à ses préférences quand il le veut. Mais la véritable autorité appartient au mari. C'est lui qui rendra compte à Dieu de la façon dont il aura dirigé sa famille.

Il y a une limite à l'autorité du mari ; elle nous est suggérée par le principe qui figure dans Colossiens 3.18 : « Femmes, que chacune soit soumise à son mari, comme il convient dans le Seigneur ». Si, sur un point quelconque, l'autorité du mari ne « convient » pas (dans le sens où l'apôtre utilise ce mot), l'épouse n'est pas obligée de se soumettre. Nous avons déjà fait remarquer que l'apôtre Paul se sert régulièrement du mot grec traduit par « convient » *(aneko)* pour décrire ce qui est moralement obligatoire, et « contraire à la bienséance » à propos de ce que Dieu interdit. Donc, si un mari essaye d'user de son autorité pour commander à sa femme quelque chose qui est contraire à la Parole révélée de Dieu, sur ce point, il a dépassé les limites de son autorité, et sa femme n'a pas *même le droit* de lui obéir. Ce même principe s'applique à *toutes* les formes d'autorité : « Il faut obéir à Dieu plutôt qu'aux hommes » (Actes 5.29).

Vous vous rappelez peut-être, par exemple, un incident dans le livre d'Esther, où la reine Vasthi a refusé d'exécuter une danse lascive devant une foule avinée (Esther 1.12). Elle a eu raison de refuser.

Qu'en est-il si le mari désobéit à la loi de Dieu et est indifférent à Jésus-Christ ? À moins qu'il ne commande à sa femme de désobéir à Dieu, elle devrait obéir à son mari en toutes choses.

Et s'il est désagréable et peu affectueux, s'il n'est ni bon, ni gentil ? Doit-elle quand même se soumettre à lui ? En vérité, oui, elle le doit. En fait, si elle veut le gagner au Seigneur, son obéissance est absolument essentielle. L'apôtre Pierre aborde précisément cette question dans 1 Pierre 3.1-5.

Femmes, que chacune soit de même soumise à son mari, afin que, si quelques-uns n'obéissent point à la parole, ils soient gagnés sans parole par la conduite de leur femme, en voyant votre manière de vivre chaste et respectueuse. Ayez, non cette parure extérieure qui consiste dans les cheveux tressés, les ornements d'or, ou les habits qu'on revêt, mais la parure intérieure et cachée dans le cœur, la pureté incorruptible d'un esprit doux et paisible, qui est d'un grand prix devant Dieu. Ainsi se paraient autrefois les saintes femmes qui espéraient en Dieu, soumises à leur mari.

Si votre mari est désobéissant envers Dieu ou incroyant, même s'il est totalement hostile à votre foi et délibérément opposé à la Parole de Dieu, Dieu veut que vous vous soumettiez à l'autorité de ce mari (sauf, encore une fois, dans toutes les circonstances où votre mari vous ordonnerait de désobéir à la Parole de Dieu).

Il se peut que votre obéissance soit justement ce qui permettra de le gagner. Ce n'est pas en le reprenant tout le temps que Dieu veut que vous essayiez de le gagner à Christ. L'assaillir de versets bibliques n'est pas non plus une tactique avisée. Le témoignage le plus efficace qu'une femme puisse avoir aux yeux de son mari incroyant, c'est une soumission douce et paisible (v. 1) et une « manière de vivre chaste et respectueuse » (v. 2).

La parure la plus attrayante pour une épouse est la piété avec, comme toile de fond, un esprit de soumission doux et paisible. La véritable beauté chez une épouse n'est jamais « une parure extérieure qui consiste dans les cheveux tressés, les ornements d'or ou les habits qu'on revêt » (v. 3). Ce qui est réellement attirant, c'est « la parure intérieure et cachée dans le cœur, la pureté incorruptible d'un esprit doux et paisible » (v. 4), mise en valeur par un esprit de soumission. En présentant un caractère divin à un mari impie, l'épouse soumise lui montre, par sa propre vie, la puissance et la beauté de l'Évangile. C'est là le moyen le plus puissant qu'ait une femme de gagner son mari rebelle ou incroyant.

Tout cela prend une importance plus grande encore quand l'épouse est, en même temps, une mère. Son témoignage de pieuse soumission est un bon exemple pour ses enfants ; il est pour eux un modèle de la façon d'honorer Christ dans un contexte où Christ n'est pas toujours honoré.

L'idéal, bien sûr, c'est que les deux parents soient mutuellement consacrés au modèle divin de la famille et travaillent ensemble harmonieusement à élever leurs enfants en les corrigeant et en les instruisant selon le Seigneur.

Le père modèle est quelqu'un qui ressemble à Josué, qui n'oscille pas au gré de l'opinion publique ou de la mode, mais qui choisit de s'élever contre tout ce qui est charnel et compromettant, et qui parle hardiment au nom de toute sa famille : « Et si vous ne trouvez pas bon de servir l'Éternel, choisissez aujourd'hui qui vous voulez servir, ou les dieux que servaient vos pères au-delà du fleuve, ou les dieux des Amoréens dans le pays desquels vous habitez. Moi et ma maison, nous servirons l'Éternel » (Josué 24.15).

La famille est l'endroit où votre consécration, votre fidélité et votre constance comptent le plus.

Et la mère modèle est une femme comme Anne, dont les désirs les plus profonds sont, sans aucun doute, le bien-être de son mari et de ses enfants, et qui consacre sa famille au Seigneur (1 Samuel 1) et se voue à prendre soin d'eux.

Mari et femme, votre mariage est le contexte le plus important où vous puissiez vivre votre vie chrétienne. Si celle-ci se limite au culte du dimanche matin, votre famille connaîtra l'échec. Mais si vous vivez votre foi au milieu de votre famille, chaque jour sera fructueux et béni de Dieu.

Si vous vous détournez des principes de la Parole de Dieu, votre vie de famille sera pleine de souffrances, de déceptions, de chagrins, de colère et de tout ce que produit la désobéissance. Mais si vous suivez le modèle que Dieu a établi pour la famille, il vous bénira selon sa promesse.

Réussir comme parents

On ne peut réussir comme parents en se contentant des techniques humaines et en se fondant sur la psychologie de l'enfant. La vraie réussite comme parents ne peut venir que d'une obéissance fidèle aux instructions de Dieu pour la famille.

Il n'y a pas de meilleur endroit, ni de plus important, où vivre votre foi que votre foyer. Et si celui-ci n'est pas ce qu'il devrait être, c'est sans aucun doute parce que les principes de la Parole de Dieu n'y sont pas appliqués.

La famille est l'endroit où votre consécration, votre fidélité et votre constance comptent le plus. C'est là que l'enjeu est le plus grand et qu'il peut y avoir le plus de bénédictions. Il n'y a tout simplement aucune bénédiction plus grande sur terre que d'élever vos enfants d'une manière qui honore Dieu et de les voir ensuite honorer Dieu dans leur propre vie. Que Dieu accorde cette bénédiction à votre famille !

APPENDICE I

JÉSUS ME DEMANDE D'ÊTRE UN RAYON DE SOLEIL ?

DE PHIL JOHNSON[1]

Et ces commandements, que je te donne aujourd'hui, seront dans ton cœur. Tu les inculqueras à tes enfants, et tu en parleras quand tu seras dans ta maison, quand tu iras en voyage, quand tu te coucheras et quand tu te lèveras.
Deutéronome 6.6,7

Mon souvenir le plus ancien remonte à une classe d'école du dimanche. J'avais alors quatre ans, ou peut-être même moins. Notre église était un vieux bâtiment imposant qui sentait le grenier. Les fenêtres de notre salle de classe étaient immenses, et j'aimais beaucoup voir le soleil pénétrer dans la pièce. J'étais fasciné par les petites particules de poussière qui dansaient dans les rayons du soleil.

Je me rappelle clairement d'un dimanche où j'étais assis dans cette pièce en train d'apprendre le chant « Jésus me demande d'être un rayon de soleil ». Notre monitrice dirigeait avec ardeur nos regards vers ces flots de lumière entrant par les fenêtres et elle s'en servait pour illustrer sa leçon.

Le seul problème était qu'aucun d'entre nous ne comprenait quoi que ce soit aux métaphores. Je ne pouvais penser à rien d'autre, tandis que nous chantions ce chant, qu'à ces grains de poussière brillants qui flottaient dans ces rayons de soleil et je ne parvenais pas à comprendre pourquoi Jésus aurait voulu que je sois l'un d'eux. J'aimais ce chant, mais je dois reconnaître qu'il ne voulait rien dire pour moi.

Ce souvenir est si profondément gravé dans ma mémoire qu'aujourd'hui encore, lorsque j'entends « Jésus me demande d'être un rayon de soleil », je suis aussitôt ramené dans cette vieille pièce aux vastes fenêtres, et ces petits grains de poussière brillants me viennent à l'esprit.

Mes enfants sont aujourd'hui plus vieux que je ne l'étais alors, et un jour, il y a quelques années, je me suis soudain rendu compte que les souvenirs les plus anciens qu'ils emporteraient dans l'âge adulte étaient déjà formés en eux. Presque tout ce qu'ils apprennent maintenant va demeurer en eux pour le reste de leur vie. Voilà une pensée qui fait peur à un parent.

La plupart des parents chrétiens admettront qu'ils sont quelque peu intimidés par la lourde responsabilité que l'Écriture place sur leurs épaules. Notre tâche est définie en termes clairs par des versets comme Proverbes 22.6 : « Instruis l'enfant selon la voie qu'il doit suivre ; et quand il sera vieux, il ne s'en détournera pas » et Éphésiens 6.4 : « élevez-les *[vos enfants]* en les corrigeant et en les instruisant selon le Seigneur ».

Si nous comprenons la tâche solennelle qu'est la nôtre en tant que parents, cela devrait provoquer chez nous un certain degré de crainte et de tremblement. Mais il ne faut pas que cela nous paralyse. Enseigner la vérité spirituelle à des enfants est une joie. Personne n'est plus réceptif, plus avide d'apprendre et plus confiant qu'un enfant. Il est probable que vous ne trouviez jamais de disciples plus ardents que vos propres enfants. Ne gâchez pas cette chance.

Je voudrais maintenant suggérer cinq principes pratiques à vous rappeler pour l'éducation spirituelle de vos enfants.

APPENDICE 1

COMPRENDRE QUE LES ENFANTS PEUVENT SAISIR L'ESSENCE DE PRESQUE N'IMPORTE QUELLE VÉRITÉ

Parmi tous les conseils que la Bible donne aux parents pour qu'ils enseignent à leurs enfants la Parole de Dieu, il n'y a pas la moindre restriction. Il n'est pas question de censure parentale sur l'Écriture – aucun passage n'est impropre à un jeune public. Toute l'Écriture est pour tous les âges.

Ne vous privez donc pas d'instruire vos enfants sous prétexte qu'ils ne seraient pas prêts. Même s'ils ne comprennent pas pleinement certains des concepts spirituels les plus difficiles, les enfants sont capables de saisir l'essence de presque n'importe quelle vérité. En fait, ils sont mieux équipés maintenant pour assimiler les vérités spirituelles que lorsqu'ils seront plus vieux.

C'est pourquoi Jésus demande une foi d'enfant : « Je vous le dis en vérité, quiconque ne recevra pas le royaume de Dieu comme un petit enfant n'y entrera point » (Marc 10.15). Qu'est-ce qui fait que la foi d'un enfant est différente de celle d'un adulte ? Simplement le fait que les enfants refusent de se laisser troubler par ce qu'ils ne comprennent pas.

Regardons les choses en face : peu d'entre nous comprennent mieux les notions d'infini, d'éternité ou de toute-puissance aujourd'hui que lorsque nous étions enfants. Même si nous parlons maintenant de ces choses en des termes plus sophistiqués, notre esprit fini est toujours incapable d'en saisir toute la réalité. N'ayez pas peur d'admettre cela à vos enfants.

Quand mon plus jeune fils, Jonathan, était au jardin d'enfants, il était fasciné par la vérité de l'omniprésence de Dieu. Il essayait constamment d'imaginer un endroit où Dieu ne pouvait pas être. « Papa, Dieu est-il présent dans les jeux des bambins ? » demandait-il. Je lui ai expliqué en des termes simples ce que dit David dans le Psaume 139.7-10 : « Où irais-je loin de ton Esprit, et où fuirais-je loin de ta face ? Si je monte aux cieux, tu es là ; si je me couche au séjour des morts, te voilà. Si je prends les ailes de l'aurore, et que j'aille habiter à l'extrémité de la mer, là aussi ta main me conduira, et ta droite me saisira ». J'ai expliqué à Jonathan que si Dieu était dans tous ces endroits, il devait certainement aussi pouvoir supporter le jeu des petits.

Ensuite, je lui ai avoué que cette vérité me rendait tout aussi perplexe que lui. Il en était de même pour David ; c'est pourquoi il a écrit : « Une science aussi merveilleuse est au-dessus de ma portée, elle est trop élevée pour que je puisse la saisir » (v. 6).

Chose étonnante, Jonathan n'a pas été troublé le moins du monde par mon aveu d'ignorance. Au contraire, il a semblé grandement réconforté de savoir qu'il n'était pas le seul dans ce cas. Il a accepté cette vérité avec la foi la plus pure.

ÉVITEZ LE LANGAGE FIGURÉ ET LE SYMBOLISME S'IL N'EST PAS EXPLIQUÉ

Il arrive souvent que les adultes, comme cette femme qui m'avait enseigné le chant du rayon de soleil, pensent à tort qu'une allégorie ou une figure de style pourront aider à comprendre une vérité essentielle. Mais, avec les enfants, ces choses obscurcissent souvent la vérité.

Malheureusement, le langage que l'on utilise le plus souvent dans l'évangélisation des enfants souffre de ce défaut. « Invitez Jésus à entrer dans votre cœur », disons-nous aux enfants. Ils imaginent alors aussitôt un organe bien rouge, comme sur une carte postale de la Saint-Valentin, et muni d'une petite porte. Il est, en réalité, plus simple et plus précis d'expliquer la foi comme étant une confiance totale et un abandon inconditionnel. La plupart des jeunes enfants ont plus de facilité à saisir de telles idées qu'à comprendre la métaphore de la petite porte dans leur cœur.

La pensée des enfants se traduit par des images colorées. Quand nous parlons, par exemple, d'un cœur noirci par le péché, ils s'en forment une image mentale littérale. Demandez à un groupe d'enfants de vous dire ce que signifient les paroles suivantes d'un chant bien connu : « Et tous les arbres des champs battront des mains », et vous commencerez à comprendre à quel point ils pensent de façon littérale.

Il n'y a rien de mal à utiliser le symbolisme ou un langage figuré pour faire comprendre la vérité aux enfants. Beaucoup d'excellentes histoires pour enfants, de fables et de contes de fées démontrent combien l'allégorie peut être efficace. Mais tout symbolisme doit être soigneusement expliqué. Les enfants les plus jeunes, notamment, n'ont pas la capacité d'interpréter le langage figuré par eux-mêmes.

SÉPAREZ NETTEMENT LE RÉEL DE L'IMAGINAIRE

Les enfants sont aujourd'hui bombardés par l'imaginaire et la fiction. Les émissions de télévision du samedi matin, les super-héros et les jouets fantaisistes ont atteint des niveaux de popularité sans précédent.

Même les programmes de l'école du dimanche fournissent à nos enfants d'énormes doses de fiction. On trouve du matériel excellent qui présente des histoires d'animaux de la forêt personnifiés et autres créatures imaginaires.

Il n'y a rien de nécessairement mauvais dans cette approche. La fantaisie peut être un outil légitime et précieux pour instruire les enfants. Mais n'oubliez pas de tracer clairement la frontière entre la réalité et l'imaginaire. Si la leçon du jour comporte une aventure de Moutz l'ourson et l'histoire de David et Goliath, assurez-vous que vos enfants sachent faire la différence entre la fiction et l'histoire vraie.

Je ne suis pas près d'oublier une conversation que j'ai eue il y a quelques années avec une petite fille de trois ans. Son feuilleton télévisé favori était « L'Incroyable Hulk ». David Banner, le personnage qui devient un monstre vert quand il se met en colère, était le seul David dont elle savait quelque chose. Pendant toute une leçon d'école du dimanche, elle a cru que c'était de ce David-là que parlait sa monitrice. Dans la version de David et Goliath qu'elle m'a racontée, David s'est transformé en monstre et a coupé la tête du géant ! J'ai mis un certain temps à lui expliquer la véritable histoire.

ESSAYEZ DE SAVOIR CE QUE PENSENT VOS ENFANTS

Faites raconter à vos enfants se qu'ils vivent à l'école du dimanche. C'est très drôle et cela vous permettra de savoir exactement ce qu'ils apprennent et ce qui les dépasse.

Une des personnes les plus intéressantes que j'aie connues est une petite fille de quatre ans du nom de Holly. Ses parents étaient nos meilleurs amis et, ma femme Darlene et moi la gardions assez souvent. Holly et moi sommes devenus des intimes et nous avons eu beaucoup de conversations profondes ensemble.

Holly était extrêmement bien élevée et s'intéressait énormément aux choses spirituelles. Un jour, pourtant, elle semblait décidée à être désagréable. Je ne me rappelle pas exactement ce qu'elle faisait de mal ; rien de grave, mais cela ne correspondait pas du tout à son caractère. Après lui avoir fait remarquer plusieurs fois son mauvais comportement, je lui ai demandé : « Holly, qu'est-ce qui ne va pas aujourd'hui ? »

« Je ne sais pas, soupira-t-elle. Je n'arrive tout simplement pas à mettre ma vie en ordre. »

Son ton était si solennel que j'ai eu du mal à réprimer un fou rire. « Quel est donc le problème ? », lui ai-je demandé.

« Je pense que c'est de la faute des disciples », a-t-elle répondu avec un sérieux total.

Pensant qu'elle disait n'importe quoi pour faire diversion par rapport à sa mauvaise conduite, je lui ai dit d'un ton qui laissait percer mon irritation : « Allons, Holly ! Qu'est-ce que les disciples pourraient bien avoir à faire avec ta bonne ou ta mauvaise conduite ? »

Ses pupilles se sont élargies et elle s'est penchée comme si elle allait me révéler un grand secret. « C'était des hommes très méchants », dit-elle.

Je me suis senti piégé. Je ne voulais pas abandonner cette conversation sans aborder la question de la méchanceté des disciples, mais en même temps, j'étais peu disposé à la laisser échapper à une discussion sur son mauvais comportement. Tout en étant conscient que nous allions peut-être y passer un long moment, j'ai résolu d'envisager une question à la fois.

« Les disciples n'étaient pas méchants », lui ai-je lancé avec défi.

– Oh, si, a-t-elle répliqué. Ils ne voulaient pas laisser les petits enfants venir à Jésus.

– D'accord, lui ai-je concédé, ils faisaient parfois des choses qui n'étaient pas bien, mais, en gros, c'était des hommes bons. Ils étaient les compagnons de Jésus.

– C'est juste, a dit Holly, comme si elle était le professeur et moi l'élève. Ils étaient les amis de Jésus, mais ils ont essayé de repousser les enfants. Donc, ils étaient méchants. »

Pour elle, c'était clair et net, et elle était visiblement choquée de ce que je veuille défendre quiconque voulait essayer d'empêcher les petits enfants de venir à Jésus.

Je me suis rendu compte rapidement qu'il serait prudent d'abandonner cette partie de la discussion. « Holly, les disciples n'étaient absolument pas méchants, ai-je dit avec fermeté. Mais, même s'ils l'étaient, je ne vois pas ce que cela a à voir avec ta mauvaise conduite. »

Elle a soupiré avec impatience et m'a expliqué : « J'ai demandé à Jésus de venir dans mon cœur et de laver tout mon péché. Je pense qu'il a dû laisser ses disciples l'aider, et ils n'ont pas fait un bon travail ! »

Pensez-y une seconde. La logique de Holly était irréprochable. En utilisant toute la connaissance théologique dont elle disposait, elle avait concocté la plus cohérente explication du péché dans la vie d'un chrétien que son cerveau de quatre ans avait pu imaginer. D'une certaine manière, ça a beaucoup plus de sens que les excuses que nous, les adultes, inventons parfois. Mais je n'aurais jamais compris ce qu'elle pensait si je n'avais pas continué à lui poser des questions.

NE VOUS ATTENDEZ PAS À CE QU'ILS COMPRENNENT LA LEÇON LA PREMIÈRE FOIS

Holly et moi avons eu beaucoup de discussions sur les disciples après cela, et il m'a fallu un bon moment pour la convaincre qu'ils n'étaient pas méchants. Mais finalement, elle était d'accord.

Il est rare que les enfants reçoivent tout le message correctement dès la première fois. C'est pourquoi un bon programme d'école du dimanche doit inclure des répétitions et des revisions.

Mon fils aîné, Jérémie, n'avait que trois ans quand on a commencé à donner de véritables enseignements dans sa classe d'école du dimanche. J'aimais lui demander de me raconter les histoires qu'il avait entendues et j'étais émerveillé de voir la précision avec laquelle il restituait la plupart des détails. J'étais même encore plus étonné que son petit cerveau soit capable d'emmagasiner autant d'informations.

Mais il lui arrivait de faire quelques menues erreurs.

Un dimanche, il m'a raconté le baptême de Jésus. Il a répété le récit à la vitesse de l'éclair, sans s'arrêter pour respirer : « Jésus est venu vers cet homme, Jean, qui baptisait les gens et il lui a dit : "Baptise-moi". Et Jean lui a dit qu'il n'était pas assez bon pour le faire, mais Jésus lui dit de le faire quand même. »

« Très bien, lui ai-je dit », me félicitant de ce que mon fils avait une telle capacité d'écoute.

« Alors, Jean a baptisé Jésus », a poursuivi Jérémie. Puis, il a ajouté en chuchotant de façon théâtrale : « Et alors, une chose très étrange s'est produite ».

« Quoi donc ? », lui ai-je demandé en chuchotant moi aussi.

« Le grand canard est descendu. »

J'ai regardé l'image qu'il avait coloriée. On voyait bien un oiseau descendre du ciel tandis que Jean baptisait Jésus. Et Jérémie, qui pensait que le moniteur avait dit « canard » au lieu de « colombe » avait décoré son oiseau avec des anneaux de colvert et un très gros bec.

Au moins, il avait compris l'essentiel de l'histoire. J'étais heureux qu'il en ait appris autant. Et lui était très impressionné en découvrant

APPENDICE 1

que je connaissais déjà l'histoire. Il a passé le reste de l'après-midi à me presser de lui fournir plus de détails. À l'âge de six ans, Jérémie était devenu un spécialiste de Jean-Baptiste. Et maintenant, en tant qu'adolescent, il enseigne la Bible à d'autres enfants.

Dans Deutéronome 6.6,7, Dieu confie la tâche suivante à la nation toute entière : « Et ces commandements, que je te donne aujourd'hui, seront dans ton cœur. Tu les inculqueras à tes enfants, et tu en parleras quand tu seras dans ta maison, quand tu iras en voyage, quand tu te coucheras et quand tu te lèveras. »

Ce principe est toujours valable. Enseigner la vérité spirituelle à nos enfants est une tâche permanente et incessante. Mais c'est aussi un privilège extraordinaire et une grande joie. C'est vous qui êtes le principal guide spirituel de votre enfant. Ne reculez pas devant cette responsabilité. Ne vous laissez pas intimider et n'y renoncez pas à cause de la difficulté, car c'est la meilleure part du rôle de parent.

APPENDICE 2

RÉPONSE À QUELQUES QUESTIONS CRUCIALES SUR LA FAMILLE

Pendant plusieurs années, j'ai répondu à des questions sur l'éducation des enfants et sur la famille. Environ quinze ans avant la rédaction de ce livre, j'ai publié ces questions et réponses sous forme de brochure. L'appendice qui suit est une mise à jour de cette brochure. Je l'inclus ici, quoique bien des questions auxquelles je réponds aient déjà été traitées de manière beaucoup plus approfondie dans ce livre. Les réponses abrégées et le format de ces « questions cruciales » résument et récapitulent le contenu du livre ; elles fournissent un outil pratique aux parents qui recherchent des réponses rapides à des questions particulières.

Notre société s'enfonce dans les ténèbres et est sur le déclin. Aujourd'hui, on étale et même on encourage des péchés qui, il y a seulement vingt ans, coupaient le souffle et dont on parlait à mots couverts. Il n'y a pas si longtemps encore, les liaisons extra-conjugales étaient scandaleuses. Aujourd'hui, on les considère comme la norme. Le président des États-Unis peut avoir des rapports sexuels avec une jeune stagiaire, puis le nier sans perdre pour autant le soutien massif de l'opinion publique dans les sondages. Pourquoi ? Parce que la vie privée d'un grand nombre d'Américains est remplie de péchés semblables. Notre société est devenue insensible à la culpabilité du péché. L'homosexualité, l'inceste, l'avortement et même la pédophilie ne choquent plus et n'exaspèrent plus la société comme auparavant. En fait, tous ces péchés ont maintenant leurs défenseurs qui prétendent que ce sont là des choses saines et désirables.

Cet effondrement moral a causé des torts incalculables à la famille. En réalité, toute attaque contre la force morale d'une société finit par se répercuter sur la famille. On en trouve la preuve dans les statistiques qui, aujourd'hui, montrent que les familles brisées sont la règle plutôt que l'exception. Regardez n'importe quel « talk show » à la télévision et vous verrez probablement des familles se désintégrer littéralement sous vos yeux.

Le mouvement de libération des femmes, le mouvement des droits de l'enfant et le mouvement de libération des homosexuels se livrent tous à des efforts organisés pour saper la famille et la vie de famille. Il n'y a plus guère d'élections sans propositions faites par quelque candidat au sujet des mariages entre homosexuels ou d'autres idées dont le seul but est de redéfinir le concept de la famille. C'est une époque dangereuse pour la famille. Ajoutez à cette sinistre mixture le changement de la conception du mariage, l'acceptation croissante du divorce, l'anéantissement des différences entre sexes et l'élimination de toute distinction entre les rôles masculin et féminin, et l'on comprendra facilement que la définition de la famille n'a plus rien à voir aujourd'hui avec ce qu'elle était il y a seulement vingt ans.

Le résultat est que les familles se désintègrent. Y a-t-il encore quelqu'un dans notre société qui n'ait pas été touché d'une manière ou d'une autre par le divorce, les mauvais traitements d'enfants, la délinquance juvénile et une foule d'autres maux directement liés à l'effondrement de la famille ?

À chaque génération, la dissolution des mariages et le déchirement des familles font de plus en plus de victimes. La présente génération d'enfants récoltera ce que ses parents ont semé et elle sèmera des semences qui rapporteront trente, soixante et cent fois. Le nombre de familles brisées croît de façon exponentielle. Que pouvons-nous attendre des générations futures ? La seule espérance pour les chrétiens est de proclamer et de réaffirmer les critères divins à partir de la Parole de Dieu, et surtout de les vivre dans leurs propres familles. Les chrétiens *doivent* à tout prix s'attacher fermement au modèle biblique de la famille. Et l'Église doit recommencer à exprimer clairement, sans crainte et sans honte, ce que dit la Parole de Dieu sur la famille.

Au début des années 1980, j'ai tourné une série de films et écrit un livre sur la famille. La demande pour ce matériel a dépassé tout ce que j'avais écrit jusqu'alors. Et, au cours des années suivantes, partout où j'allais, les gens me posaient des questions sur la famille. Malgré tous les livres qui ont été écrits et tout ce qui a été dit sur la famille, les chrétiens sont toujours affamés d'enseignements.

Récemment, avec l'aide de *World Publishing*, j'ai créé une toute nouvelle série d'enregistrements vidéo sur l'éducation des enfants, pour accompagner ce livre. D'ores et déjà, l'intérêt manifesté pour cette série est remarquable, et les gens en redemandent à grands cris. Il est encourageant et enthousiasmant de voir tant de personnes, au sein du peuple de Dieu, qui désirent aligner leur vie de famille sur la Parole. Je dois dire, cependant, que je ne désire pas particulièrement être classé parmi « les spécialistes de la famille ».

Je ne crois pas qu'aucune approche psychologique ou professionnelle particulière soit nécessaire pour aider à reconstruire les familles modernes. Les principes bibliques qui régissent l'ordre de la famille sont étonnamment simples et directs. L'Écriture expose le plan divin pour la famille en des termes si clairs que quiconque cherche à suivre ce chemin, même un insensé, ne risque pas de s'égarer (voir Ésaïe 35.8). La confusion vient quand les gens essayent de faire entrer l'enseignement biblique dans le cadre de la « sagesse » contemporaine. Nous devons prendre la Parole de Dieu au pied de la lettre et lui obéir sans compromis ni réserve.

Le présent appendice ne peut pas répondre à toutes les questions bibliques que l'on se pose sur la famille, mais il y a des questions *fondamentales*. Mon espoir est que les réponses vous donneront un point de départ pour aborder les questions troublantes que vous vous posez peut-être. Et la partie principale de ce livre devrait vous fournir la plupart des détails.

La famille est la première institution que Dieu ait créée sur la terre. Avant qu'il n'existe un gouvernement, et bien avant qu'il ait institué l'Église, Dieu a institué le mariage et la famille comme pierre angulaire de la société. La destruction de la famille à laquelle nous assistons aujourd'hui est, je crois, un signe avant-coureur de l'effondrement final de notre société toute entière. Plus la famille est menacée, plus la société elle-même est en danger d'extinction. Nous vivons dans les derniers jours et rien ne l'atteste plus clairement que la détérioration de la famille.

Éphésiens 5.22 – 6.4 offre un condensé du modèle biblique pour la famille. Nous y lisons des instructions pour les maris, les femmes, les enfants et les parents. En quelques versets merveilleusement simples, Dieu expose systématiquement tout ce que nous avons besoin de savoir et ce à quoi nous devons obéir pour avoir une vie de famille réussie et harmonieuse :

> Femmes, que chacune soit soumise à son mari, comme au Seigneur ; car le mari est le chef de la femme, comme Christ est le chef de l'Église qui est son corps, et dont il est le Sauveur. Or, de même que l'Église est soumise à Christ, les femmes aussi doivent l'être à leur mari en toutes choses.

> Maris, que chacun aime sa femme, comme Christ a aimé l'Église, et s'est livré lui-même pour elle, afin de la sanctifier en la purifiant et en la lavant par l'eau de la parole, pour faire paraître devant lui cette Église glorieuse, sans tache, ni ride, ni rien de semblable, mais sainte et irréprochable. C'est ainsi que le mari doit aimer sa femme comme son propre corps. Celui qui aime sa femme s'aime lui-même. Car jamais personne n'a haï sa propre chair, mais il la nourrit et en prend soin, comme Christ le fait pour l'Église, parce que nous sommes membres de son corps. C'est pourquoi

l'homme quittera son père et sa mère, s'attachera à sa femme, et les deux deviendront une seule chair. Ce mystère est grand ; je dis cela par rapport à Christ et à l'Église. Du reste, que chacun de vous aime sa femme comme lui-même, et que la femme respecte son mari.

Enfants, obéissez à vos parents, selon le Seigneur, car cela est juste. Honore ton père et ta mère (c'est le premier commandement avec une promesse), afin que tu sois heureux et que tu vives longtemps sur la terre.

Et vous, pères, n'irritez pas vos enfants, mais élevez-les en les corrigeant et en les instruisant selon le Seigneur.

Voilà donc les éléments d'une famille réussie : une épouse que caractérise la soumission ; un mari qui aime sa femme de manière sacrificielle ; des enfants qui honorent leurs parents et leur obéissent ; et des parents qui instruisent et corrigent leurs enfants en étant pour eux un exemple cohérent, qui reflète le Seigneur. Pratiquement toutes les questions qu'on peut poser sur la famille doivent se rapporter à ce passage de l'Écriture et au modèle qu'il présente.

Même si votre famille est sans enfant, ou sans père ou mère, la formule de base qui garantit son succès est la même : chaque membre de la famille doit chercher à remplir la fonction que Dieu lui a assignée.

SI UNE FEMME EST APPELÉE À SE SOUMETTRE, NE JOUE-T-ELLE PAS UN RÔLE INFÉRIEUR ?

Tous les membres de la famille, et non seulement l'épouse, ont reçu l'ordre de se soumettre. Il est significatif que, dans les manuscrits grecs les plus fiables, le verset 22 ne comporte pas de verbe (« Femmes, que chacune soit soumise à son mari, comme au Seigneur »). Le verbe est sous-entendu et, pour comprendre l'expression, le lecteur doit revenir au verset 21 et lui emprunter son verbe (le verbe grec pour « soumettre », *hupotasso*). Une traduction littérale des versets 21 et 22 donnerait donc : « vous soumettant les uns aux autres dans la crainte de Christ. Femmes, à votre mari, comme au Seigneur ».

Notez que le commandement du verset 21 (vous soumettant les uns aux autres) s'applique à tous les membres du Corps de Christ. Paul dit ici qu'il existe une soumission mutuelle dans le Corps de Christ qui doit s'appliquer aux relations familiales. Le mari démontre sa soumission envers sa femme par l'amour sacrificiel qu'il lui porte. Son rôle est comme celui de Christ, dans Jean 13, quand il s'est ceint d'un linge et a lavé les pieds des disciples, acceptant la tâche la plus vile qu'il lui était possible d'accomplir pour eux. La femme démontre sa soumission à son mari en suivant sa direction, « car le mari est le chef de la femme, comme Christ est le chef de l'Église » (v. 23).

Le rôle du mari est celui d'un dirigeant, « chef de la femme ». Mais cela ne veut pas dire que la femme soit son esclave, à son entière disposition, prête à recevoir des ordres comme : « Fais ceci ! Va chercher cela ! Va là-bas ! Fais-moi chauffer cela ! » et ainsi de suite. La relation entre un mari et une femme en est une de cohéritiers « de la grâce de la vie » (1 Pierre 3.7). L'épouse est le sexe le plus faible, et le mari doit l'honorer, la protéger et être un chef compréhensif.

La relation conjugale est plus intime, personnelle et intérieure que celle d'un maître avec son esclave. C'est ce qui ressort de l'expression « à son mari » (Éphésiens 5.22). La relation entre le mari et sa femme est construite sur une appartenance intime. Ce verset semble impliquer que la femme sera toute prête à se soumettre à quelqu'un qui lui appartient.

Le rôle de la femme n'est en aucun cas secondaire. Il n'implique nullement un statut inférieur, mais seulement une différence de fonction voulue par Dieu. Cela est merveilleusement illustré dans 1 Corinthiens 11.3 : « Je veux cependant que vous sachiez que Christ est le chef de tout homme, que l'homme est le chef de la femme, et que Dieu est le chef de Christ. » Dieu et Christ ont des rôles d'autorité et de soumission, mais ils sont de même essence, étant Dieu. Il en va de même pour le mari et la femme. Leurs rôles sont différents, mais ils sont égaux en essence et en valeur. Comme Paul le fait remarquer, ce sont les hommes qui dirigent, mais les femmes sont délivrées de toute idée d'infériorité du fait qu'elles enfantent et élèvent des enfants. Même si les hommes sont aux commandes, ce sont les femmes qui exercent la plus forte influence sur la génération suivante (voir 1 Timothée 2.11-15).

QUE DOIT FAIRE UNE FEMME CHRÉTIENNE SI SON MARI N'EST PAS CAPABLE D'ÊTRE L'AUTORITÉ À LAQUELLE ELLE DEVRAIT SE SOUMETTRE ?

Que se passe-t-il si le mari n'essaye pas de remplir son rôle ? Qu'arrive-t-il s'il renonce à exercer sa position de dirigeant et laisse sa femme être le chef du foyer ? Cela se produit fréquemment et plus particulièrement dans le domaine de l'autorité *spirituelle*.

Un jour, j'ai reçu la lettre d'une épouse qui disait : « J'ai commis une terrible erreur. J'ai essayé de me soumettre à mon mari, mais il ne voulait pas assumer la direction du foyer. Petit à petit, je l'ai assumée, et maintenant je domine, et il ne prendra jamais la direction. Comment puis-je sortir de ce gâchis ? »

Je réponds à cela : Soumettez-vous de nouveau. Insistez. S'il n'assume toujours pas le rôle de chef auquel vous pourriez vous soumettre, exercez votre soumission dans les domaines que vous pensez qu'il apprécierait. Assumez votre rôle biblique et renoncez au sien. Puis, encouragez-le, priez pour lui et soutenez-le en tant que chef du foyer de toutes les manières possibles. Et surtout, refusez d'assumer la direction de la famille de façon dominante. Soyez obéissante au modèle biblique. Faites-lui des suggestions et conduisez-le discrètement, quand c'est absolument nécessaire, mais laissez-lui de la place pour intervenir.

Dans 1 Pierre 3.1,2, nous lisons : « Femmes, que chacune soit de même soumise à son mari, afin que, si quelques-uns n'obéissent point à la parole, ils soient gagnés sans parole par la conduite de leur femme, en voyant votre manière de vivre chaste et respectueuse. » Encore une fois, le mot grec traduit ici par « soumises » est *hupotassô*. Il décrit la fonction et non l'essence du rôle de la femme. Autrement dit, bien que ce mot ne dise pas que le rôle de la femme soit en rien moins important que celui de son mari, il affirme que, dans le plan de Dieu, la femme doit se soumettre, et que c'est le mari qui doit assumer la direction.

Remarquez aussi que même Pierre dit : si le mari n'obéit pas à la Parole – qu'il rejette Christ, ou qu'il soit un croyant qui ne prend pas ses responsabilités de chef de famille –, la femme doit néanmoins se soumettre.

Ainsi, la meilleure façon pour une épouse d'encourager un mari qui ne prend pas ses responsabilités est simplement de se soumettre à lui, d'assumer son propre rôle avec beaucoup de détermination et de respect pour lui, et de prier pour que cela l'amène à prendre conscience de sa responsabilité.

COMMENT UNE ÉPOUSE DOIT-ELLE RÉAGIR FACE À UN MARI VIOLENT ?

Un jour, alors que je répondais aux questions qu'on me posait dans le cadre d'une rencontre à Boston, une jeune femme s'est levée pour me demander comment une épouse chrétienne doit réagir à un mari qui la bât. Aussitôt, une petite dame de quatre-vingt-neuf ans aux cheveux blancs, qui était assise au deuxième rang, s'est levée et lui a crié : « Frappe-le aussi, ma chérie ! »

Je souris encore en me rappelant cette scène (j'ai remarqué après la réunion que la petite dame âgée portait des bottes de cow-boy noires). Aussi comique que cela ait pu être, je ne pense pas que cette vieille dame avait le bon remède.

Le divorce n'est pas non plus toujours une possibilité. L'Écriture ne permet pas automatiquement de divorcer dans le cas où un mari est violent.

Si la Bible ne donne pas d'instructions spécifiques aux femmes battues, elle nous fournit certains principes qui s'appliquent certainement à elles. Dans Proverbes 14.16, on lit : « Un homme sensé

APPENDICE 2

a peur du mal et s'en détourne » *(Français courant)*. Dieu nous donne de la sagesse pour savoir nous défendre. De même que nous baissons la tête pour éviter un objet qui est lancé sur nous, le bon sens nous commande d'éviter les situations où nous nous trouvons physiquement en danger. Et je crois que c'est ce que Dieu attend de nous.

Une femme que son mari brutalise n'a pas seulement raison de se protéger ; elle serait dans son tort si elle ne le faisait pas. Une femme qui se soumet volontairement aux coups et autres mauvais traitements physiques d'un mari cruel ou ivre ne fait preuve d'aucune vertu. Et la Bible ne justifie en aucun cas une femme qui, consciemment, se laisse battre et même blesser au nom de la soumission à son mari, surtout si elle peut prendre des mesures légitimes pour l'éviter.

Par comparaison, dans Romains 13, l'apôtre Paul dit que nous devons nous soumettre au gouvernement en tant qu'autorité instituée par Dieu. Mais cette « soumission » n'implique pas nécessairement que nous souffrions volontairement aux mains d'un gouvernement qui outrepasse ses droits. Notre Seigneur a dit : « Quand on vous persécutera dans une ville, fuyez dans une autre » (Matthieu 10.23), ce qui autorise sans nul doute ceux qui sont persécutés à fuir la persécution d'un gouvernement inique, quand il est possible de s'échapper. Ainsi, la soumission à laquelle Dieu nous appelle n'implique pas automatiquement d'acquiescer à la pure violence physique.

Ce que je conseille aux femmes qui se trouvent en danger d'être physiquement brutalisées par leur mari, c'est tout d'abord d'essayer de désamorcer la situation. Ayez soin d'éviter tout ce qui pourrait provoquer la violence de votre mari. Dans Proverbes 15.1, on lit : « Une réponse douce calme la fureur ».

Cela ne veut évidemment pas dire que les femmes soient responsables de la violence de leur mari. Il n'y a pas la moindre excuse pour un homme qui use de violence physique envers sa femme. C'est même la forme la plus criante de désobéissance au commandement donné aux maris dans Éphésiens 5.25. Un homme qui violente sa femme ne peut légitimement invoquer aucune action de la part de celle-ci qui justifierait son usage de la force brutale. S'attaquer physiquement à sa femme est un péché déraisonnable et inexcusable contre elle et contre

Christ. Et essayer de justifier cette violence, comme le font certains hommes, en s'appuyant sur la Bible et en invoquant que le mari est le « chef » de la femme, revient à dénaturer la notion même de chef. Rappelez-vous que Dieu est le chef de Christ et que Christ est aussi le chef de l'Église (1 Corinthiens 11.3). Cette expression n'implique donc pas seulement diriger et exercer l'autorité, mais aussi nourrir et protéger avec amour. « Le mari est le chef de la femme, *comme Christ est le chef de l'Église* qui est son corps, et dont il est le Sauveur » (Éphésiens 5.23, italiques pour souligner). Le mari qui croit que son rôle de chef justifie qu'il soit dominateur, tyrannique ou brutal n'a rien compris à cette notion.

Si un mari enclin à la violence commence à s'agiter et à maltraiter sa femme, celle-ci doit se soustraire au danger, en quittant le foyer si nécessaire. Dieu a promis qu'il ne nous éprouverait pas au-delà de ce que nous pouvons supporter, mais qu'il nous donnerait toujours un moyen de sortir de l'épreuve (1 Corinthiens 10.13). Il arrive que la fuite soit le seul moyen. Si vous avez des enfants et qu'ils sont en danger, emmenez-les dans un endroit où ils seront en sécurité jusqu'à ce que vous sentiez que vous pouvez revenir sans vous exposer.

Si vous n'êtes pas vraiment en danger physiquement, mais que vous êtes simplement lassée d'avoir à supporter un mari hargneux ou désagréable, même s'il est incroyant et hostile aux choses de Dieu, ce que Dieu désire, c'est que vous restiez, que vous priiez et sanctifiiez ce mari par votre présence d'enfant bien-aimée de Dieu (1 Corinthiens 7.10-16). Le Seigneur vous protégera et vous enseignera au cours des périodes difficiles.

Bien entendu, priez pour votre mari, soumettez-vous à lui de toutes les façons possibles, encouragez-le à chercher conseil auprès d'hommes bien informés des choses de Dieu et faites tout votre possible pour trouver une solution aux problèmes qui le rendent hargneux ou violent.

APPENDICE 2

UNE ÉPOUSE DEVRAIT-ELLE TRAVAILLER EN DEHORS DE SON FOYER ?

La question du travail des femmes mariées à l'extérieur du foyer n'est pas une à laquelle on peut répondre simplement par oui ou par non. La vraie question est de savoir comment nous comprenons les priorités bibliques pour une femme. Dans Tite 2.4,5, Paul nous dit que les femmes âgées dans l'Église doivent instruire les femmes plus jeunes « à aimer leur mari et leurs enfants, à être retenues, chastes, occupées aux soins domestiques, bonnes, soumises à leur mari, afin que la parole de Dieu ne soit pas calomniée ».

Il est clair que la priorité pour toute femme est qu'elle s'occupe des besoins de sa famille et qu'elle le fasse en étant tout d'abord « occupée aux soins domestiques ». Dans 1 Timothée 5.14, Paul fait ressortir la même idée, quoiqu'en utilisant un autre mot grec. Là, Paul écrit : « Je désire que les jeunes *[femmes]* se marient, qu'elles aient des enfants, qu'elles dirigent leur maison, qu'elles ne donnent à l'adversaire aucune occasion de médire ». Ici, le verbe grec *oikodespoteô* signifie littéralement « diriger la maison ». Le domaine de la femme est le foyer, et c'est là que doit toujours être la priorité d'une mère.

Quand le psalmiste, sous l'inspiration du Saint-Esprit, a voulu montrer le caractère glorieux de Dieu, il ne pouvait lui adresser de meilleure louange que celle-ci :

Qui est semblable à l'Éternel, notre Dieu ?
Il a sa demeure en haut ;
Il abaisse les regards
Sur les cieux et sur la terre.
De la poussière il retire le pauvre,
Du fumier il relève l'indigent,
Pour les faire asseoir avec les grands,
Avec les grands de son peuple.
Il donne une maison à celle qui était stérile,

Il en fait une mère joyeuse au milieu de ses enfants.
Louez l'Étemel ! (Psaumes 113.5-9, italiques pour souligner)

Voilà ce que Dieu peut faire de meilleur pour une femme ! Prendre soin de la maison implique porter des enfants, les élever et prendre soin des choses du foyer. Tout cela est un don de la grâce de Dieu à une femme. C'est intimement lié au principe de la soumission de la femme à son mari. Si elle travaille en dehors de son foyer, elle devra affronter des circonstances toutes différentes. Elle devra se soumettre et rendre des comptes non seulement à son mari, mais aussi à son patron. D'autres priorités vont souvent prendre le pas sur la priorité biblique du foyer et de la famille, et la femme sera, en général, écartelée entre la fonction que la Bible lui assigne et celle, bien différente, qu'exige son travail.

Toutefois, dans l'Écriture, il n'y a rien qui interdise spécifiquement aux femmes de travailler, tant que leur foyer demeure leur priorité (Proverbes 31).

Qu'une femme travaille ou non à l'extérieur de sa maison, le *premier* appel de Dieu pour elle est le foyer. C'est le lieu le plus excellent pour une épouse. Ce n'est pas le Seigneur mais le monde qui attire tant de femmes hors de leur foyer. La Parole de Dieu montre que le rôle de la femme est de s'occuper des tâches domestiques. C'est un noble appel, beaucoup plus essentiel à l'avenir de ses enfants que tout travail qu'elle pourrait effectuer à l'extérieur du foyer.

La décision finale est personnelle, et chaque femme doit la prendre en se soumettant à l'autorité de son mari. Bien entendu, une femme célibataire est libre de travailler et de faire carrière. Une femme mariée, sans enfants, disposera peut-être d'un peu moins de temps et d'énergie pour travailler à l'extérieur. Quant à une mère de famille, sa première responsabilité est bien sûr le foyer, et elle n'est donc pas libre de travailler à l'extérieur, au détriment de son foyer. En tant que parent, je ne vois guère comment une mère de famille pourrait s'acquitter de tout ce qu'il y a à faire à la maison – l'éducation des enfants, l'hospitalité, prendre soin des nécessiteux et de l'œuvre du Seigneur (voir 1 Timothée 5.3-14) tout en travaillant à l'extérieur.

APPENDICE 2

QU'EN EST-IL D'UNE FEMME QUI VEUT RESTER AU FOYER, MAIS DONT LE MARI INSISTE POUR QU'ELLE TRAVAILLE À L'EXTÉRIEUR ?

Beaucoup de femmes se trouvent confrontées au dilemme d'avoir un mari qui leur demande de travailler à l'extérieur, alors qu'elles se sentent poussées par le Seigneur à faire du foyer leur première priorité. Dans ce cas-là, il y a une tension entre deux principes bibliques opposés : la soumission (Éphésiens 5.22) et le plan de Dieu pour les épouses (1 Timothée 5.14 ; Tite 2.4,5). La première chose à faire, pour une femme qui se trouve dans cette situation, est de prier et de parler ensuite de sa conviction à son mari. Avec amour, elle essayera de lui faire comprendre à quel point il est important pour elle d'obéir à Dieu. Si c'est l'argent qui fait problème, peut-être pourra-t-elle trouver quelque moyen créatif de gagner de l'argent en travaillant à la maison, où en limitant ses activités à l'extérieur aux heures où les enfants sont à l'école (la femme vertueuse de Proverbes 31 gagnait de l'argent grâce à un travail qu'elle effectuait à la maison). Elle peut effectuer une petite étude pour son mari sur les bénéfices réels qu'elle tirerait de son travail. De nombreuses statistiques montrent qu'une femme qui travaille n'augmente souvent pas du tout le revenu réel du foyer, une fois déduits les frais de garde des enfants et autres dépenses.

Si son mari insiste toutefois pour qu'elle travaille à l'extérieur, elle devra lui obéir dans un esprit de douceur, tout en continuant à prier et en lui faisant prendre conscience, avec amour, des conséquences négatives que cela pourra avoir sur leur relation, la qualité du foyer et le développement des enfants. Pierre nous permet de mieux comprendre ce genre de situation délicate dans 1 Pierre 3.1-6. Il exhorte la femme à démontrer sa soumission à Dieu en se soumettant à la direction de son mari, même s'il désobéit à la Parole. Beaucoup de femmes parviennent à se soumettre à leur mari en travaillant à l'extérieur tout en obéissant à la Parole de Dieu, en étant de bonnes maîtresses de maison entre les heures de travail. Cela n'est certainement pas facile, mais une femme ingénieuse peut y arriver. En se soumettant à son mari, cette femme se soumet également à la volonté de Dieu. Le Seigneur connaît les circonstances et il est capable d'œuvrer dans le cœur du mari pour le changer.

DE QUELLE MANIÈRE LES MARIS PEUVENT-ILS AIMER LEURS FEMMES ?

Il est intéressant de noter que dans Éphésiens 5.25, Dieu *commande* aux maris d'aimer leurs femmes. Cela démontre, premièrement, que l'amour véritable n'est pas juste un sentiment qui envahit une personne, mais un acte de la volonté. S'il n'en était pas ainsi, Dieu ne nous commanderait pas d'aimer. D'autre part, Paul ne dit pas : « dirigez vos femmes ». Il y a un rôle de direction et un rôle de soumission, mais le mari ne doit pas considérer sa fonction sous l'angle de l'autorité, mais sous l'angle de l'amour sacrificiel envers sa femme.

Cependant, plus que le commandement lui-même, c'est la qualité de l'amour du mari qui importe : « Maris, aimez vos femmes comme Christ a aimé l'Église et s'est donné pour elle ». Il s'agit là du genre d'amour le plus altruiste, généreux et bienveillant que l'esprit humain puisse concevoir. Ce genre d'amour exclut que l'on puisse traiter sa femme de haut et dominer de manière égoïste sur sa famille.

Pierre décrit ainsi l'amour du mari pour sa femme : « Maris, montrez à votre tour de la sagesse dans vos rapports avec votre femme, comme avec un sexe plus faible ; honorez-la comme devant aussi hériter avec vous de la grâce de la vie. Qu'il en soit ainsi, afin que rien ne vienne faire obstacle à vos prières » (1 Pierre 3.7). Dans ce verset, je vois trois concepts de base.

Le premier est la *considération*. Il nous faut vivre avec notre épouse « en montrant de la sagesse ». Nous devons être sensibles, compréhensifs et pleins d'égards. Dans le ministère que j'exerce, avec mon équipe, les conseillers sont habitués d'entendre des épouses malheureuses se plaindre à eux de la sorte : « Il ne me comprend jamais. » « Il ne sait pas qui je suis. » « Il est insensible à mes besoins. » « Nous ne parlons jamais. » « Il ne comprend pas mes blessures. » « Il me parle méchamment. » « Il ne me traite pas avec amour », et ainsi de suite. Ces femmes disent que leur mari n'a pas d'égards pour elles et que ce qui l'intéresse est davantage ce qu'il peut tirer de la relation conjugale que ce qu'il y apporte.

Une autre manière de témoigner de l'amour à votre épouse est la *galanterie*. Rappelez-vous, maris, que votre épouse est un sexe plus faible. Une part essentielle de votre rôle de chef est votre responsabilité de la protéger, de veiller sur elle et de vous donner pour elle. Ce genre d'attitude désintéressée et généreuse peut s'exprimer de multiples façons, et souvent par des gestes apparemment sans importance qui, pour votre épouse, sont très révélateurs de l'amour que vous lui portez. Vous pouvez, par exemple, lui ouvrir la portière de la voiture, au lieu de faire marche arrière tandis qu'elle a encore une jambe à l'extérieur de la voiture. Ou simplement lui apporter des fleurs. De petites et fréquentes attentions de ce genre signifient davantage pour une épouse qu'une manifestation spéciale lors de votre anniversaire de mariage.

Enfin, les maris peuvent montrer leur amour à leur femme par la *communion* qu'ils entretiennent avec elle. Remarquez, de nouveau, que Pierre rappelle que les maris et les femmes sont « héritiers ensemble de la grâce de la vie ». Le mariage, plus qu'aucune autre institution humaine, est fait pour être une association étroite, l'union de deux en un. La communion d'un couple doit être aussi intime que possible. Il faut la rechercher avec assiduité ; cela demande un effort particulier. Maris, communiez avec votre femme. Parlez avec elle. Partagez votre vie spirituelle l'un avec l'autre.

POURQUOI FAUT-IL FAIRE OBÉIR LES ENFANTS ?

L'Écriture affirme clairement que les enfants doivent obéir à leurs parents. Le cinquième commandement dit que les enfants doivent honorer leurs parents. Douze versets, au moins, dans le seul livre des Proverbes enjoignent aux enfants d'obéir à leurs parents. Paul dit ceci : « Enfants, obéissez à vos parents, selon le Seigneur, car cela est juste.

Honore ton père et ta mère (c'est le premier commandement avec une promesse), afin que tu sois heureux et que tu vives longtemps sur la terre » (Éphésiens 6.1-3).

Pourquoi les enfants doivent-ils obéir ? Parce qu'ils manquent de maturité dans quatre domaines qui sont essentiels pour leur indépendance. Ceux-ci nous sont présentés en détail dans Luc 2.52. Il nous est dit que l'enfant Jésus a grandi dans ces quatre domaines : « Jésus croissait en sagesse, en stature, et en grâce devant Dieu et devant les hommes ». Quoique Jésus ait été parfait et sans péché, notre Seigneur a grandi intellectuellement, physiquement, socialement et spirituellement. Ce sont les quatre domaines dans lesquels tous les enfants ont besoin de grandir.

Les enfants doivent grandir en *maturité intellectuelle*. Ils manquent de sagesse, de discernement, d'instruction et de connaissance. À la naissance d'un bébé, son cerveau ne possède presque pas d'informations. Tout ce qu'il a besoin de savoir doit lui être enseigné. Il ne sait pas reconnaître le vrai du faux ; il ne sait pas ce qui est bon à manger ; il ne sait pas ce qu'il ne faut pas mettre dans sa bouche ; et il n'a pas même suffisamment de bon sens pour discerner que les voitures sont dangereuses et qu'il doit rester sur le trottoir. Toutes ces choses doivent lui être enseignées pendant l'enfance.

Les enfants doivent aussi acquérir de la *maturité physique*. Ils naissent faibles et incapables de subvenir à leurs besoins. Ils mettent beaucoup de temps à acquérir force et coordination. Au début, on doit les nourrir, les changer et leur faire faire leur rot. Ils ne peuvent se débrouiller ni aller dans le monde tout seuls. Leurs parents ont la responsabilité de les protéger.

Les enfants manquent de *maturité sur le plan social*. La chose la plus évidente chez un enfant, quand il vient au monde, c'est qu'il est totalement égoïste. Il veut tout, tout de suite, et il pense que tout ce qui est à sa portée lui appartient. Il est difficile d'enseigner à un enfant à partager, à savoir quoi dire au moment approprié ou à être humble. Rien de tout cela n'est naturel pour aucun d'entre eux.

Enfin, les enfants ont besoin de *maturité spirituelle*. L'enfant n'en vient pas à aimer Dieu naturellement. L'Écriture suggère que même les petits enfants ont une certaine connaissance innée de Dieu (Romains 1.19), mais si on ne leur donne pas un enseignement approprié, ils vont s'en écarter. Ils seront entraînés par leur propre dépravation. Il est de la responsabilité de leurs parents de les aiguiller dans la bonne direction. Dans Proverbes 22.6, on lit : « Instruis l'enfant selon la voie qu'il doit suivre ; et quand il sera vieux, il ne s'en détournera pas ». L'obéissance est un outil qui va permettre à l'enfant d'atteindre la maturité dans tous les domaines.

LES ENFANTS DOIVENT-ILS OBÉIR MÊME À DES PARENTS QUI NE CRAIGNENT PAS DIEU ?

Tous les parents ne désirent pas élever leurs enfants dans la voie de la vérité. Mais quand Paul écrit : « Enfants, obéissez à vos parents, *selon le Seigneur* », il veut dire par là que l'obéissance est le moyen par excellence de servir le Seigneur, de lui faire plaisir, de l'honorer et de l'adorer. Il ne veut certainement pas dire que la responsabilité d'obéir ne repose que sur les enfants dont les parents sont au Seigneur.

Le commandement que Dieu adresse aux enfants d'obéir à leurs parents est absolu, sauf dans le cas où les parents leur donnent des ordres contraires aux commandements de la Parole de Dieu. Si l'un des parents demande à un enfant de transgresser un commandement bien clair de l'Écriture, la vérité d'Actes 5.29 entre en vigueur : « Il faut obéir à Dieu plutôt qu'aux hommes ». Dans de telles circonstances, l'enfant doit refuser d'obéir aux souhaits des parents, mais non de façon irrévérencieuse ou insolente. Et il doit accepter les conséquences de sa désobéissance avec patience, sans manifester une attitude de défi ou de colère.

COMMENT LES PARENTS PEUVENT-ILS CONNAÎTRE LA BONNE FAÇON D'ÉLEVER LEURS ENFANTS ?

Éphésiens 6.4 dit : « Et vous, pères, n'irritez pas vos enfants, mais élevez-les en les corrigeant et en les instruisant selon le Seigneur ». Beaucoup de parents commettent l'erreur de croire qu'instruire selon Dieu se fait tout seul au sein d'une famille chrétienne. Mais ce n'est pas vrai. Les parents doivent donner l'exemple, soigneusement et de façon planifiée. Leurs responsabilités englobent l'éducation, l'instruction et la correction de leurs enfants selon le Seigneur, sans irriter leurs enfants.

Les parents sont la clé de la croissance spirituelle de chaque enfant. Tout enfant naît avec un penchant pour le péché, et la dépravation le dominera, à moins que son emprise ne soit brisée par la régénération. L'enfant doit être régénéré, « non par une semence corruptible, mais par une semence incorruptible, par la parole vivante et permanente de Dieu » (1 Pierre 1.23). Les instructions que l'Écriture adresse aux parents suggèrent que la meilleure façon d'apporter la Parole de Dieu à nos enfants est de créer un environnement où règnent l'amour et la correction.

Dans une étude menée il y a plusieurs années, les sociologues Sheldon et Eleanor Glueck, de l'université de Harvard, ont identifié plusieurs facteurs principaux dans le développement de la délinquance juvénile. Ils ont créé un test qui peut prédire, avec environ 90 % de précision, la délinquance future d'enfants de cinq à six ans. Ils ont dressé la liste de quatre facteurs nécessaires pour empêcher la délinquance juvénile. Premièrement, la correction qu'exerce le père doit être ferme, juste et cohérente. Deuxièmement, la mère doit savoir en tout temps où se trouvent ses enfants et ce qu'ils font, et elle doit être avec eux le plus possible. Troisièmement, les enfants ont besoin de voir une démonstration d'affection entre leurs parents, et de leurs parents envers eux. Et quatrièmement, la famille doit passer du temps ensemble en tant que groupe[1].

D'autres études du même genre suggèrent qu'il y a normalement de bonnes relations entre parents et enfants dans un contexte où les parents s'aiment sincèrement, où la correction est cohérente, où l'enfant se sent aimé, où les parents donnent un exemple spirituel et moral positif, et où il y a un père qui dirige la famille.

Le fait est que l'exemple de vie que vous donnez à vos enfants est ce qui les touche le plus. De nombreux parents commettent l'erreur de se soucier principalement de la façon dont on les perçoit dans l'Église et dans la société, tandis qu'ils ne prêtent aucune attention à l'exemple qu'ils donnent à leurs enfants. Rien ne rend la vérité plus déplaisante aux yeux d'un enfant qu'un parent hypocrite ou spirituellement superficiel qui proclame la vérité en public, mais la renie à la maison.

Parents, nous avons une responsabilité solennelle et imposante, mais c'est aussi un merveilleux privilège. Une des expériences les plus gratifiantes au monde, c'est d'avoir des enfants qui se consacrent à suivre le Seigneur, quel qu'en soit le prix, parce qu'ils ont été témoins de ce même engagement chez nous.

QU'EST CE QUI REND UN MARIAGE SOLIDE ?

Un mariage entre deux chrétiens est tout d'abord un engagement envers Jésus-Christ et ensuite l'un envers l'autre. Satan adore détruire les mariages, et la meilleure protection contre ses attaques est une relation profonde des deux partenaires avec Jésus-Christ et un engagement à obéir à la Parole de Dieu. Quand ce genre de consécration existe, je ne crois pas qu'un mariage puisse faillir.

Mais, pour préciser cette pensée, voici deux principes qui rendront un mariage plus fort. D'abord, concentrez-vous sur ce que vous devez être intérieurement, et non seulement sur ce que vous dites, sur ce que vous avez, ni même sur l'image que vous présentez. Pierre donne le principe suivant aux épouses, mais il s'applique aussi, sans nul doute, aux maris : « Ayez, non cette parure extérieure qui consiste dans les cheveux tressés, les ornements d'or, ou les habits qu'on revêt, mais la parure intérieure et cachée dans le cœur, la pureté incorruptible d'un esprit doux et paisible, qui est d'un grand prix devant Dieu » (1 Pierre 3.3,4).

Tout ce que vous possédez s'altérera. Et même votre apparence physique se détériore continuellement avec l'âge. Mais, « la parure intérieure et cachée dans le cœur » mûrit, se développe et devient de plus en plus belle au fur et à mesure que nous ressemblons davantage à Christ. Si c'est là le fondement de votre mariage, votre amour mutuel deviendra aussi de plus en plus fort.

Voici un second principe : Concentrez-vous sur votre conjoint et essayez de découvrir sa personnalité. J'ai conseillé beaucoup de gens dont le mariage vacillait, tout simplement parce qu'ils n'avaient jamais pris le temps de se connaître. Il est important de prendre conscience qu'aucune personne et aucun mariage n'est parfait. Si vous vous accrochez à une image du conjoint idéal, vous serez frustré et vous nuirez à votre mariage. Abandonnez votre idée du partenaire parfait et commencez à apprendre à aimer celui que vous avez. Vivez avec votre conjoint en montrant « de la sagesse » (1 Pierre 3.7).

Il est significatif que Paul commande aux maris d'aimer leur femme (Éphésiens 5.25) et aux femmes d'aimer leur mari (Tite 2.4). Cela veut dire que vous pouvez apprendre à aimer votre conjoint, quel qu'il soit. Dans la pensée contemporaine, l'amour est simplement quelque chose qui se produit à un moment donné ; il vient et il s'en va. Et quand il est parti, les gens divorcent. Combien cette idée est étrangère à l'Écriture, qui ne reconnaît pas même la possibilité d'une incompatibilité entre des conjoints ! Dieu commande simplement aux maris et aux femmes de s'aimer l'un l'autre. Les sentiments et les émotions intenses de l'attraction initiale iront en diminuant dans tout mariage. Mais lorsqu'on cultive l'engagement mutuel, la récompense que l'on obtient – une tendre amitié et un épanouissement pour la vie entière – est beaucoup plus satisfaisante.

Rappelez-vous que l'essence du mariage, c'est que deux personnes deviennent une seule chair. Or, un est un nombre indivisible. Dans Matthieu 19.5, Jésus cite Genèse 2.24 : « C'est pourquoi l'homme quittera son père et sa mère et s'attachera à sa femme, et les deux deviendront une seule chair ». Le mot hébreu traduit par « s'attachera » désigne à un lien incassable. Et c'est en même temps un verbe actif qui suggère l'idée de rechercher quelque chose avec ardeur. Cela signifie que le mariage a pour but d'unir deux personnes qui s'engagent, par amour, à rechercher ardemment à se connaître l'une l'autre, et qui sont liées dans une union indissoluble de leurs intelligences, leurs volontés, leurs esprits et leurs émotions.

Au verset 6, Jésus ajoute : « Que l'homme donc ne sépare pas ce que Dieu a joint ». Tout mariage, qu'il soit chrétien ou non, qu'il ait été conclu selon la volonté de Dieu ou non, est une œuvre miraculeuse de Dieu, et si vous touchez à cette union, vous sapez l'œuvre de Dieu.

Toute famille repose sur cette vérité de base, et la réussite ou l'échec de la famille, dans son ensemble, dépend de l'engagement mutuel du mari et de la femme.

La famille est très importance dans le plan de Dieu ! Il veut faire en sorte que nos familles atteignent leur plein potentiel, et tout chrétien devrait faire de la réussite de sa famille une priorité. Nous ne pouvons pas accepter que le monde nous enferme dans son moule, d'où sortent les divorces, les divisions, la délinquance et tout ce qui va avec l'échec de la famille. Si les chrétiens n'ont pas de familles solides, des enfants élevés en étant corrigés et instruits selon le Seigneur, des parents qui s'aiment et des foyers centrés sur Christ, nous ne pourrons jamais atteindre le monde par l'Évangile. Par contre, si nous cultivons ces choses et les recherchons de tout notre cœur, le monde va lever les yeux et nous prêter attention ainsi qu'à notre Christ.

NOTES

INTRODUCTION

1. MACARTHUR, John, *The Family*, Chicago, Moody Press, 1981.

CHAPITRE 1 – PROTÉGER NOS ENFANTS

1. *Associated Press*, 30 mars 1997.
2. *Milwaukee Journal Sentinal*, 7 juillet 1998.
3. BOYER, Barbara, « Grossberg, Peterson Sent to Jail », *Philadelphia Inquirer*, 10 juillet 1998, p. 1.
4. Cité dans le *Washingtonian*, août 1986, et dans *Vogue*, septembre 1989.
5. Cité dans le *Washington Post*, 13 novembre 1983.
6. *Inhumane Society*, Fox Publications, s.d.
7. COOPER, David, *Mort de la famille*, Paris, Éditions du Seuil, 1972.
8. MILLET, Kate, *Sexual Politics*, New York, Doubleday, 1970.
9. CLINTON, Hillary, *It Takes a Village*, New York, Simon and Schuster, 1996.
10. *Pentagraphy*, 20 septembre 1970.
11. VIDAL, Gore, *Reflections Upon a Sinking Ship : A Collection of Essays*, Boston, Little, Brown, 1969, p. 246-248.
12. *Matthew Henry's Commentary on the Whole Bible*, 6 vol., Old Tappan, New Jersey, Revell, s.d., vol. 3, p. 917.

13. HARRIS, Judith Rich, *The Nurture Assumption : Why Children Turn Out the Way They Do,* New York, Free Press, 1998.
14. Id., p. 351.

CHAPITRE 3 – LA BONNE NOUVELLE POUR VOS ENFANTS

1. Une version semblable de cet extrait de l'Évangile se trouve dans mon livre *Faith Works,* Dallas, Word, 1993, p. 200-206. Les parents qui souhaitent étudier une démarche systématique relativement à la doctrine biblique du salut pourront trouver de l'aide dans ce livre.
2. Voir Appendice 1 : « Jésus me demande d'être un rayon de soleil ? »
3. TOZER, A.W., *The Root of the Righteous,* Harrisburg, Pennsylvanie, Christina Publications, 1955, p. 61-63.

CHAPITRE 5 – LE PREMIER COMMANDEMENT AVEC UNE PROMESSE

1. *Matthew Henry's Commentary on the Whole Bible,* 6 vol., Old Tappan, New Jersey, Revell, s.d., 6:716.
2. MACARTHUR, John, *The Vanishing Conscience,* Dallas, Word, 1994.

CHAPITRE 6 – L'AMOUR ET LA JUSTICE DE DIEU

1. *Papyri Oxrhynchus,* 4:744.
2. GINOTT, Dr Haim G., *Les relations entre parents et enfants,* Casterman, 1969, p. 77-78.
3. TRIPP, Ted, *Un Berger pour son cœur,* Marpent, France, BLF Europe, 2000.
4. Id.
5. Id.
6. Mise à jour de *American Medical Association,* 13 août 1997.

NOTES

7. LEACH, Penelope, « Spanking : A Shortcut to Nowhere » (http://cent.unbca/orgs/preventioncruelty/spank.htm).
8. ROSELLINI, Lynn, « When to Spank », *U.S. News and World Report*, 13 avril 1998. Cet article est publié en ligne à l'adresse : http://www.usnews.com/usnews/issue/980413/13span.htm.
9. Id.
10. Id.
11. Examen par le psychologue Robert E. LARZELERE.
12. Citation de Kevin RYAN, directeur du « Center for the Advancement of Ethics and Character », *New York Times*.
13. MALES, Mike A., *The Scapegoat Generation : America's War on Adolescents*, Monroe, Maine, Common Courage, 1996, p. 116.
14. ROSELLINI, Lynn, Id.

CHAPITRE 7 – LE RÔLE DU PÈRE

1. *Œuvres complètes de Saint Jean Chrysostome*, Tome XVIII, Paris, Librairie de Louis Vives, 1872, p. 380-381.

APPENDICE 1   JÉSUS ME DEMANDE D'ÊTRE UN RAYON DE SOLEIL ?

1. Phil est directeur exécutif de *Grace to You*, en plus de collaborer à l'édition de la plupart de mes livres.

APPENDICE 2 – RÉPONSES À QUELQUES QUESTIONS CRUCIALES SUR LA FAMILLE

1. *Unraveling Juvenile Delinquency*, Cambridge, Massachusetts, Harvard, 1950, p. 257-271.

« **Publications Chrétiennes inc.** » est une maison d'édition québécoise fondée en 1958. Sa mission est d'éditer ou de diffuser la Bible ainsi que des livres et brochures qui en exposent l'enseignement, qui en démontrent l'actualité et la pertinence, et qui encouragent la croissance spirituelle en Jésus-Christ.

Pour notre catalogue complet :
www.publicationschretiennes.com

Publications Chrétiennes inc.
230, rue Lupien, Trois-Rivières, Québec, CANADA – G8T 6W4
Tél. (sans frais) : 1-866-378-4023, Téléc. : 819-378-4061
commandes@pubchret.org

www.ingramcontent.com/pod-product-compliance
Lightning Source LLC
Chambersburg PA
CBHW071659090426
42738CB00009B/1591